中國文化創意產業研究
了解中國各省文化產業的入門書

徐中孟・著

序

經過近幾年來各界的共同努力與推動，中國文化產業取得了長足的進步。作為朝陽產業，文化產業已經受到廣泛的關注與重視。特別是在金融危機環境下，部分以青少年為主要消費者的文化內容產業呈現出逆勢上揚的特點，由此更加深化了人們對發展文化產業意義的認識，也激發了加快發展文化產業的信心。總之，文化產業已經成為中國國家文化發展戰略的重要組成部分，並將其作為提升中國文化軟實力的重要途徑。

在此背景下，中國各地發展文化產業的熱情也空前高漲。總體上說，各級地方政府從許多方面來促進文化產業的發展。其一，制定推動文化產業的規劃和相關政策。其二，切實採取措施扶持文化產業，包括成立各種扶持基金和獎勵基金等。在「十二五規劃」中，各地政府也將持續加大對文化產業的扶持力度。其三，建立文化產業集聚園，努力探索文化產業集聚發展的新模式。其四，將文化產業作為支柱產業，制定了產業發展的新舉措。特別是北京、上海、深圳、杭州、長沙等城市和許多省級政府，都在逐步完善提升文化產業作為支柱產業的各項政策和配套措施。

當然，在中國各地政府推動發展文化產業的具體做法中，也存在政策不夠完善，人才還比較匱乏，企業規模較小，品牌專案不多，以及產業集聚度不高等問題，需要中國各界在今後合力開展產學研的研究，群策群力，探尋合理的發展模式，推動產業健康、快速發展。

　　徐中孟先生在廣泛收集各省市自治區有關文化產業資料的基礎上，撰寫了《中國文化創意產業研究》一書，對中國各地發展文化產業的相關政策、規劃和文化產業集聚園等方面的現狀與發展趨勢做出了比較系統而獨特的分析，可以彌補有關研究的不足，可資各界進一步研究的參考與借鑒。同時，也希望徐先生在現有研究的基礎上，繼續完善有關資料，加大分析力度，為推動中國文化產業發展作出更大的貢獻。

　　是為序。

北京大學文化產業研究院副院長　陳少峰

大浪淘沙，文化煉金
——《中國文化創意產業研究》序言

　　文化是一個國家和民族薪火相傳的根基，是經濟的起源，是城市的起點，是孕育人才的沃土。文化就是財富，這是熟悉中國五千年文化歷史的人們的深切感受。但在漫長的中國文化長河中，如何挖掘出真正的精金，是人們苦苦探索的問題。

　　回顧大陸改革開放三十年的發展，中國經歷了工業騰飛和城市發展的輝煌之後，已經進入了整體產業升級、產業優化調整的歷史進程。文化創意產業在這一新的轉捩點上，成為先行者們的淘金熱土。在全球金融危機的影響下，傳統行業面臨巨大的挑戰，但文化創意產業逆勢而上，成為推動國家經濟轉型升級的重要推動力。文化創意產業，以創意為核心，創造力為原動力，融合了高新科技、文化、經濟和知識管理。文化創意企業不能按傳統行業來劃分，但它的發展對相關的行業領域卻具有強大的輻射引領作用。

　　在中國作為世界文明古國再度崛起的時候，中國民眾面臨的不僅是國家經濟地位的提升，更應關注的是國家整體實力的打造。如何從「經濟大國」向「世界強國」邁進，是國家戰略的重大選擇。文化創意產業的發展，不僅是對中國整體實力的全面提升，更是透過對中國文化的整合和國際化傳播，提升國家的核心競爭力和文化凝聚力，使中國模式通行於全球。

　　作為先行者，作為文化創意產業的實踐者，臺灣青年才俊徐中孟先生在文化創意產業領域的研究正是對中國千年文化的煉金過

程。在《中國文化創意產業研究》一書中，作者對中國 32 個地區的文化創意產業的發展現狀進行了梳理，並深入剖析了各地的核心特色和未來發展。如此大量的調研工作、詳盡的文化資料以及對未來發展方向的解析，都能夠看出作者嚴謹求實的學術態度和具有開拓性的全局眼光，本書也將成為中國文化創意產業研究發展史上的重要研究文獻之一。

　　先行者往往擔負著歷史賦予的重大使命，需要在探索中前行，在荊棘中邁進。先行者的每一次足跡，都將讓我們看到中國文化創意產業研究的前進歷程。在未來的發展中，也期望更多的歷史瞬間留下徐中孟先生的身影。

北京清華大學中國文化創意產業研究中心主任　李季

守護文化　動員創意

　　這套全國文化創意產業研究的問世，全面列出了中國的文化創意產業項目，讓人們看見這塊土地上累積的和正在形成的無限文化活力和創意動力。這種文化創意產業的規模和類型的多樣性，都是他國所沒有的，而中國在文化上的資源和無窮盡的潛力，也都是其他地區遠不及的。

　　世界各國約從 20 多年前開始推動文化創意產業，但每個地區的在地淵源、歷史和運作的環節都不同，讓每個城市的成果和樣貌也就各自有異。文化創意產業的文化部份是土地、生活、人文、創意和記憶的累積，因而每個省份、每個城市鄉鎮都承載了不同的歷史印記，也呈現出各異其趣的風貌，這是摹仿抄襲不來的，也正是文化創意產業彌足珍貴之處。現在，無論工業化或市場化的程度深淺，全球幾乎每個區域、每個市鎮的建設都在努力推展文化創意產業，除了這是銜接工業經濟的必然契機外，也是為了因應世人在文化和精神生活方面需求大幅度增加的趨勢。

　　觀察各國文化創意產業的起源和發展，我們不難發現這種產業的內涵不但結合休閒、觀光和消費的需求，也在感性、智性的要求上越來越高。隨著這種需求的發展，文化創意產業的內容和項目越來越多，有消費類，如聲光娛樂、線上遊戲、時尚設計等；有傳習類，如工藝創作、戲樂舞蹈、武術競賽、建築景觀等；有傳說蒐奇類，如童話旅遊路線、歷史人物足跡追尋等；有宗教類，如儀式慶典、祭拜朝聖等；有知性類，如藝術展演、文史訪察、族譜考證等；有信仰類，如運勢預言、算命卜掛、籤文解惑等；也有民俗醫療、

解厄祈福等各種傳統和現代的產品等數之不盡的服務和活動類別。中國文化資源豐厚，項目多元，擁有他國無可匹敵的實力，許多大都會的文化創意產業已經吸引了世界的目光，而許多區域的文化還宛若璞玉，尚待雕琢。

　　中國在這個時候全面性地調查和推展文化創意產業，除了提升創意產業的競爭力，也讓與這個文化息息相關的族群更認同並感到自豪，而不是急於在疾速的現代化工程中抹去傳統。文化創意產業和其他產業有所差別，市場規則也不盡相同。守護文化並非簡單的選擇，文化政策往往要跟成本考量、效率作用、回收速度等市場規則做對抗，同時又有繼往開來的歷史責任。累積承傳已久的文化生活若要變成創意產業，政策導向和資源支援一方面要有守護機制，不使文化成為膚淺短視、迅速消耗的再製和模仿產業，讓人們以尊重和呵護的角度接近和取用；另一方面要以活力和想像力讓文化內涵生生不息，成為取之不竭、用之不盡的產業資本。在中國，這浩大同時精緻的工程，正在展開！

彰化師範大學美術系助理教授　吳介祥

序

　　《中國(全國)文化創意產業研究》一書以 31 個省（直轄市、自治區）為研究對象，在綜合性地評述了各地文化創意產業發展狀況的基礎上，對各地獨特的發展模式、扶植政策、集聚效應進行了深入解析，為我們瞭解各地文化創意產業的發展狀況提供了重要的參考維度。

中國人民大學文化科技園　曾繁文

前言

　　文化創意產業是目前最具有潛力及可發展性的產業，有人甚至預測，廿二世紀將是由文化創意及環保新能源來帶動全人類的經濟活動。而作為廿二世紀的新興「大國」──中國，其文化創意產業的發展更是不容忽視。本書不僅介紹了中國目前文化創意產業最新的宏觀性分析，其中還包括了全中國各省的文化創意產業情況簡介（臺港澳除外）；可以這樣說，看完本書後，讀者就能夠對中國目前的文化創意產業有了基本上的了解。

　　本書由於介紹了中國各大省的文化創意產業情況，所以在資料收集方面所花的時間是最長的，前後一共用三年多的時間才能把本書完成，在漫長的資料收集中，亦加深了本人對中國各地有關文化創意發展情況，如中國各地方的文化政策、文化資源、產業分佈及成功案例的了解。

　　中國文化創意產業相對於其他國家而言，目前只是處於一個初級階段，產業發展並不成熟，但亦因如此，所以擁有非常深厚的發展潛力及空間。中國政府在這兩年也大幅關注及支持中國文化創意產業的發展，相關的政策也陸續出臺，使中國的文創產業產生了繁榮的景氣。可能是由於文化創意產業是一個比較具有一定抽象性的產業，存在著在價值上較難評估，相對其他行業風險較高的問題，所以對在中國從事文創的人，很多時候都有一種瞎子摸象的感覺，這局限了中國文創產業的發展；而要突破目前的困境，個人保守的看法，最少需要五年的時間，情況才會有明顯的好轉，其中最為困難的是中國在產業上從「中國製造」轉為「文化中國」、「中國設計」

的從二級產業向三級產業過渡中，人們對於文化創意產業的認識不足，致使改革觀念過於僵化，促使中國在文化創意產業發展的道路上需要面對更大的障礙及風險。

　　現時中國在對外發展方面，正是面臨如何增強國際競爭力的問題；而在對內上，則是大力開發內需市場。正好是這兩點，為中國發展文創產業提供了良好的市場機遇，但要從中取得成功，對市場的把握及研究卻是不可或缺的。由於目前較少有人從事中國文化創意產業的研究工作，所以希望本書能成為讀者心中的「文創產業地圖」。

目次

一、中國文化創意產業宏觀分析

（一）中國文化創意產業綜述

　　文化創意產業的概念最早由上世紀 90 年代的英國提出，近年來文化創意產業在世界經濟社會發展中發揮著越來越重要的作用。有關資料表明，全世界文化創意產業每天創造 220 億美元的價值，並且還在以每年平均 5% 的速度遞增。在英國、美國、丹麥、新加坡等國家，文化創意產業已經成為引領國家產業創新和發展的一股重要力量。而在中國目前，文化創意產業也越來越得到重視。上海、北京、廣東、浙江等經濟發達地區文化創意產業快速崛起，勢頭強勁，逐漸成為這些城市和地區產業發展的新亮點。改革開放 30 年來，中國文化市場基本形成了由娛樂市場、演出市場、動漫市場、音像市場、電影市場、網路文化市場、藝術品市場等組成的統一、開放、競爭、有序的文化市場體系。

　　2008 年在宏觀經濟形勢大動盪下，文化創意產業的發展顯得風平浪靜，甚至在一些領域還表現搶眼。比較其他行業，國際經濟危機對文化創意產業的衝擊總體上說比較有限；文化體制改革在出版領域率先明確改革目標和路徑，成為改革的「突出部」和「試驗區」；廣電和通訊兩大傳媒領域的匯流繼續穩步前行，新興技術推動新興消費手段和消費形式創新，引發大規模投資暗流湧動；文化創意產業與傳統產業聯盟，出現歷史性的戰略轉向。國際金融危機在短期內對中國文化創意產業發展的影響相對有限，在中長期發展階段中，將由於促進了中國宏觀經濟發展的戰略性轉變而有利於中

國文化創意產業的發展。也就是說,中國的文化創意產業將不僅僅是在短期內「逆勢而上」,而是會以此為起點,進入一個更為健康的高速增長週期。

　　從供給和需求兩個方面分析 2008 年全國文化創意產業的總體發展形勢。從供給面看,根據本年度文化創意產業藍皮書行業報告提供的主要行業資料,2008 年中國文化創意產業總體發展態勢平穩,一些領域還出現了高增長。2008 年文化創意產業的發展維持了以往三年的增速,則全年文化創意產業增加值將達到將近 7600 億元。從需求面看,根據國家統計局已經發佈的資料,2008 年中國城鄉消費品零售額分別增長 22.1% 和 20.7%,設定 2008 年全國城鄉居民家庭人均文化娛樂服務消費支出增長速度與上述速度持平,可計算出 2008 年全國城鄉居民家庭文化娛樂服務消費支出總量約 6931 億元左右。如果再加上公共部門文化需求,以及出口文化產品和服務的資料,估計會與供給面數字很接近。

　　「十一五」規劃已經把文化創意產業作為調整經濟結構的重要舉措,從中央到地方出臺了一系列鼓勵文化創意產業發展的政策措施。文化部明確提出在五年內文化創意產業要實現年均 15% 的增長。北京、上海、浙江、廣東、雲南、重慶、四川、河南、山西等諸多省、市提出建設文化大省、文化強省的目標,在規劃中都提出文化創意產業要高於 GDP 的增長速度。

　　自 2002 年以來中國五年累計出版圖書一百多萬種,330 多億冊,2007 年圖書達到 27 萬種,總印數 66 億冊;2007 年,獲得國產電視劇發行許可證的劇碼為 529 部,全國平均每天生產電視劇 40 集左右,觀眾數以億計;網路遊戲用戶數已達 2634 萬個,其中付費網路遊戲用戶數達 1351 萬個。

　　目前，文化創意產業集約化、規模化水準不斷提高，產業積聚效應初步顯現。各地各部門都加快文化創意產業基地和區域性特色文化創意產業群建設，著力打造知名文化品牌。珠江三角洲、長江流域和環渤海地區初步形成若干書報刊音像出版、印刷複製、出版物物流、動漫遊戲開發、影視生產等文化產業基地和特色文化創意產業群。

（二）中國動漫業的發展

　　中國有廣闊的動漫市場，各地動漫產業發展計畫的制定更是如火如荼，紛紛打造自己的「動漫之都」。北京開始著力打造國際一流的動漫產業中心；上海、廣州、福州已初步形成以網路遊戲、動畫、手機遊戲、單機遊戲和與遊戲相關的產業鏈。這一切都直接導致了國產動漫市場的上位。

　　中國動漫業發展的優勢具體表現在：

　　廣闊的動漫市場。中國社會現有的 3.6 億青少年，為動漫提供了最廣泛的受眾基礎。目前中國有 4 個動漫頻道，30 多個少兒頻道，對動畫節目的需求極大。與動畫節目的總體播出時間逐年遞增的趨勢相同，2006 年動畫節目人均收視總分鐘數為 1202 分鐘。2008 年舉辦的動漫展會達 60 多個。每個展會都會吸引幾萬到十幾萬觀眾參與。

　　政府的高度支持，中國政府已將動漫產業確定為重點發展的文化產業，中央和地方政府出臺了一系列扶持政策。透過建立的 40 多個動漫產業基地及配套優惠政策的實施，為動漫產業的發展注入了強大的動力。中國建立了由文化部牽頭的扶持動漫產業發展部際聯席會議制度，協調稅務總局、廣電總局等 10 個部門，共同推動中國動漫產業發展。

　　動漫生產的規模化。2008 年底，動畫電影的數量從原來的 10 餘部躍升到 20 部。有年產 1 萬分鐘動畫片和月發行 50 萬冊動漫雜誌的大企業。在產量增長的同時，一批有文化內涵、製作水準精良的動畫精品在國內市場取得良好的反響。同時，輻射到演出、遊戲、廣告、文具、玩具等附屬產品的動漫產業鏈已初步形成。另外，400 餘所高校開設動漫相關專業，數十萬在校大學生學習動漫相關專業，從職業教育到大學本科、研究生教育的完整的動畫學科體系已經形成，教學水準不斷迅速提升。

　　動漫業的國際交流。目前，加拿大和中國動漫就有頻繁的合作。有系列的國際動漫交流活動在中國舉行。如在上海舉辦的中國國際動漫遊戲博覽會和在杭州舉辦的中國國際動漫節，以及在常州和貴陽舉辦的國際動漫活動等。

　　2009 年第五屆中國國際動漫節剛剛落下帷幕，據統計，此次動漫節共吸引了 38 個國家和地區的 78 萬人次參與，累計成交金額超過 65.3 億元人民幣。簽約項目 35 個，成交額 55.3 億人民幣，現場成交額近 10 億人民幣。新增的國際動畫片交易會上，達成意向的動畫片超過了 12 萬分鐘，占 08 年中國原創動畫片產量的 92％以上。

（三）中國網路業的發展

　　2009 年第一季度中國網民新增 1620 萬人，互聯網網民總數達到 3.16 億人。即便是在國際金融危機給實體經濟帶來重創的形勢下，互聯網發展勢頭依然不減。互聯網寬頻化趨勢更加明顯，寬頻線民規模占網民總數的 90％以上。IPV4 地址資源增長迅速，2008 年達到 1.8 億個，功能變數名稱總量達到 1600 萬個。中國境內網站數達到 287.8 萬個。互聯網產業、電子商務、網路廣告和網路遊

戲佔據重要地位。據估計，2008 年中國電子商務市場規模約為 3 萬億元，同比增長 41.7％。網路廣告整體市場規模約為 120 億元，同比增長 55.8％；網路遊戲市場規模在 190 億元至 200 億元，同比增長 50％左右。此外，截至 2009 年 3 月，中國電話用戶總數達到 10.06 億戶，其中移動電話用戶達到 6.7 億戶，在電話用戶總數中的比重達到 66.1％。

　　據《2008 年度中國遊戲產業調查報告摘要》顯示，2008 年中國網遊用戶數達到 4936 萬，市場實際銷售收入達到 183.8 億元，比 2007 年增長了 76.6％。用戶增長一方面來自休閒遊戲用戶的增加，另外一方面來自於各遊戲廠商對二三等級城市的開發。幾年來，網路遊戲一直保持 20％以上的增幅；2007 年中國網路遊戲實際銷售收入為 105.7 億元人民幣，比 2006 年增長 61.5％。其中，中國自主研發的民族網路遊戲市場實際銷售收入達 68.8 億元，占網路遊戲市場實際銷售收入的 65.1％。在新投入到中國網路遊戲市場公測的 76 款網路遊戲中，中國自主研發的民族網路遊戲達 53 款，占 69.7％。自主研發的網路遊戲已經成為國內網路遊戲市場的支柱；2007 年中國收入排名前 15 的網路遊戲運營商中，有 10 家為上市企業，上市企業的收入約為 98.7 億元，占總收入的 77.1％。預計今年上市企業的市場份額將占到 90％以上。

　　2008 年第二季度盛大、網易、巨人位居行業排名前 3 位。盛大 2008 年第四季度淨營收為 1.48 億美元，環比增長 8.2％，同比增長 51.8％；運營利潤達 6040 萬美元，環比增長 7.9％，同比增長 58.1％，運營利潤率為 40.7％。第四季度收入構成中，網路遊戲收入為 1.42 億美元，佔據絕對主導地位，包括大型多人線上角色扮演遊戲（MMORPG）1.28 億美元和休閒遊戲 1420 萬美元，環比增長 8.7％，同比增長 50.8％。從全年業績看，盛大 2008

年全年營收為 35.69 億元，比 2007 年增長 44.7％；網易 2008 年
第四季度總收入達 8.02 億元人民幣（1.18 億美元），毛利潤為 6.39
億元人民幣（9370 萬美元），毛利率 88％；2008 年第四季度淨利
潤為 5.76 億元人民幣（8440 萬美元），同比跳增近 50％。第四季
度遊戲業務收入為 6.78 億元，占總營收的 84.22％。遊戲收入規
模與上季環比微降 0.46％，同比增長 42.4％。從全年業績來看，
網易 2008 年總收入為 30 億元，同比增長了 30％，淨利潤為 16
億元，同比增長了 23％。其中，線上遊戲服務收入為 25 億元，
廣告服務收入為 4.06 億元，無線增值服務及其他業務收入為 7170
萬元。

　　預計未來幾年中國網遊行業仍將保持良好的發展勢頭，在
2012 年前，每年的增長率將在 20％以上，到 2012 年網遊收入規模
將達到近 700 億元。

（四）中國廣播影視業的發展

　　2008 年中國電影全年可統計票房高達 43.4 億元，比 2007 年同
期增加 30.5％，增幅居全球首位，並躋身全球電影市場票房收入前
10 名。國產影片可統計票房為 25.6 億元，占年總票房的 59.0％，
比 2007 年增加了 42.3％。

　　2008 年中國傳媒產業的總產值為 4220.82 億元，比 2007 年增
長 11.36％。2008 年中國傳媒產業中移動增值服務總產值達 1131
億元，成為傳媒產業中的產值第一門類。預計今年中國傳媒產業規
模將達 4752 億元，而到 2010 年，中國傳媒產業總規模將達 5314
億元。

　　2008 年全國廣播電視預計總收入 1452 億元，比 2007 年增長
10.3％。其中，廣播電視廣告收入 695 億元，有線廣播電視網路收

入 348 億元，分別比 2007 年增長 15.7％和 13.3％，其中付費數位電視收入 13.9 億元，比 2007 年增長 67.5％。2008 年全國廣播電視綜合人口覆蓋率分別為 95.96％、96.95％，分別比 2007 年增長 0.53％、0.37％。全國有線廣播電視用戶預計 1.63 億戶，其中數位電視用戶 4501 萬戶，付費數位電視用戶 452 萬戶，分別比 2007 年增長 6.5％、67.6％、158.3％。2008 年全國影視節目出口總額已接近 30 億元人民幣，比 2007 年增加了 9 億元人民幣。其中，電影海外收入 25 億元人民幣，比 2007 年增加了 5 億元人民幣。

汶川大地震後，全國廣播接觸率提高了 16.8％，中央電臺中國之聲的收聽率和市場佔有率分別增長了 129.66％和 141.46％，創出近年來廣播收聽增長率最高值。汶川地震期間，中央電視臺直播超過 1440 小時，113 個國家和地區的 298 家電視機構使用了中央電視臺抗震救災節目信號。北京奧運期間，中央電視臺第一次實現無延時直播，共直播、錄播奧運賽事 1500 餘場 3800 多小時，總體收視份額達 54.42％，比雅典奧運會期間提高了 16.41％，比上半年提高了 18.73％。廣播電視業的發展具體表現在：

1、農村廣播電視村村通工程。

2008 年新增、更新 4751 部發射機，提前一年半實現「十一五」中央廣播電視節目無線覆蓋目標，中一廣播節目、中一、中七電視節目無線覆蓋率分別達到 84％、82％和 68％，人口覆蓋分別為 11 億和 10.7 億、8.9 億。組織建設了「村村通」直播衛星節目上行平臺，指導協調衛星接收機的批量化生產，並安排了包括中央人民廣播電臺 4 套節目和各省第 1 套節目、藏語、蒙語、維語、哈語、蒙柯語、朝語等少數民族語言節目在內的 43 套廣播節目，中央電視臺 8 套節目和各省第 1 套節目、藏語、蒙語、維語、

哈語、朝語等少數民族語言節目在內的 48 套電視節目透過「村村通」平臺播出。

2、農村電影放映工程。

2008 年共放映電影 700 多萬場，觀眾 16 億多人次。2008 年中央資助數位放映設備 7000 多套，提供公益性放映場次補貼 3.3 億元。地方各級政府紛紛將農村電影放映工程列入重點建設專案，北京市 2008 年對農村數位電影放映工程的專項經費達 3.3 億元，實現每個行政村年均放映電影 25 場；山東省各級財政 2008 年投放農村電影場次補貼 8000 餘萬元，每場電影補貼標準達到 200 元；江西省政府用於農村電影放映的專項資金達 4000 餘萬元；重慶市政府將農村電影放映工程列為重要的惠農支農政策之一，每年投入專項資金 3300 萬元。向全國各農村數位電影院線發行和傳送了公益版權影片 406 部，非公益版權影片 738 部。目前，全國共組建農村數位電影院線公司 158 個，農村數位電影放映隊 2 萬多個，放映範圍覆蓋全國 30 個省區市的 220 個地市、1494 個縣、15484 個鄉鎮、270155 個行政村。

3、廣播影視數位化。

全國 100 多個城市開展有線電視數位化整體轉換，其中 50 個已經完成，全國用戶超過 4000 萬。接近全國有線電視用戶總數的三分之一；中央三臺、大部分省級臺和部分地市級臺實現數位化，中央電視臺、北京電視臺開播了高清頻道，許多省級臺和城市臺已經完成全臺業務一體化網路系統的建設；奧運期間，移動多媒體廣播電視在全國 37 個大中城市順利試播；6 個奧運城市和廣州、深圳分別規劃了 1～3 個地面數位電視頻道，完成了 29 個

省會城市和計畫單列市頻率規劃的試算和分析，初步建立了地面數位電視候選頻道庫。完成了配套標準制訂和技術試驗，並在部分城市成功開播；2008 年建設完成國家中影數位元電影製作基地。基地建設規模和技術水準達到亞洲第一、世界一流，這是中國電影製造業的巨大飛躍。新增數位影院 118 家、數位銀幕 570 塊，初步建立適合城鄉不同需求、多層次的數位電影發行放映技術體系。

4、廣播電視的對外交流。

2008 年，實現了以調頻、中波為主、短波為輔的戰略目標，國際臺在美國、加拿大、利比亞、柬埔寨等國新增了 8 個整頻率直接落地專案，境外整頻率電臺達 19 個。首次在美國重點城市整頻率落地。每天新增落地播出時間 149 小時，累計落地總時數達到每天 700.5 小時。中央電視臺國際頻道整頻道海外用戶數達到 9650 萬，接近 1 億，部分時段落地專案用戶超過 1.5 個億。其中 2008 年共新增落地專案 16 項，整頻道落地專案 10 項，覆蓋用戶 672 萬。中央電視臺歐洲、美洲中心記者站投入運行。「中國電影頻道」海外付費電視用戶一直保持上升勢頭。在美國有 7.4 萬個用戶，在法國有 1.5 萬個用戶，在香港有 5 萬多個訂戶，在臺灣和澳門兩地 1.3 萬個訂戶；長城平臺全球付費用戶突破 10 萬戶，總收入已經接近 2 億人民幣。其中長城（美國）平臺 7 萬 4 千餘戶，長城（加拿大）平臺用戶 1 萬 5 千餘戶，長城（歐洲）平臺用戶 1 萬 6 千餘戶。長城（拉美）平臺覆蓋整個拉美地區，發展用戶近千戶；2008 年共有 44 部影片出口到 61 個國家和地區，海外票房收入總計超過 25 億元人民幣，同比增長 25％。其中《功夫之王》取得 6.7 億元、《赤壁》1.936 億元、《長江 7 號》1.497 億元。組織

國內影視機構聯合參加戛納國際影視節展，各影視機構僅透過參加國際影視節展，出口額已經達到近千萬美元；2008 年共有 270 部次影片參加 116 個國際電影節，其中有 39 部影片在 23 個國際電影節上獲得 68 個獎項。在日本國際電影節期間舉辦的「2008 東京中國電影展」上，日本首相麻生太郎會見了中國代表團並全程觀看了中國影片《赤壁》。主辦了中國－東盟廣播電視高峰論壇，發表了推動中國與東盟廣播電視領域更深入廣泛合作的《北京聲明》。加強與發展中國家的交流合作，培訓了 80 多個發展中國家的 300 多名廣播影視從業人員。抓住奧運契機，加強了與境外主流媒體的交流合作。

此外，電影業的發展也極為突出，儘管金融危機席捲全球，2008 年中國電影票房卻首次進入全球前 10 名，達 43.41 億元，較 2007 年增長 30.48％。從 2009 年賀歲檔的情況來看，《非誠勿擾》、《梅蘭芳》、《葉問》、《瘋狂的賽車》等一系列中等成本製作的影片均在上映數日後票房過億，同時贏得較好的口碑。據統計，2008 年，全國院線公司範圍內新增影院 118 家，新增銀幕 500 多塊，總數達到 4000 多塊。但業內人士認為，這個數字仍然偏低。一個依據是，美國人口數量是中國的五分之一，銀幕數卻是中國的 5 倍。目前中國的銀幕基本上集中於大城市，中國 300 多個二級城市幾乎都沒有可供大片放映的電影院，也就是說，有好幾億觀眾無法看到中國國產大片。

（五）中國音像製品業的發展

近年來中國電影逐漸走上了商業化、娛樂化的大眾路線，隨後發行的電影 VCD、DVD 等一系列音像產品隨著影片的大受歡迎而成為音像製品的領頭軍。同時音像製品市場還出現了一些關於健身

塑體、瑜伽練習、嬰幼稚教育、商業講座、文化論壇等一系列科普知識類音像製品。經過多年的努力，中國音像製品正朝著以規模擴張、結構調整、市場整合為主要特徵並以民營音像企業為主導的方向發展。

2007 年全國共出版錄音製品 15314 種，出版數量 2.06 億盒（張），發行數量 2 億盒（張），發行總金額 11.52 億元。與上年相比，品種下降了 3.38％，出版數量下降了 20.93％，發行數量下降了 8.91％，發行總金額下降了 25.73％。

2007 年全國共出版錄影製品 16641 種，出版數量 2.85 億盒（張），發行數量 2.36 億盒（張），發行總金額 19.94 億元。與上年相比，品種下降了 6.8％，出版數量下降了 11.66％，發行數量下降了 1.86％，發行總金額增長了 1.42％。

2007 年全國共出版電子出版物 8652 種、13584.04 萬張。與上年相比，品種增長了 20.05％，數量下降了 15.29％。其中：唯讀光碟（CD－ROM）7845 種、11658.35 萬張，與上年相比，品種增長了 12.99％，數量下降了 21.65％。高密度唯讀光碟（DVD－ROM）421 種、934.38 萬張，與上年相比，品種增長了 147.65％，數量下降了 5.71％。互動式光碟（CD－I）及其他 386 種、991.31 萬張，與上年相比，品種增長了 310.64％，數量增長了 501.38％。

近年來，一大批為中國人民群眾喜聞樂見的電影、電視、音樂等文藝作品不斷湧現，不僅滿足了中國受眾的需求，而且逐漸輻射到海外華人圈甚至主流社會。中央電視臺製作的紀錄片《故宮》音像製品截至 2006 年年底已被翻譯成 6 種語言，在 100 多個國家簽約出售，發行超過 15 萬套，創中國紀錄片海外銷售新高；張藝謀導演的電影《英雄》不僅進入了美國主流院線，而且高居票房榜首

兩周;女子十二樂坊多張專輯在日本熱賣,創造了白金神話;以中國民營音像企業為代表建立的海外行銷網絡遍及北美、東南亞、歐洲、大洋洲等地的國家和地區。

(六)中國動畫產業的發展

2008 年度,中國動畫製作機構自主生產的動畫片數量大幅提高。2008 年中國製作完成的國產電視動畫片共 249 部 131,042 分鐘,比 2007 年增長 28%。中國共有 20 個省份以及中央電視臺生產製作了國產電視動畫完成片。其中,中國動畫片創作生產數量排在前五位的省市是湖南省、江蘇省、浙江省、廣東省、北京市。2008年,國務院以及各地政府出臺的國產動漫產業優惠扶持政策收效顯著,一些主要城市動畫片生產積極性持續增長。國產動畫片創作生產數量位居前列的十大城市分別是:長沙、杭州、廣州、無錫、北京、上海、南京、常州、西安、重慶。2009 年春節期間,一隻在中國土生土長的小羊風頭正勁,引發了電影界、電視界、文學界、玩具界、音像界等各路專家的集體關注。據報導,中國國產原創動畫片《喜羊羊與灰太狼之牛氣沖天》首映日票房就達 800 萬元,首週末一舉突破 3000 萬元。不僅刷新了中國國產動畫電影的票房紀錄,也遠遠超過了 2008 年的《功夫熊貓》,而電影的「前身」——動畫片《喜羊羊與灰太狼》,在北京、上海、廣州等大城市最高收視率達到了 17.3%,大大超過同時段播出的境外動畫片,讓人看到了國產動漫市場的希望。

此外,一批原創國產動畫企業借鑒國外動畫產業模式,綜合開發衍生產品。宏夢動畫公司創作生產的《虹貓藍兔七俠傳》播出之後,僅 2007 年一年圖書銷量就達 1654 萬冊,總銷售額達 1.5 億元,刷新了少兒圖書銷售的最高記錄;音像收入 5800 萬元,品牌授權

2007 年達到 3000 萬元，並開發衍生產品 470 多種，成為中國特色
動畫產業模式的成功範例。

　　近年來，中國動畫交易市場也日益完善，中國國際動漫節已成
功舉辦三屆。2007 年第三屆中國國際動漫節吸引了 280 餘家動畫
企業和機構，現場簽約項目 60 項，成交額 40.8 億元。由上海今日
動畫公司製作的中國傳統風格合拍動畫系列片《中華小子》未開拍
就透過全球預售簽訂 4000 萬元的合同。三辰卡通集團製作的《藍
貓淘氣三千問》系列節目，分別輸出到韓國、美國、英國等 36 個
國家與地區，成交額 1136 萬美元。

（七）中國數位電視業的發展

　　2008 年是中國數位電視產業全面發展的一年，有線數位電視
繼續向高峰推進，地面數位電視正式實施，奧運會採用地面高清信
號免費向全世界轉播，衛星直播開始進入產業培育期；數位電視的
投融資政策進一步放開、機卡分離體制逐步開始實行，數位電視產
業化進程加快。

　　截至到 2008 年 9 月底，中國有線數位電視用戶達到 4470 萬
戶。有線數位電視用戶滲透率達到 41.56％。有線電視數位化程度
較高的省份為廣西省、內蒙古自治區、重慶市等地區，有線數位電
視用戶滲透率超過 90％。

　　中國的數位電視產業有很大的發展空間，今後三到五年，中國
數位電視行業將處於高速的增長期。預計中國的數位電視今後三年
整個行業的增長將達到每年三倍，是中國消費市場中增加最快的。
到 2010 年，中國數位電視整機產品市場將達 2600 億元，數位電視
專用電路、條件接收卡、專業設備儀器和軟體市場將達 400 億
元，按照電子資訊產品整機與配套件產業規模 1：1～1：3 的傳統

比例計算，預測 2010 年中國數位電視及相關產業規模將達到 5000 億元。而到 2011 年，中國累計有線數位電視用戶規模將達到 1.1 億戶。另外，2008 年到 2012 年，中國在此期間將增加 6000 多萬數位電視家庭用戶。至 2012 年年底，中國數位電視家庭用戶將占全球數位電視家庭用戶的四分之一。

　　2008 年前三季度，中國新增數位電視用戶 1662.3 萬戶，其中絕大部分為有線數位用戶，達到 1541.8 萬戶；2008 年初，央視高清開播為全面推進地面數位電視廣播拉開了序幕，奧運之前，北京、上海、天津、瀋陽、秦皇島、青島等 6 個奧運城市加上廣州和深圳，開通了地面數位電視業務。與此同時，有線運營商加快了整轉的步伐，有線數位電視用戶在 9 月底超過了 4000 萬戶大關，中國市場銷售的平板電視超過了 1300 萬臺；衛星數位電視也有了實質性的進展，6 月 9 日，中星九號發射升空，使得中國開展衛星直播到戶成為可能；IPTV 在中國電信的大力推動下，實現了用戶數的飛速增長，同比增長率達到 100％。2009 年，高清、電視支付和電視遊戲成為增值業務的亮點。

（八）中國文化產業品牌榜

中國文化產業品牌榜	
中國紙媒文化 九大品牌	上海世紀出版股份有限公司、湖南出版投資控股集團、廣州日報報業集團、南方報業傳媒集團、遼寧出版集團、《讀者》雜誌、《知音》雜誌、《家庭》雜誌、《體壇週報》
中國電視文化 十大品牌	中央電視臺、鳳凰衛視、湖南衛視、長沙電視臺政法頻道、中央電視臺春節聯歡晚會、中央電視臺《同一首歌》、湖南衛視《超級女聲》、中央電視臺青年歌手大獎賽、湖南經視《越策越開心》、江西衛視《中國紅歌會》

中國動漫遊戲文化八大品牌	藍貓、虹貓、中華小子、宇航鼠、山貓、上海盛大網路發展有限公司、常州動畫基地、杭州動畫產業園
中國演藝文化九大品牌	北京兒藝股份有限公司、上海東方藝術中心、田漢大劇院歌廳、大唐芙蓉園、南寧國際民歌節、《雲南映象》、《印象‧麗江》、《藏謎》、《立秋》
中國文化服務九大品牌	阿里巴巴網路有限公司、盛世長城國際廣告有限公司、中國（深圳）國際文化產業博覽交易會、中國國際音像博覽會、體之傑體育產業集團、中國嘉德國際拍賣有限公司、香港蘇富比有限公司、風入松書店、浙江省文化創意產業實驗區
中國文化旅遊十大品牌	北京、鳳凰、麗江、平遙、西安、黃山、泰山、五臺山、敦煌、王家大院
中國文化製品七大品牌	深圳大芬油畫村、青島達尼畫家村、大象文化（畫廊）、東方盧浮宮、星沙湘繡城、長沙大紅陶瓷、福娃
中國新媒體六大品牌	分眾傳媒、百度搜索引擎、網易網、新浪網、博客網、起點中文網

　　中國有悠久的歷史和燦爛的文化，中國的文化產業擁有比世界上任何國家都豐富的歷史文化資源。目前正在進行的「全球化」實際上是一場在全球範圍內的西方化運動。西方發達國家不僅在科技、經濟、軍事等等方面領先，更透過他們的文化產品向發展中國家包括我們中國推行他們的世界觀和價值觀。西方國家的文化不是以其歷史文化的悠久、豐富優於中國，而是以其高度發達的文化產業在全世界成為一種強勢文化。在其他產業方面，也許我們還需一段較長的時間才能趕上，獨有文化這一領域我們有先天的優勢。在出口商品上，本土文化產品應該是我們最大的賣點。我們並非要用

本土性的文化對抗全球化，而是用本土性文化參與到全球化中，使全人類文化更為豐富多彩。只要我們充分認識到除第一生產力的科學技術之外，文化就是第二生產力，是生產高附加值的最重要的手段這一觀點，堅定不移地依靠民間力量大力發展文化創意產業，給民間文化產業以政策支持，全面放開創意文化市場，充分調動每一個創意文化工作者從事文化產業的積極性，發揮出每一個創意文化工作者的聰明才智，中國的文化創意產業一定能比其他產業發展的更為迅速，在更短時間內取得舉世矚目的成就，從而在中國成為經濟強國的同時，成為一個有全世界影響的文化大國。

二、北京市文化創意產業

（一）北京文化創意產業綜述

北京是中國的首都，四個直轄市之一，全國政治、文化和國際交流中心。北京位於華北平原北端，東南局部地區與天津市相連，其餘為河北省所環繞。北京為中國第二大城市，同時也是中國陸空交通的總樞紐和最重要的國內國際交往中心。有著 3000 餘年的悠久歷史和 850 多年的建都史，是世界歷史文化名城和中國四大古都之一。

2008 年，在國際金融危機的挑戰下，北京文化創意產業成績依然突出：2008 年 1 至 11 月，北京市規模以上單位文化創意產業實現收入 4773.1 億元，比上年同期增長 17.4％，高於全市第三產業兩個百分點；從業人員 66.4 萬，同比增長 6.6％，占全市第三產業從業人員的 18％；上繳稅金 201.1 億元，同比增長 19.5％。據測算，到 2010 年，北京文化創意產業實現增加值將達 1000 億元，年均增長 15％以上，從而成為首都經濟的重要支柱產業。「十一五」期間，北京擬規劃建設 30 個文化創意產業集聚區，將努力建設成為全國的文藝演出中心、出版發行和版權貿易中心、廣播影視節目製作和交易中心、動漫遊戲研發製作中心、廣告和會展中心、古玩和藝術品交易中心、設計創意中心、文化旅遊中心、文化體育休閒中心。

在中國（懷柔）影視基地，中影數位製作基地的 16 個國際先進的攝影棚組成了目前世界上規模最大、最集中的攝影棚群，而它只是北京市首批 10 個文化創意產業集聚區之一。據不完全統計，目前北京市級集聚區內已有文化創意企業 8200 多家。

近年來，北京成立了專門的文化創意產業領導小組。2006 年起，設立了每年 5 億元的文化創意產業發展專項資金，3 年來支持重點產業項目 206 個，帶動社會資金 146 億元。北京市發改委還安排集聚區基礎設施建設資金 3 億元，支持重點建設項目 7 個。同時，北京市還積極促進金融資本與文化創意產業對接。截至今年 2 月，北京銀行、交通銀行北京分行在一年多時間內共審批文化創意類貸款專案 74 個，發放貸款金額 12.12 億元。

（二）北京文化創意產業 5 種獨特發展模式

發展模式	舉例
龍頭企業帶動發展模式	如中央電視臺、北京電視臺等電視傳媒龍頭，帶動了節目製作、廣告經營、技術服務、演藝傳播等相關行業發展。資料顯示，北京與電視直接相關聯的節目策劃、後期製作等公司有 1000 多家，間接相關聯的公司有 3800 多家。
產業關聯發展模式	如動漫遊戲的研發與電信、IT 軟體和硬體、出版和傳媒等行業的關聯度較大。
科技支撐發展模式	北京數位音視頻編解碼技術標準、3D 網路遊戲引擎等一批自主知識產權的技術，為數位多媒體、動漫遊戲等文化創意產業向更高層次發展提供技術支撐。
體制轉型發展模式	北京市兒藝、中國雜技團、中國出版集團等文化事業單位就是透過改制，整合了資源，啟動了潛力。
公共平臺支撐發展模式	北京數位娛樂產業示範基地以建設 Dotman 平臺為重點，完善數位娛樂產業支撐體系，打造公共技術平臺和公共服務平臺。

（三）北京市文博界的創意文化產業主打「一區一村一館」

一區是指潘家園地區的古玩藝術品「聚集」區。朝陽區由於交通便利，匯聚了「使館區」、「CBD 商務區」等，70％的藝術品拍賣都集中在該區域舉辦，其古玩藝術品市場發展水準在北京市「一枝獨秀」。

一村是指高碑店鄉，這裏是北京市的首個「試點」鄉，透過整合現有資源開發文化創意產業。這座村落位於運河畔，擁有兩閘一廟等古蹟，還有科舉匾額博物館等專題類博物館等散落的文化資源。為此，文物部門「劃零為整」，幫這座古鎮以古舊傢俱為主，開發具備村鎮特色的文化創意產業。

一館是指以首都博物館為龍頭，開發博物館衍生產品，發展民族本土文化創意產品。自 2005 年底，首都博物館新館試運行起，已經開發了紀念品、文物高仿品等百餘種文化創意產品。

（四）北京市的文化創意產業集聚區

據初步估計，目前北京市級集聚區內已有文化創意企業 8200多家。北京文化創意產業產值已達到 960 多億元，占北京市的 14％以上，特別是軟體和電腦服務業、新聞出版業、廣播影視音像業、文化藝術和體育娛樂業等四大行業發展極為迅速。

近年來，北京文化創意產業逐步形成了若干文化創意產業集聚區，從整體來看北京市文化創意產業形成了中軸線文化和兩翼文化合理的佈局。中軸線是北京歷史文化區，以歷史文化旅遊為特色；北端以奧運體育、演展文化為重點；南端為國家新媒體產業基地，以影視、動漫遊戲、網路出版原創為基礎；左翼是中關村科技教育創新中心和石景山數位娛樂體驗中心；右翼以 798 藝術區為中心的

現代藝術區和國際傳媒貿易中心。具體來看，北京市文化創意產業聚集規劃體現在對產業園區建設與分佈上，目前已形成 6 大文化創意產業集聚區：中關村創意產業先導基地、北京數位娛樂示範基地、798 藝術區、德勝園工業設計創意產業基地、東城區文化產業園、國家新媒體產業基地。

北京市 6 大文化創意產業集聚區	
中關村創意產業先導基地	以圖書城為中心，輻射北京大學科技園、清華大學科技園、中國人民大學文化產業園、北太平莊動漫畫設計中心和甘家口地區建築創意設計帶，到 2005 年底吸引軟體、遊戲、動漫畫、音樂、出版等領域 200 餘家創意企業進駐。
北京數位娛樂示範基地	位於石景山 CRD（首都休閒娛樂中心區），以小山子研發基地、萬商大廈、雕塑公園、石景山遊樂園、室內主題公園、八大處公園和科技館為主體，是科技部批准設立的四個數位娛樂產業基地之一。
「798」藝術區	利用北京朝陽區大山子地區的七星華電科技集團的閒置廠房（包括原「798」工廠等）發展起來，獨特的廠房建築結構和高大的内部空間等，吸引了一批文化機構和藝術家陸續前往。這個自發形成的文化藝術區已成為中國藝術和時尚地標之一。
德勝園工業設計創意產業基地	該基地坐落於西城區德勝科技園區，一期工程總面積約為 7000 平方米。基地包括設計技術、材料展示、交流培訓、機構培育、基礎研究等五大功能板塊。近期目標是利用現有的存量資源，盤活更多的設計資源，吸納更

	多的社會資源，將其建成推動工業設計創意產業發展的智慧化平臺。
東城區文化產業園	該產業園由歌華集團整體運作，主要優先發展數位內容產業，樹立動漫網遊產業基地品牌，以歌華創意產業中心為平臺，建設北京動漫網遊研發製作中心及版權貿易和進出口交易中心。
國家新媒體產業基地	該基地位於亦莊開發區西邊的大興區魏善莊鎮。「十一五」期間預計投資 100 億元，準備引進英國國家動漫中心、迪士尼等世界知名旗艦級企業 5 至 10 家，到 2010 年實現產值 100～200 億元。

（五）北京市金融業與文化業聯合

2008 年的紅火電影市場中，中國國產電影《畫皮》頗為引人注目。《畫皮》自 2008 年 9 月 26 日上映以來，刷新了多項中國大片的票房紀錄，票房突破 2 億元。在《畫皮》「大滿貫」的背後，是政府對文化創意產業強有力的扶持。北京銀行為《畫皮》出品方──北京世紀佳映文化發展有限公司提供了 1000 萬元流動資金貸款，支持電影後期製作和宣傳費用。

截至 2008 年 5 月末，北京銀行已累計發放文化創意企業貸款 4.46 億元、20 筆，有力地支持了影視製作、設計創意、出版發行、廣告會展等不同行業的文化創意企業發展。據有關部門統計，自去年北京市啟動創意產業與金融資本對接工作以來，北京銀行發放的文化創意企業貸款占金融機構發放總額的 90％以上。

因為北京銀行的融資支持，傳媒巨頭北京華誼兄弟如虎添翼，引爆電視劇拍攝熱潮，包括張紀中的《兵聖》，胡玫的《望族》，康

紅雷的《我的團長我的團》，張涵予、羅海瓊主演的《身份的證明》，鄧超、范冰冰主演的《人間情緣》，李立群、車曉主演的《愛你所以離開你》，以及正在籌備中的大戲《倚天屠龍記》、《梅蘭芳》等14 部電視劇都在穩步拍攝製作中。北京銀行和華誼兄弟的此次版權質押貸款合作也是雙方進一步深化合作的契機，首次貸款是 1個億。事實上，除了華誼兄弟獲得北京銀行最大單版權質押貸款外，還有很多影視企業也得到了北京銀行的貸款。如北京和聲創景影視技術有限公司的《長江七號》、吳宇森的《赤壁》、徐克的《深海尋人》、侯勇的《白銀帝國》等電影音頻製作，北京派格太合環球文化傳媒投資有限公司《愛情來電顯示》、《命運呼叫轉移》等影視項目也相繼獲得北京銀行融資支持。

（六）世界上最大的藝術家集聚地——宋莊

宋莊鎮位於通州區北部，是目前世界上最大的藝術家群落集聚地。在宋莊生活創作的藝術家已達 3000 人，宋莊集聚區內現有美術館 12 家、畫廊 88 家、藝術家工作室 2100 家，文化相關製造企業 30 家、文化相關服務企業 25 家，集中展覽、經營面積達 10 萬平方米。

2009 年 4 月，北京市文化創意產業集聚區中第一個開工的公共服務平臺專案，即「北京宋莊文化創意產業集聚區公共服務平臺奠基儀式」在宋莊舉行，該平臺將集創意孵化培訓、投資諮詢、創意展示交流、版權保護、資訊諮詢等幾大公共服務功能於一體。專案總投資 8300 萬元，屬於北京市大力發展文化創意產業直接投資專案和通州區 2009 年重點工程。專案總建築面積 1.28 萬平方米，建設內容為網路資訊平臺、投資諮詢平臺、知識產權平臺、人才培訓平臺、展示交流平臺、國際交流平臺，建設施工期約為 17 個月。

該項目建成後，對於推動通州區「文化產業基地」建設、引導北京市文化創意產業集聚起到積極作用。

（七）「中國影都」——懷柔

2008 年 7 月 31 日，國家中影數位製作基地落戶懷柔，基地涵蓋影視拍攝、錄音、剪接、照明、後期製作、影像製品等較為完整的產業鏈，具備了承擔全國 50％以上的影視後期製作能力。16 個國際先進的攝影棚總建築面積 2.84 萬平方米，是世界上規模最大、最集中的攝影棚群，其中包括世界第一的 5000 平方米超大攝影棚，內部空間大到可以同時開進數十輛大型客車，還可以容納下波音 747 客機。國家中影數位元製作基地是亞洲第一、世界一流的數位電影製作基地，具備每年製作 80 部電影故事片、200 部電視電影、500 集電視劇的能力。

截至 2008 年底，懷柔區共有在冊的影視製作策劃、文化藝術交流等文化創意類企業累計達到 2379 家，比 2007 年增加 413 家，其中僅影視產業累計完成投資 16.3 億元，影視類企業達 141 家。

到 2010 年，影視基地將完成影視製片公司總部集聚、動漫製作、影視教育培訓、影視旅遊四大功能區的建設；集聚區可引進國際級影視企業 10～15 家，國內外中小型影視企業 100～150 家，吸納勞動力 2～3 萬人，實現年產值 100 億元以上。

（八）北京朝陽文化創意產業的發展

目前，北京很多的文化創意企業聚集在朝陽，同時帶動了新的集聚區不斷湧現，競園、酒廠藝術區、CBD 國際傳媒文化創意產業集聚區等一批新集聚區漸成氣候。使朝陽區成為北京文化創意產業最活躍的地區。

1、北京一號地國際藝術區

位於朝陽區崔各莊鄉何各莊村，規劃總面積 2700 畝。目前，北京一號地國際藝術區已彙聚了 30 家藝術機構和近百名藝術家、收藏家。園區按區域特點和業態佈局劃分為 A、B、C、D、E、O 六大功能區。A 區為園林景觀中的當代藝術交流中心、國際藝術品展示交易、國際藝術機構總匯基地；B 區是現代都市農業園中的藝術區；C 區將在濕地公園中建設中華傳統文化藝術與絕學薈萃之地；D 區是具有包豪斯建築風格的當代藝術展示及創作中心；E 區為具有田園風光的藝術區預留地；O 區是村莊改造區，將建設成為集高檔居住、藝術創作與配套服務業於一體的具有明清風格的庭院式藝術新村。

北京一號地國際藝術區一期規劃建設及改、擴建工程 4 萬平方米。透過對京廣鋁業和飛翔頭盔廠等廢舊廠房的改造，吸引了國內外一流的藝術機構、畫廊、藝術家及相關的特色服務商入駐。目前，京廣鋁業已進駐包括 A－SPACE、臺灣現代畫廊、尚元素藝術館、威諾裏薩、段落空間、吳畫廊、美國漢默藝術基金、世紀星源畫廊、你畫廊、藝術地圖、藝公館、金穀倉等 22 家藝術機構和任思鴻、趙紅瑤等藝術家。與飛翔頭盔廠簽約並即將進駐的還包括北京漢雅軒藝術有限公司、張小剛藝術有限公司、一岩堂藝術館、邱志傑工作室等國際知名的藝術機構。北京紫雲軒茶事經過一年多的運營，已成功舉辦了 6 次大型國際性文化交流活動，包括賓士公司和沃爾沃公司新車發佈會、德國萬寶龍 2006 年度國際藝術貢獻獎頒獎典禮、玉蘭油新產品發佈會、義大利商會商業文化交流展、德國漢莎航空公司餐飲文化展。在國際文化藝術領域已具有很高的知名度和國際影響力。另外，有 70 多位國內外藝術家在 318 藝術營建立了自己的藝術工作室。

2、金港汽車公園

坐落於北京市朝陽區東北部的金盞鄉，建成於 2000 年。金港汽車公園內包括一條標準 F3 賽道、一條越野賽道以及駕駛體驗場，另有名車城、金港汽車影院、金港汽車 4S 專賣店、專供釣魚的金港湖、口味獨特的餐飲服務等。

金港汽車公園的母公司金港控股有限公司是中國首家從事汽車公園諮詢、投資、招商、建設、管理、經營的集團公司。以汽車運動帶動汽車娛樂與文化，促進汽車貿易與服務及時尚家居。在中國東南西北以全資、控股、參股、加盟經營等方式發展汽車創意、商務產業聚集區，為亞洲最大的集汽車運動、文化創意、貿易服務、策劃時尚傳播的集團。目前，該公司旗下已擁有北京金港汽車公園、成都金港汽車公園、廈門金港汽車公園，已進入徵用土地階段，廣東肇慶金港汽車公園的 F3 賽道的設計圖紙已透過了國際汽聯的認證。金港汽車公園的主要經營模式為汽車運動—汽車文化—貿易服務—汽車運動。三者互相促進，已形成良性循環。

2002 年，F1 賽車駛上了金港汽車公園的賽道，這是 F1 在中國賽道上首次亮相。2003 年以來，金港汽車公園已連續舉辦了 6 屆亞洲賽車節和全國汽車場地錦標賽及全國越野場地錦標賽和全國公路摩托車錦標賽。2007 年，金港汽車公園先後舉辦了吉利方程式國際公開賽、兩站全國汽車場地錦標賽和亞洲賽車節。亞洲賽車節是亞洲最高級別的汽車賽事，它包括亞洲房車錦標賽（ATCC）、寶馬方程式挑戰賽（FBMW）、保時捷卡雷拉杯挑戰賽（PCCA）和新近加入的亞洲雷諾 V6 方程式挑戰賽。

3、楓花園汽車文化創意產業集聚區

楓花園汽車電影文化創意產業集聚區內最早的、也是核心的文化創意產業是國內最早的汽車影院北京楓花園汽車電影院。汽車電影院是 20 世紀末在國際上流行起來的新形式電影，汽車放映廣場可容納幾十輛乃至上百輛汽車，銀幕採用全鋼鑄的大螢幕，汽車在不同的位置都能看到清晰、逼真、穩定的圖像。在美妙的視覺享受中，把電影的音響效果引進車內，讓遊客盡情享受自我空間，不受外界的任何干擾及天氣變化。汽車電影是結合了汽車與電影兩大產業文化，電影是最為重要的創意產業，當代電影是世界創意經濟的一部分。目前，集聚區每年舉辦 10 場大片的電影首映式；舉辦 10 場時裝秀、演唱會、知名品牌展示等大型活動，現已成為多家汽車俱樂部、知名汽車品牌的活動及展示基地，也成為影迷、車迷集會的首選場所。2008 年，在綠色奧運的主題下，集聚區打造了北京汽車電影電視文化主題公園；建造了世界第一的長 30 米、寬 18 米的巨型電影銀幕同時建立了動漫放映專場，吸引到了動漫製作、圖片攝影、電影製作、電視節目製作等文化創意企業入區。

4、酒廠‧ART 國際藝術園

坐落於北京市朝陽區安外北苑北湖渠，是對有著 30 年歷史的朝陽區釀酒廠重新規劃後建立的。由於緊鄰中央美術學院，處在望京自由藝術家、藝術機構雲集之地，以及尚楊、孫景波等一批學院派藝術家的入住，使這裏成為北京當代藝術發展的新亮點。

酒廠‧ART 國際藝術園自 2005 年 5 月籌建以來，先後有號稱「世界上最大的收藏家」的國際畫廊「阿拉里奧北京藝術空間（韓國）」、「表畫廊」、「程昕東國際當代藝術中心（法國）」、「香

港奧沙藝術空間」、「舊雨今來軒」畫廊、「南溪美術空間（新加坡）」、「門畫廊」、雲天影像空間、歡樂灣文化發展有限公司、IAF國際文化交流促進會、美國康乃爾大學設立的藝術視窗、F5藝術空間等一流藝術機構與頂尖的藝術家們進駐園區。藝術園曾組織過「美麗的諷喻」、汪建偉「飛鳥不動」個展、德國伊門道夫大展、李智鉉個展、「Hungry Gad——印度當代藝術大展、」「暗器」、「倉鑫個展」、「無界」、「冷能」、「金昌烈個展」等一系列有國際重大影響的展覽。

5、三間房動漫產業集聚區

位於朝陽區三間房鄉，總占地面積4萬平方公里。根據規劃，集聚區內的專案將以動漫人才培訓、影視節目製作、作品交流展示為主導，進而形成集創作、生產、展示交易於一體的當代文化創意產業與動漫人才培訓集聚區。集聚區於2005年開工建設。2006年底，三間房鄉政府與中國傳媒大學、北京第二外國語大學正式簽訂了鄉校共建協定。三間房國際動漫廣場是總投資達8億元、總建築面積達12萬平方米的建築群，是集動漫產業相關創意、設計、製作、後期合成、版權交易、節目交流、展示、交易於一體的完整動漫產業鏈。

三間房區正圍繞發展中醫藥文化產業、動漫產業、文化傳媒與國際文化交流產業、時尚消費產業進行功能定位。推進天籟影音製作中心、動漫孵化園等項目建設，建設國家級動漫文化產業園區，發展動漫文化產業。依託中華本草園，推進中藥文化交流中心、中醫藥博物館等項目建設，發展中醫藥文化產業。依託中國傳媒大學、樂成國際文化交流集團等轄區重點單位，發展文化傳媒與國際文化交流產業。

6、CBD 國際傳媒文化創意產業集聚區

是朝陽區文化創意產業重點發展的區域之一，地處北京 CBD 範圍之內，總占地面積 3.99 平方公里，西起東大橋路，東至西大望路，南起通惠河，北至朝陽路、朝陽北路。截止到 2007 年 9 月底，入駐集聚區的各類文化創意法人單位共計 1445 家，其中文化傳媒法人單位 755 家。已經進入中國的國際新聞機構有 167 家，包括 CNN、VOA、BBC、維亞康姆、《華爾街日報》等著名國際傳媒機構。目前，CBD 傳媒企業已占 CBD 文化創意企業的一半以上，主要涉及版權交易、書報刊發行、影視內容製作與傳播、網路服務、廣告業 5 個行業。傳媒產業在 CBD 國際傳媒文化創意產業集聚區中佔據主導地位。一批銷售收入在億元以上的龍頭企業已聚集 CBD。如中國圖書進出口（集團）總公司、人民日報社、環球時報社等單位年營業收入均超過億元，中央電視臺和北京電視臺等強勢媒體的入駐和投入運營，也帶動了北京 CBD 文化傳媒產業總收入和就業人數的大幅度增加。

7、北京時尚設計廣場

位於北京市朝陽區酒仙橋路 4 號正東創意產業園區，由正東電子動力集團有限公司與中國服裝設計師協會聯手打造。入駐的設計工作室、模特經紀公司等企業多次在園區室內外展演場所舉辦了包括中國國際時裝周十年慶典在內的多項大型服裝服飾展示活動。廣場月均有 3−4 場發佈會，已經有登喜路、LV、kappa、卡賓、諾基亞、北京 jeep、EXPSON 等眾多大品牌相繼在園區召開品牌展演發佈活動，另有東網娛樂、北京電視臺、湖南衛視等多家媒體在時尚設計廣場進行了「加油！好男兒」北京賽區、「快樂男聲」全國

十三強、《我最響亮》等現場評獎及 MV 拍攝。北京時尚設計廣場現已逐漸成為一個時尚高端產品的展示、發佈中心。

8、中國首個圖片產業基地

位於四惠橋東南角、建築面積 3.5 萬平方米的競園，是集圖片交易、拍攝製作、展覽展示、創意、設計、版權保護、行業標準的制定與發佈、資訊服務於一體的圖片產業基地，也是複合型的生態系統。競園擬投資兩億元人民幣，建成後將形成 100 億元的交易規模，並形成亞洲最大的圖片交易市場和世界東方圖片交易中心。目前已有競報社，北京天中文化發展有限公司，蘇東時尚攝影有限公司，上品二目廣告公司及臺灣著名導演徐曉明，著名攝影家王化人、陳曼、張悅，著名歌手王蓉等在競園開始創作。

北京作為首都和文化名城，文化產業在 GDP 中所占比重在全國最高，且發展速度最快，北京的文化創意產業方興未艾，發展迅速，將成為一支突起的生力軍，但目前北京的文化創意產業規模仍偏小，市場集中度偏低，與高品質、高效率、高創新度、高技術和高附加值的標準差距還較大，人均創造利潤額、對國民經濟的貢獻均大大低於發達國家。因此，北京的文化創意產業還需要完整的人才體系、健全的知識產權保護體系、先進的技術、充裕的資金共同驅動，實現快速、健康的發展，以儘快達到發達國家的水準，從而引領全國文化創意產業的高速發展。

三、天津市文化創意產業

（一）天津文化創意產業綜述

天津簡稱津，是中國四個直轄市之一，天津市地處華北平原東北部，東臨渤海，北依燕山。天津市中心距北京 137 公里，是首都北京的門戶，對內腹地遼闊，輻射華北、東北、西北 13 個省市自治區，是中國北方最大的沿海開放城市。2008 年 12 月 25 日，天津獲選 2008 中國最具幸福感城市。

2008 年，天津文化設施建設投入達 24135 萬元，竣工面積67821 平方米，開工面積 8635 平方米，維修面積 5300 平方米。建設的光華劇院、周恩來鄧穎超紀念館改造和復原中南海西花廳工程、濱湖劇院工程、李叔同（故居）紀念館、天津圖書館改造工程相繼竣工並投入使用和對外開放。「十一五」期間天津市文化創意產業力爭保持年均 15％以上的增速，2010 年產值力爭達到260 億元。

近年來，天津市重點發展動漫和網遊、傳媒、藝術、演出娛樂、影視音像、出版、工業和建築設計、諮詢策劃、時尚設計等行業。依託海河和南北運河兩岸自然和歷史文化資源，打造文化產業帶和楊柳青、團泊、津南、武清、寶坻等文化創意產業組團，形成了中心城區、薊縣、濱海新區核心區為節點，大悲院－美院地區、老城廂－古文化街地區、6 號院地區、音樂學院周邊地區、智慧城、濱海新區文化產業示範園區和濱海時尚消費為重點的文化創意產業集聚區。

（二）天津市的主要文化創意產業基地

天津市近年來大力發展文化創意產業，截至目前，全市已擁有1.1 萬個文化創意產業註冊單位，從業人員已達 23 萬人，資產總額達 1100 億元。今年，天津市將依託豐富的歷史自然文化和工業遺存建築資源，以及濱海新區先行先試的政策優勢，重點發展動漫、網遊、傳媒、藝術、演出娛樂、影視音像、出版、工業和建築設計、諮詢策劃、時尚設計等 10 個文化創意產業行業，打造中國北方文化創意之都。目前，天津市擁有各具特色的創意產業聚集園區數家，進駐企業萬餘家。

天津市主要文化創意產業基地	
名稱	簡介
「6 號院」創意產業基地	天津發展最早的創意產業園，位於天津市和平區臺兒莊路 6 號，曾是英國怡和洋行的倉庫，由五座四層建築組成，總面積一萬平方米。現已有一批動漫公司、設計公司、藝術家工作室和畫廊等機構進駐，舉辦了傳承思辯油畫展、中國當代書畫展、當代藝術展、動漫設計作品展、雕塑展等活動。2008 年，6 號院創意產業園成為和平區現代服務示範園、天津市動漫人才實訓基地，並在第三屆北京國際文化創意產業博覽會上，被評為「2008 中國最佳投資價值創意基地」。
意庫創意產業園	地處紅橋區西站交通商務商貿中心區，是在天津外貿地毯廠老廠房的基礎上改造而成，占地 30,000 平方米，建築面積 25,000 平方米，園區內保留了 20 世紀 50 年代到 90 年代不同風格的 14 幢建築。

中匯創意公社	位於中山路中匯大廈內，建築面積為 12,000 平方米，集廣告設計、會展、工業設計等為一體的文化創意產業基地。
華輪創意工廠	位於河北區，透過天津市自行車行業協會和天津機車車輛廠的合作，利用老工業廠房打造而成的。藝華輪創意工廠分三期工程開發。專案開發的時間安排為五年，2007 年啟建，爭取到 2015 年藝華輪創意高地將吸引和集聚 70 到 100 家文化創意產業企業。
亞洲文化產業園	由中華民族文化促進會與天津濱海新區管委會共同合作開發建立，選址濱海新區七大功能區之一的「海濱休閒旅遊區」，目前為籌建階段。該產業園將涵蓋創意產業、會展經濟、工藝設計、文化包裝等內容，按照初步規劃，將用 8 至 10 年完成全部建設，打造全國最大文化產業基地。
盤龍谷文化城	位於天津薊縣國家風景區盤山腳下，總投資預計 300 億元，規劃控制面積 28 平方公里，內容為傳媒、影視、音樂、藝術四大主題。盤龍谷文化城將按照亞洲生態文化矽谷、世界創意產業高地的定位，建設國內第一、國際一流的影視內景拍攝基地、世界風情外景拍攝基地、國際影視頒獎中心、影視劇場、美術館、商務酒店、國際傳媒總部、動漫及影視製作基地等文化產業專案。專案計畫 3 至 5 年建成。
凌奧創意產業園	位於紅旗南路南側，緊鄰奧運場館、東南快速路，是透過對原有「凌莊子村工業園」的產業置換，改建成創意產業發展的產業化平臺。園區占地面積約 16 公頃，建築面積約 14 萬平方米。截至目前，已有幾十家創意產

	業類的公司和機構入駐園區發展，未來 5 年，這裏將成為國家級數位娛樂產業基地。
動漫遊戲產業基地	位於天津園區華苑產業區環外部分，占地 12 萬平方米，建築面積 18 萬平方米，包括行政辦公、公共技術、實驗實訓、創意研發、生產加工、動漫工作室及生活配套區等六大功能區，並形成技術、孵化、交易、配套四個共用平臺。大力發展天津本土的遊戲動漫原創產品。
博遠創意天地	位於大悲院商業街，占地 2400 平方米。在中山路沿街著力建設集字畫展賣、藝術品交流於一體的「文化創意超市」。結合中山路開發改造，利用天津美院的人才優勢，放大天津美院在大悲院地區的藝術創作氛圍，形成大悲院二期創意產業集群。
渤海創意產業中心	位於津南區葛沽鎮，總建築面積 16 萬平方米，分兩期建設。一期在建 4 平方米，2009 年 8 月份投入使用，計畫進駐 500 家企業。重點開發軟體、財務、第三方物流等資訊技術外包和業務流程外包兩大領域。
3526 藝術創意工廠	位於天津市河北區，利用天津華津製藥廠騰空廠房改建，為本天津市的動漫、設計產業提供全新平臺。
「飛鴿—88」文化創意產業園	位於天津市河東區八緯路和八號路的交會處，是連接京津塘高速公路和輕軌的交通樞紐地帶，利用天津飛鴿自行車廠閒置的舊廠房，主要發展工業設計、服裝設計、工業美術設計、汽車造型設計和建築設計等創意產業。

（三）2009 年天津市四大重點文化工程

1、公共文化惠民工程

一是完成文廟博物館大修、廣東會館整修、楊柳青年畫藝術中心建設，啟動建設新博物館、圖書館、美術館、演藝中心等一批新的市級文化設施。二是加快鄉鎮文體中心建設和文化資訊資源分享工程。建成 30 個鄉鎮文體中心、800 個村級文化活動室。到 2010 年實現鄉鎮有綜合文體中心、村有文化室和文化資訊資源分享工程有基層服務點。啟動「千村百站」農村文藝骨幹培訓工程，建立送文化到基層的長效機制。全市各類公益性演出達到 1000 場。三是舉辦一批高水準的文化活動。辦好 2009 天津國際少兒藝術節、第 2 屆「和平杯」中國京劇小票友邀請賽、第 18 屆「文化杯」孫犁散文評獎等「國字型大小」文化活動。

2、建國 60 周年獻禮工程

一是舉辦「祖國頌」慶祝建國 60 周年大型文藝晚會、優秀劇（節）目展演、第 14 屆「津門曲薈」、國家寶藏展、中國百年繪畫精品展、新中國成立 60 周年展覽、「祝福祖國、歌唱天津」群眾文藝匯演等活動。二是組織文藝小分隊下企業演出。圍繞「保增長、渡難關、上水準」創作一批文藝節目，組織文藝小分隊深入企業進行慰問演出。三是舉辦廣場音樂演出季、鼓舞大賽、廣場舞比賽、第 7 屆濱海藝術節、第三屆社區藝術節、第 5 屆家庭藝術節、第 4 屆老年藝術節、第 4 屆青年歌手大賽等群眾文化活動。

3、藝術創作精品工程

一是大力推進舞臺藝術精品創作。推出話劇《共和國人生》、民族管弦樂組曲《連年有餘》、交響樂《天津組曲》等一批現實題材和天津地域特色的優秀作品。搞好原有劇碼包括獲獎作品京劇《鄭和下西洋》、《護國將軍》，評劇《寄印傳奇》，兒童劇《第七片花瓣》，芭蕾舞劇《精衛》的加工修改和演出。二是積極參加全國京劇現代戲優秀劇碼展演、全國兒童劇優秀劇碼展演、全國地方戲南北片優秀劇碼展演等。力爭在國家舞臺藝術精品工程和「五個一工程」評選中獲得佳績。三是打造旅遊演出品牌。

4、文化產業發展工程

一是出臺和制定《天津市關於鼓勵和扶持動漫產業發展的實施意見》、《關於鼓勵和支持區縣文化局發展文化產業的實施意見》等政策，建立文化產業發展專項資金。二是命名一批文化創意產業示範園區，積極爭取國家級動漫產業基地落戶天津，形成示範基地、示範園區和相關產業聯動發展的產業體系。三是重點辦好「中國‧天津國際演藝交易博覽會」、「中國動漫原創作品推廣巡迴展」。舉辦「華夏神韻──第四屆中國民族戲曲優秀劇碼大匯演」、「相約環渤海──交響樂經典作品系列演出」等大型商演活動。

（四）天津市新 20 重大服務業項目

在天津市第一批 20 個重大服務業項目基礎上，天津市今年又確定了新 20 項重大服務業專案。這 20 個專案在剔除其中的房地產和基礎設施投資後，單個專案的投資額都在 10 億元以上。總投資

為 624 億元。2008 年已完成投資 52 億元，2009 年預計可完成投資 216 億元，2011 年前可全部建成。

天津市新 20 項重大服務業項目		
	名稱	具體內容
1	于家堡金融區起步區	總投資為 70 億元。建設 10 棟金融樓宇，打造濱海新區金融中心。目前基礎設施已經開工，2011 年以前，各金融樓宇將基本建成。
2	陸家嘴金融廣場	總投資為 45 億元。建設兩座雙子辦公樓、一棟公寓式酒店、一個購物中心及商業設施等。
3	中心漁港起步區	總投資為 64 億元。建設遊艇俱樂部碼頭等旅遊設施和集水產品接駁、冷藏、加工、交易和船隻補給、漁港修造、漁政管理等功能的漁港，成為中國北方鮮活水產品集散中心。
4	天津海濱國際商貿物流誠一期	總投資為 31 億元。主要建設巨龍古玩城、全國名特優農產品城、遠嘉電子通訊城、燈飾建材城、水暖城、北方 IT 物倉儲配送中心及服務配套設施等。
5	華北城物資交易中心一期	總投資為 20 億元。建設建築材料、醫藥化工材料、機械電子材料、汽車配件材料等 4 個原材料市場。
6	唐官屯物流園區一期	總投資 14 億元。建設煤炭、鋼材、石油、集散配貨、市場服務中心等五個功能區。該項目建成後將利用鐵路編組站優勢，成為靜海縣大規模的散貨物流基地。
7	大胡同三角地商貿區	總投資 14 億元。建設集寫字樓、酒店、公寓、商業為一體的綜合性現代商務業中心。

8	海河新天地	總投資 24 億元。建設高檔商業街、酒店、寫字樓等設施,將為河東區的高檔購物、商務、餐飲、住宿的場所。
9	泰達時尚廣場二期	總投資 15 億元。建設環湖商業購物中心、體育休閒場館、配套酒店及高端百貨店。
10	東麗湖旅遊景區	建設環球產品交易中心、五星級酒店、擴建溫泉歡樂谷、風情商業街等。項目建成後,將大大提升東麗湖周邊旅遊業的整體服務功能。
11	天嘉湖旅遊區	天嘉湖是中國北方建設標準最高、全封閉、全水泥硬化的地上人工湖,也是國內著名的小站稻籽種生產基地,被列為國家級的農業科技園區和小站稻高標準農田的供水水源。該旅遊區的建設,將以自然旅遊資源為主,突出種植和漁養殖兩大特色,形成以生態、綠色為基調的濱水休閒度假區。
12	盤龍谷文化城一期	建設高級影劇院、室內攝影基地,傳媒動漫產業基地等設施,成為技術先進的中國北方影視基地。
13	盤山金碧國際旅遊度假中心	建設五星級酒店和會議、娛樂、運動、度假、商業、健身等六大中心。
14	中華藝術家中心	總投資 23 億元。主要建設藝術公園、藝術工作室、藝術開發中心、文化風情街、中華文化博覽館、藝術品商業街等設施,為藝術創作提供適宜的環境。
15	團泊體育組團	總投資 24 億元。建設國際網球中心、標準足球場、足球訓練基地、綜合運動場館、生態體育公園等設施,是團泊新城的配套項目。

16	官港生態 遊樂園	總投資 36 億元。主要建設國際風情區、康樂療養區、機械登出區等 3 個區域，把官港建成具有強大牽引力和市場競爭力的主題遊樂公園和現代生態旅遊風情區。
17	天津港國際 郵輪碼頭	總投資億元。建設兩個大型國際郵輪泊位，可滿足世界最大的 22 萬噸級豪華郵輪的靠泊。
18	深淵科技 總部區	總投資 43 億元。建設高新技術研發機構辦公區，總部區，客戶服務中心等。
19	天獅國際健康 產業園	該專案共由 26 棟建築組成，形成倉儲物流、辦公接待、會議、餐飲住宿等四大功能區。
20	天辰工程公司 總部	總投資 15 億元。建設公司總部、研發中心及採購中心等。

（五）天津市文化創意產業碩果纍纍

文藝創作方面。京劇《華子良》入選國家舞臺藝術十大精品劇碼，獲得文化部「文華大獎」，話劇《為你喝彩》等 7 個劇碼獲得中宣部「五個一工程」獎，兒童劇《尼瑪‧太陽》等 12 個劇碼獲得「文華新劇碼獎」，雜技《單手倒立》榮獲第 10 屆法國未來雜技節金獎第一名暨法蘭西共和國總統金獎；2008 年，在第 5 屆中國京劇藝術節上，舞臺藝術奪得多項全國第一。大型交響京劇《鄭和下西洋》、新編京劇《護國將軍》獲新編歷史劇一等獎，傳統京劇《謝瑤環》、《韓玉娘》獲得傳統戲改編二等獎，創全國參賽劇碼最多、獲獎最多。在第六屆全國京劇青年演員電視大賽中，天津市 12 名青年演員進入決賽，5 人奪得金獎、2 人獲得銀獎、5 人獲優秀表演獎，金獎總數名列全國第一。在第 6 屆中國評劇藝術節上，

評劇《寄印傳奇》榮獲優秀劇碼獎第一名，並獲多項大獎。在第 7
屆全國雜技比賽中，雜技《壇技──三個和尚》獲文華雜技節目創
新金獎、《和諧──倒立造型》獲銅獎。在第 7 屆全國優秀兒童劇
展演比賽中，兒童劇《第七片花瓣》榮獲最佳劇碼獎。

　　此外，天津芭蕾舞團是中國五個芭蕾舞表演團體之一。近年來，
天津芭蕾舞團先後排演了《天鵝湖》、《胡桃夾子》、《精衛》等多部經
典芭蕾舞劇和原創芭蕾舞劇，成為天津市高雅藝術的一張名片，曾
應邀出訪美國、西班牙等國家。天津芭蕾舞團還先後參加了央視元
旦晚會、金雞百花電影節頒獎晚會、世界戲劇節開幕式等許多重大
演出活動，並在國家大劇院登臺亮相。在今年中央電視臺春節聯歡
晚會上，由天津芭蕾舞團演出的《蝶戀花》榮獲觀眾評選的「我最
喜愛的春晚節目」一等獎，《城市變奏曲》也受到了廣大觀眾的好評。

　　文化活動方面。天津市培育了「都市浪漫──世界著名芭蕾舞
團精品劇碼展演」、「相約環渤海──交響樂經典作品系列演出」、
「天津之春──中外藝術精品演出季」、「華夏神韻──中國民族戲
曲優秀劇碼大匯演」、「海河之春」音樂節等品牌性演出活動。舉辦
了「中國‧天津國際演藝交易博覽會」、「中國動漫原創作品推廣巡
迴展」、「華夏神韻──第四屆中國民族戲曲優秀劇碼大匯演」、「相
約環渤海──交響樂經典作品系列演出」等大型商演活動。

　　群眾文化方面。天津市已經連續舉辦多屆「和平杯」中國京
劇票友邀請賽、農民藝術節、媽祖文化旅遊節、「沽上春好」大
型燈會等群眾文化活動。目前天津市累計已有 16 個區縣被評為
市級先進文化區縣，其中 11 個進入了全國先進文化區縣行列。
2008 年，在全國首屆農民文藝匯演上群眾業餘創作摘金奪銀，共
獲得 9 項大獎，小品《雨中情》獲金穗獎，表演唱《住宅社區的
姐妹們》、舞蹈《五子奪蓮》獲銀穗獎，雜技《健身花毽》、獨唱

《山村情歌》、京東大鼓《咱們農民好運來》、小品《狗尖兒》、評劇演唱《黛諾》選段《不找紅軍我又找何人》榮獲豐收獎。在全國第 6 屆「四進社區」文藝展演上，音樂快板《英模讚》和舞蹈《歡聚一堂迎奧運》、京東大鼓《咱們農民好運來》分別獲得銀獎和銅獎。

　　文化遺產保護方面。天津博物館、自然博物館、周鄧紀念館被命名為首批國家一級博物館。天津圖書館被國務院列為全國首批古籍重點保護單位，天津博物館 14 種古籍被列入國家珍貴古籍名錄。掛甲寺慶音法鼓、楊家莊永音法鼓、劉園祥音法鼓、漢沽飛鑔、相聲、京韻大鼓列入第二批國家級非物質文化遺產名錄。有 14 個區縣、街鎮被文化部命名為中國民間文化藝術之鄉。西青區楊柳青鎮被國家住房和城鄉建設部命名為「中國歷史文化名鎮」。

　　基層文化建設方面。在第二次全國文化館評估定級活動中，17 個縣級以上文化館有 10 個被命名為一級館、7 個被命名為二級館。2 個電影放映隊、3 名電影放映員被文化部授予優秀農村電影放映隊和放映員。6 個文化館站、劇團被評為全國服務農民、服務基層文化建設先進集體。和平、河西、塘沽、大港、東麗、津南和北辰區被文化部命名為文化資訊資源分享工程示範區。

（六）天津旅遊業「一帶三區九組團」格局

　　「一帶、三區、九組團」中的「一帶」，即海河旅遊發展帶規劃思路。海河旅遊發展帶是連接天津市中心城區和濱海新區的發展軸線，是天津旅遊的主打旅遊品牌之一。「一帶」將透過活躍水面、繁榮兩岸、上伸下延、近接外連，豐富海河水上項目。開通海河水上交通，設計獨具天津特色的遊覽船，成為連接兩城的水上巴士，增加兩岸休閒、餐飲、購物、主題公園等綜合服務業態，打造成為

天津市的黃金旅遊線和休閒產業帶。上游段，從三岔河口至外環線，打造「歷史文化＋都市繁華」主題，功能為民俗文化尋蹤、近代史跡體驗、都市風貌觀光、現代休閒娛樂。中游段，從外環線至海河二道閘，打造「生態休閒＋文博會展」主題。功能為文博會展、文化生活體驗、商務休閒娛樂。下游段，從二道閘至海河入海口，打造「時尚都市＋近代文化」主題，功能為濱水度假、生態觀光、商務休閒。

　　「三區」即中心都市旅遊區、東部濱海旅遊區和北部山野旅遊區。中心都市旅遊區定位為都市觀光、文化體驗、特色商貿、綜合服務區，重點發展民俗文化片區、異國風情片區、休閒購物片區、文化休閒片區四大片區。中心都市旅遊區將依託城市現代化建設和近代歷史文化內涵，發展都市觀光和文化休閒旅遊。東部濱海旅遊區定位為濱海生態、時尚娛樂、濱海度假、商務會展區，重點發展濱海旅遊核心區、休閒遊憩區、商務休閒區、生態休閒區四大片區。東部濱海旅遊區將以海濱為主線，以海河、古海岸、濕地、高新技術產業為基礎，目標成為港城旅遊目的地，濱海旅遊產業集聚區和生態科技示範區。北部山野旅遊區定位為生態觀光、休閒度假、鄉村體驗、商務會議區，重點發展盤山文化旅遊片區、古城文化體驗片區、長城山水旅遊片區、森林與鄉村旅遊片區四大片區。該旅遊區將以薊縣北部山區和東部水域為主體，打造集名山、幽林、秀水、雄關、古剎於一地的生態休閒度假基地。實現森林養生、山水休閒、名勝觀光、文化體驗、鄉村旅遊五位一體，建設成為貫通京津冀的旅遊樞紐。

　　「九組團」即重點建設九大重點特色旅遊區域。這9個區域分別是：京津新城溫泉度假組團、大黃堡生態休閒組團、七里海濕地度假組團、東麗湖商務休閒組團、楊柳青民俗文化組團、團泊湖國

際休閒博覽組團、天嘉湖——鴨淀水庫商務度假組團、葛沽——小站民俗風情組團、官港休閒遊樂組團。

（七）天津建立「一線三點五團」文化創意產業體系

「一線」即海河和南北運河文化產業帶，「三點」即以中心城區、薊縣、濱海新區核心區為節點，「五團」即重點打造楊柳青、團泊、津南、武清、寶坻等文化創意產業組團。除此之外，天津市還進一步打造以大悲院－美院地區、老城廂－古文化街地區、6號院地區、音樂學院周邊地區、智慧城、濱海新區文化產業示範園區和濱海時尚消費區等為重點的文化創意產業集聚區。

近幾年，天津市文化創意產業迅速興起並初具規模，在出版發行、文物保護、傳統藝術挖掘等領域表現出較強的實力，發展成為壯大天津市第三產業的一支生力軍。但同時天津市文化創意產業尚存在著總體規模偏小、結構有待優化等問題，亟待透過文化體制創新、資源重組、加大科技投入等措施來提高天津市文化創意產業的競爭力。

四、上海市文化創意產業

（一）上海文化創意產業綜述

上海是中國第一大城市，中國中央四個直轄市之一。上海位於中國大陸海岸線中部的長江口，是中國最大的工業基地、最大的外貿港口和最大的商業城市，有超過 2000 萬人口居住和生活在上海及其附近地區。上海現已經發展成為一個國際化大都市、全球重要的經濟和貿易中心。

2008 年，上海市全年共放映電影 25.5 萬場，1,456.4 萬人次觀影，年票房總收入 4.4 億元，同比 2007 年分別增長 6.2％、5.2％和 17.7％。2008 年上海數位出版業銷售收入總值在 123 億元左右，約占全國數位出版業總量的五分之一。上海網路遊戲出版產業近年來一直處於高速發展狀態，銷售收入連續多年居全國首位，年增長率均在 30％以上，2008 年實現銷售收入 86.2 億元，比上年增長 35.3％。2008 年上海網路視聽出版收入約為 1.5 億元，占全國的 70％。「十一五」期間，上海文化創意產業要成為自主創新和「科教興市」的重要推動力量，形成產業集資、佈局合理、開放度高、帶動性強、富有特色、充滿活力的發展格局。到 2010 年，在文化創意產業規模方面，上海文化創意產業增加值力爭占上海市 GDP 的 10％左右，年均保持 10％以上的增長速度；培育若干家有自主知識產權、年收入超 10 億元的文化創意產業龍頭企業，形成 10～15 萬人的就業規模；在文化創意產業佈局方面，形成 100 個以上文化創意產業集聚區，吸引 5000 家以上各種文化創意產業相關企業集聚吸引一

批世界級創意設計大師在上海建立工作室；在文化創意產業水準方面，形成 10 個左右在國內外有影響的文化創意產業集聚區；培育 10～20 名有國際影響力的知名設計師和設計大師；3～5 個在國內外有影響的大型主題活動；以及 3～5 個在國內外有影響的仲介機構和服務平臺。

2010 年上海世博會即將到來，世博會對經濟、文化、科技、社會的綜合影響也越來越被大家所認識，對接世博會，依託世博會的平臺，大力發展上海文化產業，把世博會對文化產業的貢獻率提高到最大的可能，已成為上海近期文化產業發展策略的重要選擇。

（二）上海市首批 15 家文化產業園區

2009 年 4 月，上海首批 15 家文化產業園區正式亮相。首批 15 家文化產業園區地域分佈廣、定位分工清晰，包括位於浦東新區的動漫谷文化創意產業基地、國家數位出版基地；位於中心城區的徐匯電子藝術創意產業基地、徐匯數位娛樂產業基地、2577 創意大院、長寧多媒體產業基地、長寧新十鋼視覺文化藝術產業基地、盧灣區田子坊和靜安現代戲劇谷；位於郊區的金山中國農民畫村、南匯新場民間技藝文化創意基地、松江倉城影視產業基地，以及普陀天地網路數位內容產業基地、M50 藝術品創意基地、楊浦五角場 800 藝術基地。

據分析，首批 15 家上海市文化產業園區中，定位於發展與網路、數位多媒體等新興技術相關文化產業的園區至少有 7 家，占到近一半；「民族、民俗、民間」文化傳承與創新的園區有 2 家，若算上定位「以民俗文化為主要表現打造國際文化社區」的田子坊，一共 3 家；文化藝術原創和藝術品經營的園區有 3 家；另 2 家分別致力於發展演藝產業和影視產業。

（三）上海文化創意產業結構「三三開」

　　文化創意產業是國際金融危機衝擊下已成為上海產業發展的亮點之一。2009 年 1、2 月份，上海市圖書、報刊零售額較去年同期均有小幅增長，而上海網路文化產業則呈現出「井噴式」行情，僅盛大網路一家去年第四季度的淨利潤就達 3.4 億元，同比增長17.1％。

　　近年來上海市文化產業發展很快，增速連年超過兩位數，呈現出幾大特點：一是產業結構比較合理，核心層、週邊層、相關層「三三開」，各占約 1/3，而不是文化製造業一家獨大。二是休閒娛樂產業很發達，而且全是民營企業。三是互聯網文化資訊服務業全面開花。四是文化產業和高新技術結合比較前沿。此外，在對外文化貿易方面，上海也有自己的平臺和優勢。

（四）上海市創意文化產業的 5 大重點領域

上海市創意文化產業的 5 大重點領域		
1	與產業研發相關的創意設計	如工業設計、服裝設計、工藝美術品設計、廣告設計、軟體設計等
2	與建築相關的創意設計	如室內裝潢設計、建築設計、環境設計、城市設計等
3	與文化相關的創意設計	如媒體策劃、藝術創作、影視製作、動漫設計等
4	與消費相關的創意設計	如時尚消費設計、休閒旅遊設計、婚慶節慶設計等
5	與諮詢策劃相關的創意設計	如市場調查、專業諮詢、會展策劃等

（五）上海市的表演藝術文化

　　上海大劇院曾成功上演《Mama Mia》，原本是百老匯音樂劇的《I Love You》在上海把它做了中文的翻譯，在上海話劇藝術中心成功演出後，這個中文的版本還回到百老匯演出了兩週；問世 3 年多來的多媒體夢幻劇《時空之旅》是上海演藝文化方面又一非常特別的製作。互利共贏的投資三方不僅收回了全部 3000 萬元的投資成本，還創下了在同一劇場連演 720 天、場次逾 800 場、票房逾 8000 萬元、觀眾逾 75 萬人的驕人業績。在一個擁有 1400 個座位的劇場裏，《時空之旅》每場都會湧進近千名觀眾；由上海話劇中心和新加坡戲劇盒聯合製作的多媒體話劇《漂移》也取得了佳人的成績。此前，上海話劇中心就在短短一年間推出了 6 部國際合作作品，從中日合作《雙城冬季》、中英合作《李爾王》、中法合作《瑪格麗特·杜拉斯》、中美合作《I Love You》、中加合作《魯鎮往事》，到最新的中新合作的《漂移》。

　　2008 年，上海話劇市場共有近 70 部話劇輪番上演，《暗戀桃花源》六度上演、每次仍一票難求；《發膠星夢》、《暗戀桃花源》等累計票房收入超過千萬；百老匯音樂劇《歌劇魅影》在滬連演百場，上座率超過 99％，並能吸納 16 萬左右的觀眾。此外，上海文新集團投資 600 多萬元的電影《喜羊羊與灰太狼之牛氣沖天》創造了 9000 多萬元的全國票房，成為時下最具價值的動漫品牌，其品牌效應已遍佈社會各個領域。

（六）上海的戲劇文化產業──「靜安現代戲劇谷」

　　地處於市中心點的靜安區，面積 7.62 平方公里，儘管在全市各區中面積最小，卻已形成成熟的國際商務文化。進入上海的國際

知名企業或著名品牌，約 90％在靜安開設地區總部、商務機構、旗艦店或專賣店，總量超過 500 個；作為產業國際化指徵的「涉外稅收」在靜安超過總稅收的 50％，以專業服務業和商貿流通業為主體的現代服務業則占總收入的 90％以上；作為都市文化消費前沿群體的「樓宇青年」，在靜安極為集中。一些國際著名調查公司經過資料分析後認為，靜安發展現代戲劇產業的經濟區位優勢極為明顯。恰巧，這塊商家雲集的寶地，又與上海現有戲劇文化發展的軸心地帶「不謀而合」。以美琪大戲院為起點，經百樂門至華山路上海戲劇學院，寬約 500 多米，長約 2 公里，總面積 1 平方公里的「Ｓ」形帶狀街區，分佈了美琪大戲院、雲峰劇院、商城劇院、百樂門舞廳、中福會兒童藝術劇院、上戲劇院等 10 多家各類劇院或演出場所。這些戲院，又與以「梅、泰、恆」為標誌的時尚購物區、以上海展覽中心和波特曼麗嘉大酒店為標誌的賓館會展區、以協和城為標誌的休閒娛樂區以及陝西北路歷史風貌保護區交錯相融，成為一條最理想的現代商業戲劇帶的雛形。2003 年就開始啟動的上海戲劇大道的規劃建設，透過 6 年之力，初步形成以延安西路——華山路——安福路與烏魯木齊北路為界限，以上戲、上海兒藝、上海話劇中心為中軸線的戲劇創意和演出集中地。

　　瞄準上海文化大都市建設目標，在東起成都北路、西至鎮甯路，以南京西路至華山路一線為中軸，寬約 0.5 公里、長約 3 公里的區域，精心構建了現代戲劇產業的核心集聚區，爭取用 10 年時間，建成類似於紐約百老匯、倫敦西區的「上海現代戲劇谷」。目前靜安正聯手美國倪德倫公司、英國邁金托什公司、亞洲百老匯公司等世界知名戲劇公司和機構，整合上海戲劇學院、上海歌劇院、上海話劇藝術中心以及譚盾、賴聲川、孟京輝、林兆華、張軍等核心創意工作室資源，在 1.5 平方公里的戲劇發達地帶勾畫的產業業

態：一軸，以南京西路至華山路作為上海現代戲劇產業發展主軸；
三區，分別是美琪大戲院－商城劇院－上海展覽中心－雲峰劇院現
代音樂劇產業集聚區，百樂門多媒體戲劇產業區，上海戲劇大道－
上海戲劇學院－兒童藝術劇院都市話劇產業區。主體項目未來還將
在東向與上海大劇院相接，西向與上海話劇藝術中心相鄰，南向與
在建的「上海文化廣場」呼應，自然形成「戲劇谷」的三個延伸帶。
2009 年 4 月，靜安現代戲劇谷被評為上海市首批 15 家文化產業園
區之一。2009 年 5 月，「上海現代戲劇谷」的第一個試運營演出季
就將啟動，10 臺 30 場的戲目，會先讓觀眾眼睛一亮。

　　目前，「上海現代戲劇谷」10 年階段性目標已繪就：2008 至
2010 年，借世博重大機遇，加強與美、英國際主流現代戲劇演藝
機構的聯手合作，重點完善美琪－商城劇院－雲峰劇院音樂劇演出
功能，精心策劃「2010 年世博現代戲劇谷演出季」，力爭在世博舉
行之時將「上海現代戲劇谷」品牌推向國際；2011 至 2013 年，爭
取國際主力機構及主力劇場在戲劇谷沿線落地，部署落實百樂門及
周邊演出場所的改造利用，打通與上戲、上歌、上音等現代戲劇重
要本土資源的合作平臺，讓「上海現代戲劇谷」全線貫通，形神兼
備；2014 至 2018 年，基本形成以現代戲劇尤其是各種現代商業戲
劇類型為主體，並定期舉辦國內外演藝業名品演出、主題節慶、行
業會展、高端論壇等活動的區域主題化發展格局。那時候，世人將
在紐約百老匯、倫敦西區之外，普遍知道「上海現代戲劇谷」。

（七）獨具特色的創意文化產業園區

　　根據上海「十一五」創意產業發展規劃，上海將在 2015 年前
建成亞洲最有影響的創意產業中心，並用 20 年時間和倫敦、紐約
等城市並列全球創意產業中心。目前，上海現有的 75 個創意產業

園覆蓋了數位娛樂、美術工藝、博物展示、設計裝潢、體驗休閒等眾多行業，吸引遍佈 30 多個國家和地區的 3500 多家企業以及 2 萬多工作人員，上海創意產業以年平均 16%～17%的速度在增長，年產值約占上海 GDP 的 6%～7%左右。僅 2006 年一年，上海創意產業創造的總產值就達 2291.71 億元，增加值為 674.59 億元，成為上海經濟增長的重要新興產業之一。

「創意倉庫」是上海市第一家創意產業聚集區，占地 12000 平方米。位於蘇州河北岸光復路 181 號，解放前曾是金城、鹽業、大陸和中南這四家銀行的倉庫。它是一座鋼筋混凝土結構的六層大廈。建於 1913 年，是具有愛國主義象徵的歷史建築。後被留美回國的建築設計師劉繼東承包，並把它改造成「創意倉庫」。今天的創意倉庫內部被隔斷成數間各具特色、充滿個性的工作室。這裏 LOFT 式建築，吸引許多公司來此舉辦商業活動。。

普陀天地網路數位內容產業基地以軟體和資訊服務業、網路文化產業為特色，2008 年入駐企業實現銷售 15 億元，其中文化相關企業實現銷售 7 億元。長寧多媒體產業基地致力於培育數位內容產業的「先行者」，2008 年園內已集聚企業 398 家，稅收貢獻達 5 億元，擁有水晶石、環球數碼、上海卡通、EPIC、2K、分眾傳媒等一批影視動畫、遊戲製作、廣告傳媒和數位媒體的領軍企業，形成了頗具規模的數位內容產業集群。

M50 藝術品創意基地位於莫干山路，是上海著名的建築設計、藝術創意園地，為首批市級文化產業園區。近兩年來，成功舉辦了兩屆創意新銳評選；組建了 M50 創意設計聯盟，協力參與全市重點文化創意專案；策劃了原創話劇《浮生記》，獲得了熱烈的市場反響。M50 的文化氛圍和北京的 798 很相似。M50 占地 34.45 畝，建築面積 41,000 平方米，這處原本是上海幾個紡織廠

的廠房和老倉庫，2000 年這片廢棄的廠房被幾個藝術家相中，後逐漸成為藝術人士、創意產業的聚集地。目前彙集了包括法國建築設計大師夏邦傑工作室等來自 15 個國家 80 餘家創意設計公司及藝術家工作室，是上海最具品味、規模和影響力的時尚創意地標之一。

8 號橋位於建國中路 8 號～10 號，占地面積 11 畝，建築面積 15000 平方米，其前身是上海汽車制動器公司。8 號橋目前已經是一個非常成熟的創意產業聚集區，入駐率已達到 100％。其中包括設計金茂大廈的 SOM 公司、香港著名導演吳思遠的影視工作室、負責中法文化年「F2004 藝術展」的 Emotion 設計室。8 號橋在上海是一個非常響的創意產業聚集區品牌，已經成為頂級品牌展示和資訊發佈的平臺。

徐匯電子藝術創意產業基地位於上海南站附近。園區依託成功舉辦兩年的「上海電子藝術節」這一品牌活動，開發出了多媒體藝術包裝設計、創意設計服務和駐村專案實驗基地等多種功能；同時以推廣上海電子藝術節為契機，開展電子藝術作品版權運營和交易。

金山中國農民畫村位於楓涇鎮中洪村聚集著上海金山、吉林東豐、天津楊柳青、重慶綦江、雲南騰沖、青海湟中、陝西戶縣、山東日照、湖北黃州、河南舞陽十個農民畫鄉的畫家。畫村年接待遊客已達 50 多萬人次，帶動了周邊農民 500 多人就業。

（八）2010 年上海世博會

上海世博會將於 2010 年 5 月 1 日至 10 月 31 日舉辦，預期將吸引 7000 萬人次的海內外遊客參觀，其中境外遊客預計在 5％左右，這是第一次在發展中國家舉辦的註冊類世界博覽會。成龍、姚

明、郎朗，英國歌唱家莎拉‧布萊曼、日本乒乓球運動員福原愛等一批海內外名人受聘擔任上海世博會海外推廣形象大使。2009 年 5月 1 日，主題為「城市，讓生活更美好」的中國 2010 年上海世界博覽會，迎來開幕倒計時一周年，截至目前，已有 234 個國家和國際組織確認參展上海世博會，其中 200 個簽署了參展合同。其中，不少國家從來沒有或已多年沒有參加過世博會，18 個國家甚至尚未與中國建交。專家預測世博會舉辦和籌辦期間，每年將拉動上海經濟增長 5%。

上海世博會場址位於上海市中心區的正南，位置是在上海的主要兩座大橋盧浦大橋和南浦大橋之間，沿上海市區內最重要的一條河流黃浦江的東西兩岸進行佈局，一共 5.28 平方公里。這 5.28 平方公里，包括了 3.28 平方公里的世博會的全部展館以及 2 平方公里的世博村以及其他基礎設施建設。圍欄區內 3.28 平方公里，按不同功能分為 A、B、C、D、E 五個片區，以中國館和演藝中心為軸線的東邊的區域，是 A 片區，主要是亞洲國家館的展區。B 片區主要是一軸四館的永久性建築，世博軸、中國館、演藝中心、世博中心、主題館，以及大洋洲國家和國際組織館的展館。盧浦大橋延伸段以西的 C 片區主要佈置歐洲、非洲、美洲國家。所有國家還有國際組織的展館都是在浦東一邊。浦西這片是 D 片區原來是江南造船廠的舊址，現在將其作為企業館片區。E 片區是城市最佳實踐區，是上海世博會的創舉，也是亮點之一，屆時將從全球遴選最佳的城市建設案例，放在 E 區進行展示。

上海世博會的永久性建築是「一軸四館」，包括世博軸、主題館、中國館、世博中心、演藝中心。世博軸作為世博園區空間景觀和人流交通的主軸線，分地下兩層和地上兩層，為半敞開式建築，是一個由商業服務、餐飲、娛樂、會展服務等多功能組成的大型商

業、交通綜合體；主題館，主要是探討城市與人與生命與星球與未來之間的關係。共有兩個展區，均含有節能環保理念。主題館的屋頂設計採用老虎窗造型的設計方式，有些凹陷下去的部分是一個雨水收集裝置，收集的雨水可以對周圍 7000 立方米的植物進行直接灌溉；中國館的造型為中國建築文化元素的「鬥冠」，稱之為「東方之冠」，顏色選用「故宮紅」，一些人將其造型比喻為倒著的埃菲爾鐵塔；世博中心擁有新聞中心、貴賓接待等綜合功能。會展期間為各類會議提供召開場所，同時兼具召開新聞發佈、宴會和貴賓接待等服務功能；演藝中心，被稱為「藝海拾貝」，呈飛碟形狀，最大的特色是可以根據觀眾的人數調節座位的個數。演藝中心最多可容納 18000 名觀眾，至少容納 4000 名觀眾同時觀看演出。世博會歷來是各國展示各自科技、經濟、文化等方面實力的舞臺。因此，各參展國都會拿出自己最先進的科學技術進行展示。特別是企業館，基本彙聚了歷屆世博會的亮點。2010 年上海世博會規劃了 16 個企業館，目前已經有 15 家企業或企業聯合體確認建館參加上海世博會。其中既有上汽和美國通用汽車的聯合體，也有中國航空、中國航太等。

據有關人士表示，上海世博會運營資金總預算為 106 億元，其中 60 億元將來自門票收入。

（九）藝術創新的傑作──「時空之旅」

超級多媒體夢幻劇《時空之旅》將中國傳統雜技融於時空交錯的意境之中，營造的如夢如幻的藝術氛圍，令許多觀眾驚讚不已。自 2005 年 9 月 27 日首演以來，《時空之旅》在上海馬戲城的演出一日未斷。至今，已演滿 1500 場，擁有 150 萬人次的觀眾，超過 1.5 億元的票房收入。《時空之旅》以音樂劇的形式，融合歌

劇現場電聲的效果，民樂的演奏，原創的歌曲，現代的舞劇、雜技、武術等，各項藝術元素相容並蓄，用中國元素、國際包裝，富有創意地重新演繹了《花壇》、《晃板踢碗》、《綢吊》、《環球飛車》、《蹦床抖杠》等傳統雜技節目。演出以來，《時空之旅》曾獲「國家文化產業示範基地」、第 2 屆文化部創新獎、第四屆中國演出十大盛事最佳娛樂演出金獎等獎項，併入圍國家舞臺藝術精品工程初選劇碼。此外，《時空之旅》還製作了專題網站 www.era－shanghai.com，有中、英、日語網頁，既宣傳推廣，又開通外卡網上支付功能進行網路售票。目前其衍生產品也已經進入了系列開發階段，已經開發了辦公用品、服裝、小紀念品等 3 個系列，共有節目紀念冊、CD、紀錄片 DVD、紀念衫、紀念杯等 10 多個品種的產品。

（十）上海——「動漫產業的溫柔富貴鄉」

上海發展動漫產業，既有政策支持的優勢，又有人才力量的優勢，因而被喻為動漫產業的溫柔富貴鄉。2004 年，在上海誕生了國內首個「國家動漫遊戲產業振興基地」，下設教育培訓中心、創意中心、國際合作交流中心、展示中心、研發中心和產業孵化中心。隨後帶動了長三角地帶崛起了多個動漫產業基地。2004年，上海美術電影製片廠被國家廣電總局命名為「國家動畫產業基地」，曾推出過孫大聖、阿凡提等經典的動漫形象。動畫片《大鬧天宮》在倫敦參加第 22 屆倫敦國際電影節時，獲得本屆電影節的最佳影片獎。

目前在上海運營的網路遊戲的銷售收入，已經佔據全國 70％的市場份額。上海不僅擁有「盛大網路」、「第九城市」等國內互動娛樂的龍頭企業，「新浪」、「光通」等外省註冊企業，也將遊戲運

營部門設在上海。於 2004 年底開通的上海炫動卡通衛視是中國三
家專業動畫頻道之一，目前已在 20 個以上城市落地。

（十一）上海 4 大數位內容產業基地

　　無論是上海還是北京，近幾年來都十分注重數位區的開發與
建設，數位區的內容大多集中在動漫，遊戲等方面。目前上海已
有的 4 個數位內容產業基地分別是上海市數位娛樂中心、上海文
化科技創意產業基地、國家動漫遊戲產業振興基地和上海多媒體
產業園。

　　上海市數位娛樂中心位於徐家匯商業區，是在徐匯區軟體基地
的運作管理下發展，提供數位娛樂產業的版權服務與貿易、通信市
場管理與服務、投融資資源交易服務、人力資源建設與培養等服務
功能，同時引入和培育一批在數位娛樂產業領域從事技術發展和推
廣、產品研發、運營及培訓的相關企業與機構，並舉辦國內外業界
沙龍、論壇、學術交流活動，整合資源，形成產業鏈。上海市數位
娛樂中心培育出了包括攜程在內的一批明星企業，將下一代互聯網
技術 NGN，其終端的安全技術、資訊資源開發技術、資訊服務平
臺作為其重點的工作方向。

　　上海市文化科技創意產業基地位於浦東新區張江高科技園
區。成立至今短短四年多，基地與盛大、九城等數位娛樂產業巨頭
共同成長，PPLive、今日動畫等一大批文化科技類企業得以在張江
大展拳腳。2007 年，園區同上海電視節組委會、上海市文化發展
基金會共同發起主辦的「聚焦動漫谷——上海動畫項目創投」項目
正式啟動，同時該園區又與盛大網路有限公司達成合作協定，透過
設立網路遊戲專業孵化器，為中小型網路遊戲開發企業提供專業的
支援和服務。基地現已形成 200 多家文化科技創意企業共同發展的

產業集群，2008 年，文化科技創意企業實現年總產值逾 70 億元。2008 年 6 月，動漫谷文化創意產業基地啟動建設。2008 年 7 月，國家數位元出版基地又落戶浦東張江。

　　國家動漫遊戲產業振興基地於 2004 年由文化部授牌成立，坐落於華東師範大學校內。基地服務於國家動漫遊戲產業發展戰略，實現教育培訓、研究開發、產業孵化、國際合作四大功能。會展部舉辦年度性的「中國國際動漫遊戲博覽會」；數位播出中心「數位娛樂網」打造動漫、遊戲第一門戶網站；漫天堂文化用品有限公司管理運營動漫衍生產品專賣店；電子遊戲機體驗中心籌建「樂遊遊綠色遊戲體驗中心」。除此之外，啟動了動漫長風生態商務區、華夏小神筆、動畫片《英模 365》、動漫刊物等專案。基地依靠華東師範大學在教育培訓方面的優勢，制定了一套相關人才培養機制，形成了學歷教育和非學歷教育兩條人才培養道路。華東師範大學在動漫方面已有兩個本科學歷專業，同時和多媒體人才考核辦公室完成鏈結，實行「一考多證」的職業教育手段。同時，基地還與韓國東西大學、香港中文大學等國內外高級學府的籌辦合作辦學計畫，致力於培育中國動漫的原創力量。

　　上海多媒體產業園上海多媒體產業園創立於 2002 年，坐落於長寧區中心地帶，毗鄰中山公園，是整合辦公、商務、住宅等項目為一體的新生代園區，為數位長寧的戰略中心。園區重點發展視覺藝術產業，涉及的市場領域有：影視製作、動畫漫畫、廣告製作、多媒體製作與多媒資訊服務、遊戲開發、建築設計、工業設計、系統仿真、虛擬現實和虛擬環境等。戴爾（中國）、LG 電子、好萊塢夢工廠、香港環球數碼創意、阿里巴巴、復旦量子集團等一批中外知名的多媒體企業聚集園區。園區將設立研發、展示、交易、投資、培訓、會議、孵化七大中心，形成一個多功能的孵化基地。

　　20 世紀 90 年代初以來，上海文化宣傳系統先後組建了永樂集團、上影集團、文新聯合報業集團、解放日報報業集團、世紀出版集團、文廣集團等；並先後投入 200 億元，建造大劇院、東方明珠電視塔、上海博物館、上海科技館、上海圖書館等文化設施；成功舉辦了十幾屆國際旅遊節、五屆國際藝術節；上演過世界著名歌劇《貓》、《悲慘世界》；迎接過帕瓦羅帝、帕爾曼、波切利。近年來，一批新的文化服務領軍企業或細分行業龍頭也相繼出現，如網路文化服務領域的「攜程網」和「東方財富網」，傳媒領域的「炫動卡通」和「東方寬頻」，演藝領域的「城市舞蹈」和「時空之旅」等，不斷讓世人感受到上海在文化創意產業發展方面的勃勃生機。但上海的文化創意產業的發展與快速的經濟增長仍極不協調。儘管以城市綜合競爭力而言，上海在國內名列前茅，在國際上屬於中等偏上，但在文化建設方面，離國際大都市對文化發展的要求相距甚遠。今後幾年，上海應繼續加大對有特色的文化產業園區的培育，並以此為載體，大力促進文化企業成長，不斷開發優秀文化產品，使上海的文化產業發展水準更符合上海建設文化大都市的要求。

五、重慶市文化創意產業

（一）重慶文化創意產業綜述

　　重慶是中國四個直轄市之一，世界著名山城，中國重要的中心城市，國家歷史文化名城。重慶地處中國內陸之西南，長江上游經濟帶核心地區，夏日陽光炙烈，故稱「火爐」，城市依山而建，故稱「山城」，冬春雨輕霧重，故又稱「霧都」。境內嘉陵江古稱渝水，因而簡稱渝。占地面積為 82,403 平方公里，是中國面積最大的直轄市。擁有中國 56 個民族中的 55 個，現有佛教、道教、伊斯蘭教、天主教和基督教 5 種宗教。

　　2008 重慶市文化產業增加值為 140 億元，增速 26％，占 GDP 比重 3％，為了推動重慶市文化創意產業的發展，編制了《2009-2015 年重慶市文化產業發展規劃》和《重慶創意產業發展報告》，2009 年重慶市計畫實現文化產業增加值 150 億元，占 GDP 的比重達到 3.2％，同比增長 30％。2012 年重慶市實現文化產業增加值 320 億元，占 GDP 比重達到 4％的發展目標，全市創意產業資產突破 800 億元，增加值占全市 GDP 比重上升到 8％左右，就業人數增加到 18 萬人左右，建成創意產業基地 50 個。其中，在全國具有影響的國家級重點創意基地 5 家。培育 20 家有自主知識產權的創意產業龍頭企業。

　　2007 年，以新聞出版、廣電、文化藝術等傳統文化為主的核心層實現增加值 59.06 億元，按可比價計算比上年增長 21.2％，占文化產業增加值的 51.7％。以網路文化、休閒娛樂、旅遊文化、廣告

及文化商務代理等新興文化產業為主的週邊層，實現增加值 35.61
億元，同比增長 32.2％，占全市文化產業增加值的 31.2％。相關層
實現增加值 19.52 億元，同比增長 34.5％，占全市文化產業增加值
的 17.1％。重慶市四大國有文化集團實現主營業務收入 46.8 億元，
同比增加 14.22％；實現利潤總額 1.55 億元，同比增加 9.41％；資
產總額達 96.8 億元，同比增加 13.09％。重慶日報報業集團手機報
用戶達到 30 萬戶；重慶衛視全天排名進入全國前 3 位，「視美動漫
產業基地」升級為國家動畫產業基地；重慶出版社總體競爭力在全
國 554 家出版社中排名第 14 位；重慶書城榮膺「影響中國圖書零售
業的十大書城」；紅岩聯線接待中外遊客 260 多萬人次；重慶市動漫
原創企業超過 30 家，產量占全國總量 10％以上，達 16,000 分鐘。

（二）重慶市蓬勃發展的新興文化創意產業

　　動漫產業方面。2007 年 8 月，國家廣電總局授予重慶「國家
動畫產業基地」。四川美術學院與重慶廣電集團合力打造的視美動
漫公司已成為西南地區最大的影視動漫企業。以視美和水星基地為
龍頭，目前重慶市已有動漫原創生產企業 30 多家，動漫鏈上生產
企業 50 餘家，年產原創動漫作品 50 餘部，2008 年年產量達 16,000
分鐘（其中原創作品約 8000 分鐘），占全國產量的 10％以上。原
創動漫作品《魔盒與歌聲》、《樂樂熊奇遊記》、《麻辣小冤家》等獲
得了專項資金支持。

　　網路服務業方面。華龍網成為西部最有影響的主流新聞網站，
日均獨立 IP 訪問量 30 萬以上，頁面訪問量達到 300 萬次以上；大
渝網日均流量在 450 萬以上，日均獨立 IP 突破了 60 萬；中國第一
大 IT 門戶網站天極網，網上讀者每日超過 200 萬人次、日訪問頁
面超過 1000 萬。

　　新聞出版業方面。2007 年，在全國平面媒體的綜合評比中，重慶晨報獲得「最具品牌影響力強勢媒體」，重慶商報獲得「十大創新都市報」，新女報獲得「十大創新城市週報」，《電腦報》、《商界》一直保持全國行業第一。重慶書城實現銷售收入 1.25 億元，榮膺「影響中國圖書零售業十大書城」。重慶日報報業集團推出了《重慶日報》、《重慶晚報》、《重慶晨報》、《重慶商報》、《時代信報》數位報，2008 年成功由免費試看轉為收費閱讀，獲得 2 萬以上訂戶。重慶廣電集團在全市範圍內推進數位電視整體平移和無線微波網的數位化改造，獲得了 70 多萬戶客源的超大平臺。新華集團開通了網上書城並啟動書香巴渝工程，出版集團已經開始開發數位出版物。一批新的產業業態正在形成。

　　廣播電視業方面。2008 年，實現總收入超過 18 億，其中產業總收入 10 億，較 2007 年增長 25％，產業利潤達 7500 萬，增幅達26.2％。城市院線電影觀眾達到 354.73 萬人次，票房收入首次突破了億元大關，達到 1.01 億元，同比增長 50％。首屆重慶演出季平均每場上座率達到 75％，國外引進劇碼達到 90％以上。近年來，先後創作生產了電視劇《西聖地》、《周恩來在重慶》、《國家行動》、《記憶之城》；戲劇《移民金大花》；歌劇《巫山神女》；歌曲《農民工之歌》等優秀文藝作品，受到廣泛好評。2009 年，重慶要推出影視劇《重慶大轟炸》、《重慶保衛戰》、《解放大西南》、《江姐和她的戰友們》、《潮湧兩江》、《盧作孚》等精品力作。

（三）文化創意產業基地的崛起

　　重慶坦克庫當代藝術中心、501 藝術基地和視美動漫基地是重慶文化創意產業發展的基地。「坦克庫・重慶當代藝術中心」由一個廢棄的軍事倉庫改建而成。該中心透過吸納來自個人或國內外藝術基

金會等各種形式的資助，舉辦一系列跨地域、多學科、綜合形式的藝術展覽、學術論壇和交流專案；501 藝術基地為藝術家提供了多個自由創作的工作室，擁有 800 平米的藝術展廳，為藝術家提供充分的展示空間。並且，它也保持了倉庫原生態風貌的「0 號空間酒吧」，是藝術家碰撞思維的絕佳沙龍；成立於 2005 年 11 月的重慶視美動畫藝術有限責任公司，致力於開發民族自主知識產權的動漫產品，打造民族文化創意產業鏈。視美動漫產業基地是該公司進行產、學、研一體化運作的載體。目前，視美動畫已擁有近 200 人的專業生產隊伍，年生產能力達到 5000 分鐘，占重慶市同行業生產總值的 80％，西南地區的 70％，位居全國第 8 位。視美動漫基地取得了「國家動畫產業基地」稱號。基地培訓中心依託四川美術學院先進的辦學理念，為推進重慶及西南地區的動漫發展，培養和造就動畫創意、動畫製作的技能型人才，四川美院和廣電集團共同構建以「產學研」為基礎的動漫產業運作模式。基地預計兩年內可生產原創作品總量10,000 分鐘，新開發二維動畫原創作品 1500 分鐘、三維動畫原創作品 1000 分鐘，並承接二維動畫、三維動畫外包業務 2500 分鐘。

（四）重慶市十大文化產業項目和六大文化產業基地

重慶市十大文化產業項目	
1	在解放碑打造文化 mall、智慧大廈項目
2	在南坪茶園新區打造視美動漫項目
3	在沙坪壩區大學城打造天健動漫項目
4	打造大足影視劇製作基地專案
5	在南濱路和茶園新區打造「時尚之都」傳媒產業項目
6	在南濱路打造傳媒創意中心項目

7	在九龍坡工業園進行新華印刷廠擴建
8	寸灘物流園區將建暢快物流項目
9	打造黃桷坪藝術園區
10	建設報業集團印刷基地專案

重慶市六大文化產業基地	
1	重慶國家動畫產業基地
2	大足影視劇製作基地
3	南濱文化創意產業基地
4	重慶現代印刷物流基地
5	解放碑時尚文化城
6	重慶黃桷坪藝術園區

（五）獨特的巴渝文化

　　巴渝文化的代表是川劇（變臉、噴火、巴劇、渝劇）、袍哥文化、碼頭文化、川江號子、蜀繡、龍門陣、重慶方言、川菜等。川劇是巴渝文化的主要代表之一，由外省流入的昆腔、高腔、胡琴腔（皮黃）、彈戲和四川民間燈戲五種聲腔藝術融合而成今天的「川劇」。川劇中的「變臉」、「噴火」、「水袖」等絕活獨樹一幟，川劇名戲《白蛇傳、金山寺》在國內外廣泛流傳；川江號子是歌詠船工生活的水上歌謠；擺龍門陣（聊天、講故事之意）是重慶民間文學的一大特色；重慶是長江上游水路交通樞紐，江邊碼頭林立，加上重慶自己獨特的市井文化，形成了包括方言藝術和茶館文化在內的碼頭文化；袍哥文化是指哥老會、天地會、袍哥會等民間秘密結社內部的江湖義氣對城市文化的影響。

（六）重慶市豐富的旅遊文化資源

重慶既有集山、水、泉、瀑、峽、洞等為一體的自然景色，又有熔巴渝文化、民族文化、移民文化、三峽文化、陪都文化、都市文化於一爐的文化景觀。重慶市共有自然、人文景點 300 餘處，其中有世界文化遺產 1 個，全國重點文物保護單位 13 個，國家重點風景名勝區 6 個。其中，長江三峽是中國 10 大風景名勝之一，中國 40 佳旅遊景觀之首，西起重慶奉節的白帝城，東到湖北宜昌的南津關，是瞿塘峽、巫峽和西陵峽三段峽谷的總稱。這裏孕育了愛國詩人屈原和千古名女王昭君，留下了李白、白居易、劉禹錫、范成大、歐陽修、蘇軾、陸游等詩聖文豪的足跡。豐都鬼城，忠縣石寶寨，雲陽張飛廟，瞿塘峽，巫峽，西陵峽的三峽工程以及大寧河小三峽等是三峽風景區最為著名的景區。

重慶文化創意產業的發展雖然取得了一定的成績，但在看到文化產業發展潛力的同時，應該清楚重慶文化創意產業的發展與其直轄市的地位還是不甚相稱的，與全國和世界同類城市相比，目前重慶在文化產業發展上差距較大，因此要從民族化、區域化的視角，積極挖掘本地區文化資源蘊藏的經濟價值，制定中長期發展規劃，創新體制機制，完善文化產業政策，進一步推進重慶文化創意產業的發展。

六、黑龍江省文化創意產業

（一）黑龍江文化創意產業綜述

　　黑龍江省是中國最東北的省份，亦是中國最寒冷的省份，其雪期長達約 120 天，而且雪質好，適宜於滑雪、冰燈和冰雪等旅遊項目；雖然天氣寒冷，不過早在距今 3 至 4 萬年的舊石器時期，當地就已經有了人類活動的痕跡。

　　黑龍江省土地面積 46 萬多平方公里，擁有少數民族 51 個，與俄羅斯接壤的邊境線就有 3000 多公里，其中界江 2300 公里，有 25 個開放口岸，當中的 17 個已經成為旅遊口岸，而綏芬河、黑河、東寧、撫遠的邊境出入境遊客量排在前 4 位。

　　2008 年，黑龍江省共有文化單位 59,000 個，總資產 622.9 億元，實現總收入 477.7 億元，對全省生產總值增長的貢獻率為 22％。近年來，黑龍江的文化產業不斷出現新突破，2008 年 5 月，在由黑龍江省牽頭舉辦的 2008 年龍港文化產業投資貿易洽談會上共簽約招商項目 7 項，簽約總額 25.6 億元；在 2008 深圳「文博會」上，黑龍江又簽約 12 個項目，實現簽約額 12.65 億元；2008 年，由哈爾濱民營企業松雷集團投資製作的大型原創音樂劇《蝶》，在韓國第二屆大邱國際音樂劇節上，獲得組委會最高獎項——特別獎，截至目前已在全國 6 大城市進行了 60 餘場商業演出，觀眾近 10 萬人次，實現票房收入 2000 多萬元。

　　在 2007 年中宣部「五個一工程」獎評選中，黑龍江省獲得五個獎項六個門類的全部大獎。由龍江電影製片廠攝製的電影《千鈞

一髮》在第十一屆上海國際電影節榮獲兩項大獎。《破冰》在今年的長春電影節榮獲了四項大獎。2007 年，黑龍江省共出版圖書 3260 種，其中 15 種圖書列為國家重點圖書。電視劇《文化站長》和《鄉村愛情 II》、雜技《冰魂》以及龍江劇、中國黑龍江國際藝術之冬等品牌的影響力不斷擴大。

（二）黑龍江冰雪文化

黑龍江哈爾濱市的冰雪大世界是全國文化產業示範基地，占地 40 萬平方米。2009 年「第 25 屆國際冰雪節」，兩個月接待國內人數首次突破千萬人次，國外人數首次突破 10 萬人次，加在一起接待 1114 萬人次，總收入突破 90 億元，比上一屆增長 25.08％。各冰雪主題園區每年都打出全新的文化主題，無論建築規模，還是藝術水準上都成為世界一流的冰雪藝術產品。隨著冰雪旅遊的品牌成長力大力提升，2008 年，黑龍江省旅遊總收入創下 562.53 億元的佳績，比上年同期增長 31.03％。

（三）打造東北的動漫基地

現時在中國的很多地方都出現了一股發展動漫的熱潮，而黑龍江也不例外，力爭把省動漫及網路遊戲產業基地建設成為國家級基地；其省政府因此出臺了《關於扶持動漫產業發展的實施意見》和《黑龍江動漫產業（平房）發展基地省市區共建暫行辦法》等一系列政策措施，來表示政府在這方面的支持態度。並在 2006 年 10 月正式成立黑龍江動漫文化發展基地，目前已經有 27 家企業入駐，製作出不少的作品；例如有長篇三維動畫系列片《帽兒山的鬼子兵》在央視少兒頻道播出；另外還有以保護環境為題材的《環保劍》在央視及 26 個省上播出，更因此開發了「環保劍」系列玩具

等產品。而大型網路遊戲《炫武》、《彩虹大陸》成功出口美國、韓國，創匯 60 萬美元。目前基地與日本、韓國、美國、加拿大、英國、澳大利亞等國的動漫知名公司都保持密切的聯繫，並定期進行人才交流與培訓的工作。

（四）東北特色的旅遊資源

黑龍江省夏季涼爽，而且擁有眾多江河湖泊及林區，所以在發展避暑旅遊方面擁有良好的天然條件。其有世界第二大高山堰塞湖的鏡泊湖，世界三大冷泉之一的五大連池，與及中俄界湖的興凱湖。全省有 67 處森林公園，其中國家級 37 處，省級 30 處。而與俄羅斯接壤的邊界有 3000 多公里境線，則為發展邊境旅遊資源提供了特別的優勢。

而黑龍江是一個冰雪資源豐富的大省，冰雕藝術極富盛名。特別是創辦於 1963 年的哈爾濱國際冰雪節如今規模越來越大，美麗的冰城到處是冰雕雪塑，宛如一個晶瑩剔透的冰雪童話世界，更使黑龍江省成了冬季旅遊的熱點。現時黑龍江省在旅遊上除重點加強力度推廣冰雪文化外，還同時研究推出金源文化、歐陸文化、猶太文化、齊齊哈爾鶴文化、佳木斯三江文化、大慶石油文化、黑河和綏芬河中俄口岸文化等觀光旅遊項目，希望把黑龍江省改造成一個文化旅遊的市場。

（五）保存及推廣傳統文化工藝產業

黑龍江的傳統文化工藝產業是經常被大眾所忽略的產業，但其實在這方面黑龍江是擁有不錯的資源的，例如全國三大流派之一的北大荒版畫、只有 2000 多個人口的赫哲族，魚皮魚骨服飾和手工藝品皮影畫、剪紙、麥飯石雕、樺樹皮工藝、黑陶、木雕等；

但由於缺乏現代化的經營管理作配合，沒有充分打做品牌，沒有作有效的宣傳及推廣，所以很多黑龍江的工藝沒法創造出良好的經濟價值。

為改善這方面的問題，黑龍江計畫打造「工藝品文化廣場」，建立一個民間工藝品集散地，集中省內外甚至韓國、俄羅斯等特色工藝品，並出臺系列措施和扶持政策來鼓勵傳統藝術、民間藝術和工藝美術走向產業化發展。

（六）表演藝術重現光芒

黑龍江目前也愈來愈重視本身的黑土地文化資源的運用及發展，希望透過挖掘文化瑰寶，利用音樂、舞蹈、曲藝、雜技等文化精品，以地域文化特色來打造「北疆藝術流派」。

全國三大音樂盛會之一的「哈爾濱之夏音樂會」，數以十萬計的群眾演員、超過百萬人次的觀眾，讓市民與音樂家同臺演出，熱鬧的氣氛帶動了民眾對文化的注意及投入。以黑龍江省四小民族鄂倫春族、鄂溫克族、赫哲族和達幹爾族風情為基礎，用現代舞臺藝術來表現的大型現代民族歌舞《恩都麗烏拉》，突顯了黑龍江多民族的文化個性。

另外兒童劇《小蘿蔔頭的故事》，話劇《秋天的二人轉》、《脊樑》，原創音樂劇《蝶》，歌劇《八女投江》等都普遍受到市場的歡迎。全省各地更舉辦「金色田野」、「城市之光」等群眾性文化活動，不管在城市或是農村，亦可以看到他們的身影。每天晚上二人轉，俄羅斯風情歌舞等均會在全省各大小娛樂場所上出現，猶如一臺小型晚會，提高了當地的人民文化生活品質。

而黑龍江省的「老牌」文藝團體──黑龍江省雜技團，近年來也透過文化體制改革，實行了組織架構上的重組，競爭上崗和二次

分配政策，發揮黑龍江冰雪方面的優勢，創建了中國唯一的冰上雜技團，推出冰上《北極光》等節目，僅一年就能在國內外演出 20多場，獲得觀眾讚譽。

　　與國際上和國內文化創意產業發達地區相比，黑龍江省的文化創意產業處於剛剛起步階段，所以，要加快發展黑龍江省文化創意產業的關鍵在於抓住機遇，縝密籌畫，充分發揮當地的文化資源優勢，相信黑龍江省的文化創意產業一定能健康有序的發展。

七、吉林省文化創意產業

（一）吉林文化創意產業綜述

　　吉林是吉林烏拉的簡稱，滿語意為沿江，即「沿著松花江」的意思。吉林省位於松遼平原中部，北連黑龍江省，南接遼寧省，西與內蒙古自治區為鄰；東南有圖們江、鴨綠江為界河與朝鮮半島相隔。全省面積 18.7 萬平方公里，人口 2649 萬，有漢、滿、回、朝鮮、蒙古、錫伯等民族。

　　吉林省擁有各種文化娛樂機構近 800 家，有文化廣場 400 多個，其中位於省會長春市的文化廣場占地面積達 19.27 萬平方米，是中國國內城市中最大的廣場之一。吉林省文化活動中心廣場占地面積 3.5 萬平方米，高科技廣場和世紀廣場占地面積分別為 6.0 萬平方米和 6.3 萬平方米，牡丹園占地面積也達 6.6 萬平方米，均成為標誌性文化活動場地。星級電影院有 7 個。其中大連萬達集團公司投資 4000 萬元，在長春市建成占地面積約 5 千多平方米的國際影城，成為吉林省標誌性文化設施之一。

（二）文化產業崛起吉林現象

　　歌舞產業方面。2008 年吉林歌舞劇院集團完成演出 233 場，收入 3000 多萬元。同時，還參加了北京奧運會、殘奧會開閉幕式演出；動漫產業方面。吉林動漫遊戲原創產業園集合專業企業上千家，囊括了遊戲研發、製作、發行以及動畫研究院、博物館、公共技術服務平臺，形成了動漫遊戲產業化、集約化、國際化的

商業運作模式。目前，將面向全球電影市場發行的動畫影院片《關公》正在進行人物造型原創設計和背景原創設計。104 集系列動畫片《長白精靈》今年也將全部製作完成；長影集團年產電影 10 部以上，並與童話作家鄭淵潔合作，獲得其全部作品影視拍攝權，正在籌畫拍攝動畫電影《皮皮魯總動員》。吉林影視劇製作集團成立一年多，四部作品在央視黃金時間播出，一部獲「五個一工程」特別獎；投資達 60 億元的長春文化印刷產業開發區正建設成為東北亞最大的印刷產業基地。通化英語輔導報社一家就擁有 600 餘種報紙、期刊、圖書和音像製品，年銷售數字 3 億元；以東北風、和平大戲院、劉老根大劇場為代表的「二人轉」演出影響越來越大，僅長春市每晚就有 10 家這樣的民間二人轉經營場所進行演出。吉林省每年二人轉觀眾達 130 萬人次，年賣票總收入約為 2200 多萬元，已形成了具有相當規模的民間二人轉文化產業；目前，吉林省已經擁有國家級文化產業示範基地 4 家，專業藝術表演團體 61 個，2008 年共演出 7686 場，收入 4681 萬元，省內觀眾 6103 萬人次。

（三）電影產業是吉林文化創意產業的核心

　　吉林的長春電影製片廠在中國一直享負盛名，其更有「新中國電影搖籃」之稱號。可是到了上世紀 90 年代卻陷入了困境。例如在 1997 年長春電影製片廠的帳面虧損已達 3000 萬元，舉步維艱。在 1998 年，長春電影製片廠決定打破舊有體制，組建長影集團有限責任公司，逐步實現由事業單位向企業的轉變。集團建立「出資人制度」，對旗下各部門進行多元投資主體的公司制改造，設立了 16 家下屬子公司，使原來的總廠和各車間的行政隸屬關係，變為母公司及子公司的關係。同時，建立「準獨立製片人」制度，規定

集團拍攝電影和電視劇，不再由企業直接投資，而改由自然人擔任
製片人投入生產。到了 1999 年，集團公司旗下所屬的 16 個子公司
均全部實現扭虧為盈。

　　以目前看來，長影集團有限責任公司的企業改革是成功的，
2005 年實現利潤 1.14 億元；其透過退休、內部退養等辦法，到 2005
年末妥善安置了所有轉制人員；集團管理部門正式員工僅有 157
人，身份全部轉為企業員工。長影集團近兩年每年拍攝完成 10 多
部影片，其中《任長霞》、《燦爛的季節》等影片在國內外獲獎，《任
長霞》更獲得 3000 萬元的亮麗票房收入。長影集團現已形成了影
視製造、影視旅遊、影視教育等五大產業體系，總資產和淨資產分
別達到 11.5 億元和近 4 億元，實現了國有資產的保值增值目標。

（四）打造薩滿文化基地

　　錫伯族是古代鮮卑族後裔，為中國東北地區古老的少數民族之
一，以勇武騎射著稱，在歷史上經歷了兩次大的遷徙，從大興安嶺
和松嫩平原到新疆，主要分佈在東北三省和新疆，其擁有自己的語
言文字和獨特的民俗，主要信仰薩滿教和藏傳佛教。目前定居在吉
林省中的錫伯族不少，松原市和長春市都是他們集中定居的地方。
在長春成立了長春錫伯族文化專業委員會，從事研究、挖掘、整理
錫伯族文化習俗及文獻資料，加強對外交流的工作；同時更編輯出
版錫伯民族文化書刊、音像、資料，翻譯並推介中國國內外錫伯民
族習俗學著作等，努力使吉林成為發揚薩滿文化的基地。

（五）歌舞昇平在吉林

　　吉林主要有三家演出團體，2006 年演出達 200 多場，演出收
入近 2000 萬元。其中最有名氣，成績最突出的是吉林市歌舞團。

吉林歌舞劇院集團有限公司主要是由地方性演藝團體——吉林市歌舞團牽頭，整合吉林省歌舞團和東方大劇院，組成吉林歌舞劇院集團有限公司，其是從事歌舞演藝、劇院經營，從事國有資本運營的企業法人，註冊資本為 3000 萬元，其中的國有資本按照現行規定，由省財政廳受省政府委託行使出資人職能並負責監督管理，由吉林省文化廳具體管理。目前集團的成立使吉林省歌舞演藝資源得到充分整合，市場競爭能力大大提升，體制機制更加靈活，品牌效應得以發揮，促進了吉林省歌舞事業的發展。吉林歌舞劇院集團有限公司組建僅 3 個多月時間，就承辦演出近 50 餘場次。吉林市歌舞團更連續 9 年參加央視春節聯歡晚會，成為整場晚會唯一的伴舞團隊；近兩年幾乎參與了所有國家級大型晚會的演出。每年到全國各地演出 300 場，赴德、意、法、日等國演出 20 餘場，近 5 年演出總收入 6730 多萬元，該團的無形資產經有關機構評估，達 1.2 億元。而集團有限公司的節目，也參加了 2008 年奧運會開幕式的演出。

（六）吉林的出版集團

　　2003 年，吉林省出版系統 21 家單位元全部改制為企業，組建出版集團，並透過建立公司體制與明晰產權關係，實現集團與成員之間由行政隸屬關係轉為以資產為紐帶的產權關係。2004 年，吉林出版集團對勞動人事制度實施了改革。吉林出版集團透過定機構、定崗定目標、定薪酬，實現了全員聘任制，這大大激發了職工的生產積極性。吉林出版集團在 2005 年實現利潤 8000 萬元；改革後這幾年吉林出版集團出版的各類圖書在全國同類圖書市場的佔有率不斷提升，在 2007 年集團年利潤應可突破 1 億元；目前，吉林出版集團圖書市場佔有率居中國全國第三。其中，少兒類圖書市

場佔有率全國第一,生活類圖書和教輔類圖書市場佔有率均為全國
第二。如吉林出版集團出版的圖書《圖說天下》僅僅發行兩個月,
便兩次再版,書市上卻依然售賣一空,銷售量高居暢銷書排行榜之
首,便可看出集團改革後的潛力。

(七) 吉林電視劇現象

　　「多產、上央視、拿大獎」是吉林電視劇品牌的特徵。「吉林
電視劇現象」是從 2002 年電視連續劇《劉老根》在央視一套黃金
時間播出時就開始了序幕,這套電視劇相繼獲得「五個一工程獎」、
「飛天獎」和「金鷹獎」。之後的《希望的田野》、《聖水湖畔》、《燒
鍋屯的鐘聲》、《美麗的田野》、《都市外鄉人》和《插樹嶺》等多部
電視劇相繼在央視一套黃金時段播出。據統計,從 2000 年到 2006
年上半年,吉林省共生產電視劇 98 部 1936 集,有 19 部 355 集電
視劇在央視一套或八套播出。2005 年至 2006 年,吉林省的電視劇
在央視一套的播出數量約佔其黃金時段年總播出量的 1/6,其中 17
部電視劇在全國獲大獎。「吉林電視劇現象」是吉林繼歌舞演出和
圖書出版的另一項文化支柱。

　　吉林省經濟實力在全國不靠前,文化資源其實也並不十分豐
富。不過隨著文化創意產業在國民經濟中重要性的日益突出,省政
府亦先後出臺了一系列扶持文化創意產業發展的政策和措施,例如
制定了《吉林省文化發展綱要》、《吉林省服務業跨越計劃》等。在
2005 年,編印了《2005 吉林文化及相關產業統計》。希望透過這些
政策措施的出臺,為吉林省文化創意產業發展提供良好的政策環
境,使文化創意產業快速發展,成為當地一大優勢產業。

八、遼寧省文化創意產業

（一）遼寧文化創意產業綜述

　　遼寧省簡稱遼，位於中國東北地區的南部，面積大約是 14.59 萬平方公里，占中國陸地面積的 1.5%，是中國東北經濟區和環渤海經濟區的重要部份。

　　目前遼寧省的文化產業基地達到 7 個，位居全中國的第二位，為了開展遼寧文化產業示範基地評選工作，特別制訂了《遼寧省文化產業示範基地評選管理辦法》，目前已完成 33 個省文化產業示範基地初審工作，預計這些基地將成為遼寧文化創業產業發展的重要核心。

　　從 2008 年起，遼寧省省級文化產業發展專項資金由 1500 萬元增加到 3000 萬元。目前，遼寧省擁有 1 個國家級文化產業示範園區、8 個國家文化產業示範基地、1 個全國文化（美術）產業示範園區、2 個國家級動漫遊戲產業基地、1 個省級文化產業示範園區和 11 個省級文化產業示範基地。2007 年，國家級文化產業示範園區瀋陽棋盤山開發區實現產值 9.3 億元，大連動漫產業基地入駐企業 72 家，實現產值 13.2 億元，瀋陽動漫產業基地實現產值 8.4 億元，呈現出集約化、規模化、專業化發展的良好態勢。

　　到 2007 年年底，遼寧省共有 72 家經營性文化事業單位透過轉企改制成為市場主體。特別是瀋陽市的 44 家經營性文化事業單位，全部轉企改制，並組建了瀋陽雜技演藝集團、瀋陽電影有限公司等 7 家國有或國有控股的文化企業和企業集團。遼寧省共有文藝表演團體 373 家，從業人員共有 1 萬多人，其中民營演出團體 320

家，從業人員 5000 餘人；全省年演出 2.4 萬餘場，其中民營團體
演出 1.5 萬餘場，在給城鄉民眾帶來了歡樂的同時，也創造了可觀
的經濟效益。其中瀋陽市、撫順市、鐵嶺市民營演出團體發展最為
迅速，瀋陽市還設立了 1500 萬元促進民營文化演出產業發展專項
資金。娛樂場所健康發展，瀋陽市、大連市、鞍山市娛樂場所走向
規模化、品牌化、多樣化，滿足了人民群眾不同層次文化需求。

　　目前遼寧省在文化創意產業方面發展得最好的主要有兩個城
市，一為瀋陽市，而另一則為大連市。

（二）瀋陽市的文化創意產業發展

　　瀋陽市是遼寧省的首府，所以很自然的就成了遼寧省的文化創
意中心。在 2008 年，瀋陽市城鎮居民人均文化娛樂服務支出 307.6
元，同比增長 51.8％，增幅高於城鎮居民人均消費支出的增幅 21.5
個百分點。由於瀋陽市決心大力發展文化創意產業，為了加強行政
效率及在執行上提高彈性，所以瀋陽市政府一方面組建了文化市場
綜合執法機構，統一履行文化、文物、體育、廣電、新聞出版、版
權方面的執法職能。另一方面市政府部門原來負責的社會文化活動
具體事務轉交由群眾文化事業單位承擔，將文化行政部門三分之二
的審批事項下放到區、縣，進入行政審批大廳。目前培育起各類文
化產品和服務仲介組織 70 多家，成立了七大門類的文化行業協會。

　　為了加快發展文化創意產業，瀋陽市政府更制定了動漫、演出
娛樂、出版發行和傳媒為其文化發展的四大支柱，以「東西南北中」
作空間分配佈局，建設「一軸二帶三區四基地」的文化發展規劃。
「金廊都市文化」中軸，「渾河生態文化、南運河創意文化」兩條
產業帶，「故宮、北市、中山路」三處特色文化街區，「東部影視、
南部動漫、西部出版印刷、北部現代傳媒」為四大文化產業基地，

預計經過有效果的整頓規劃後，可以使瀋陽市的文化創意資源得到更有效的運用。

　　文化體制改革方面，瀋陽對全市宣傳文化系統應當轉制的 10 個單位，分別為市新華書店、市電影公司、瀋陽出版社、瀋陽雜技團瀋陽書畫院、芒種雜誌社、瀋陽文學藝術院、瀋陽藝術團、瀋陽話劇團和市演出公司，全部實行由事業單位改為企業單位的組織及管理上的改革。同時制定了財稅 5 年不變的優惠政策，保證轉企的文化單位原財政撥款數額不變，更免徵 5 年企業所得稅，讓他們得到充分的時間及資源空間，以減輕改革帶來的成本及陣痛。例如瀋陽雜技演藝集團公司實行改制後引進外資和民營資本，打造出的舞蹈雜技晚會《天幻秀》已連續演出 500 多場，2006 年實現收入 1400 萬元，比 2003 年增長 320％。

　　文化硬體建設方面，瀋陽市先後投入近 50 億元，建成市圖書館新館、世界文化遺產博物館等 25 個大型文化設施，改造了 20 個大型文化活動場所，改、擴建了 200 多個文化活動站（室）；全面收回被擠占、挪用的文化館、圖書館、博物館和青少年宮，並恢復它們的文化功能。

　　為了把文化娛樂帶到農村，廣播電視實行「村村通」計劃，覆蓋率目前已達到 80％，預計可在一兩年內達到全面覆蓋。另外更組織了 150 支電影播放隊，實行把電影娛樂帶到農村，每年放映電影達萬場。

（三）大連市的文化創意產業發展

　　大連市在城市規劃上，就向歐洲的巴黎學習，在市中建立多處廣場，塑造出其獨特的城市文化氣氛。從 2003 年開始大連市政府就提出了「打造文化大連」系列活動，每年最少推出 1 至 2 個文化

活動主題，計劃大連塑造成一個充滿文化氣息的城市。例如有公益
電影進山鄉千場放映、公益文化百村行、高雅藝術進校園、高雅藝
術走近市民、市民才藝大賽、農民才藝大賽等，至 2007 年更設有
5 個主題，分別是文化活動創意大賽、大連文化大講堂、創建特色
文藝活動基地、送戲到鄉村百場系列演出、每週有演出。例如「文
化活動創意大賽」是由大連市委宣傳部、市文化局、市文聯、市財
政局共同主辦，向社會公開徵集有創意、有特色的文化活動方案，
全大連市城鄉文化事業的單位、社會團體和個人均可以撰寫自己創
意設計的文化活動方案參加比賽，並由大賽組委會邀請專家、學者
和市民代表組成評審小組對參賽方案進行評選，獲獎名單在媒體公
佈，對獲獎者給予獎勵。據不完全統計，每年參與各「打造文化大
連」系列活動的城鄉群眾達到百萬人次。

　　為了表示大連發展文化創業產業的決心，所以將原本是鞍鋼集
團大連軋鋼廠附屬企業，還有大連瑞龍投資集團兩家所屬的主體建
築。閒置廠房改建成文化創意企業的辦公用房，成為大連第一個文
化創意產業園「星海創意島」，其總占地面積 1.8 萬平方公尺，樓
地板總建築面積 2.9 萬平方公尺。大連星海創意島是將創意產業發
展與城市建設以及旅遊、商貿、文化等產業互相結合。重點發展項
目以設計、廣告、傳媒、建築藝術與工藝產業為主，並且沙河口區
政府還對進駐的創意企業有一系列的優惠政策。現時星海創意島已
有近三十家文化創意企業進入營運，預計到了 2010 年，將會有各
類創意企業八十家以上。

　　除星海創意島外，大連市政府還在七賢嶺至河口灣一帶規劃成
立東北最大動漫產業基地、數位娛樂中心等；並於旅順南路大學園
區進行建設，引進更多大學遷入或是新建分院，開設相關產業，進
而讓其成為文化創意產業的重要人才培訓基地。

　　在媒體發展方面，對大連日報、大連晚報、新商報、半島晨報等都市類報刊，在軟體上進行內容上的改革，題材更生活化，更多元化，重新設定市場上的定位；硬體設備上進行更新，在用紙及印刷上進行提昇，在發行通路方面重新作資源整合，以增加效率和減低成本。在大連人民廣播電臺、大連電視臺同樣實行基礎設施更新，提高欄目、節目的生產製作水準，增強頻道、節目的競爭力和社會影響力；大力推進有線電視數位化進程，爭取到 2010 年，全市有線數位電視用戶達到 110 萬戶以上。建造高清數位電視轉播車，積極研究並啟動數位高清晰度電視工作，不斷提高高清節目的製作和播出能力。跟隨時代進步發展互聯網媒體，對大連市唯一新聞網站天健網進行革新，努力把它打造成東北地區最有影響的新聞資訊網站，將其建成具有圖文、廣播和視頻等多種傳播方式，刊播、調查和互動等多種傳播手段的現代媒體，積極開展依託互聯網的網上文化交易、數位遠程教育、數位娛樂產品等文化增值業務等。

　　對大連市電影發行放映公司實行文化體制改革，新建制的大連市電影發行放映公司成了國有參股的有限責任公司，並先後在大連市投資興建了新城市電影院和大連影城，其後更向外發展先後在丹東、青島和哈爾濱投資興建了新影城。改制後的 2006 年實現收入 2935 萬元，到 2007 年進一步達到 3500 萬元，取得了不錯的經濟成績。

（四）表演藝術是遼寧文化創意產業的重要支柱

　　遼寧省在表演藝術方面的資源非常豐富，到 2008 年末，單瀋陽市全市文化市場經營業戶逾 5000 家，湧現出「劉老根大舞臺」、沈陽雜技團等優秀文化企業，從業人員達 6 萬餘人，年接待文化消費者 1.1 億人次，實現營業收入近 30 億元。

　　由中國著名表演家趙本山所創辦並領銜的遼寧民間藝術團就
是極具地方特色的其中一個團體。藝術團成立伊始便承包了瀋陽的
兩個劇場，將其作為藝術團的常年演出場所。其並與瀋陽市旅遊局
合作，把東北二人轉與瀋陽旅遊業結合起來。目前，遼寧數十家旅
行社與藝術團簽訂了《東北二人轉之旅》旅遊合作協議，看劉老根
大舞臺的二人轉演出，成為外地遊客到瀋陽旅遊最感興趣的項目之
一。為了企業化制度化經營管理，於 2006 年，遼寧民間藝術團更
成立文化發展有限公司，對內負責演出策劃、宣傳、包裝和涉外演
出活動的統籌及電視欄目、電視劇的舞美設計、策劃；對外負責承
辦各類大型文藝演出活動，承接社會各類廣告業務。

　　2006 年遼寧民間藝術團又進一步推出了電視劇《鄉村愛情》。
同年，藝術團與遼寧電視臺合作創辦了《劉老根大舞臺》欄目，在
遼寧衛視上星頻道黃金時段播出，透過傳媒，把二人轉和小品這種
中國北方的民間藝術推向了更廣更遠的市場，並確定了它在中國的
影響力及文化地位。目前，遼寧民間藝術團在瀋陽擁有劉老根大舞
臺、沈鐵文化宮等 5 家劇場，並應邀在長春、天津、哈爾濱分別設
立了連鎖劇場。

　　遼寧芭蕾舞團在中國國內享負盛名，其所創作的舞劇《末代皇
帝》一直被譽為「中國現代芭蕾的里程碑」。《末代皇帝》由遼寧芭
蕾舞團與德國斯圖加特芭蕾舞經紀公司聯合製作，將東西方舞蹈文
化緊密地交織在一起。該舞劇更制定了「以銷定產」的市場策略，
嚴格地控制各方面的成本預算。2005 年遼寧芭蕾舞團攜現代芭蕾
舞劇把《末代皇帝》在法國的尼斯、比亞里茨和西班牙的馬德里等
城市演出；除《末代皇帝》外，《二泉映月》也遠銷海外，並受到
熱烈的歡迎。

　　據統計，每年遼寧省每年出訪的藝術團組多達 50 餘個，人數近 400 人。同時，每年都有來自美國、加拿大、義大利、德國、英國、法國、日本、韓國等十幾個國家的藝術家及表演團體，都會到來舉行各種不同的展覽及訪問交流。除了遼寧芭蕾舞團、瀋陽雜技演藝集團以外，遼寧歌劇院、瀋陽京劇院、大連京劇院、大連雜技團等專業的藝術院團近年來也紛紛走出國門，加強海外對中國文化的認識及瞭解，並進一步開發國外的文化藝術市場。

（五）開發關東文化特色

　　遼寧有著豐富多彩的民俗文化資源，更是滿族的發源地，有以「口袋房萬字炕」為特色的滿族民居建築；在美食上有以「遼菜」系列的「滿漢全席」宮廷菜；「撫順煤雕」、「岫岩玉雕」、「北鎮剪紙」和「新賓根雕」的系列均是中國民間知名的工藝品，利用遼寧在關東民族文化上的優勢，打造出一個整合性的「關東文化品牌」。

　　總體來說，遼寧除是中國的重工業基地外，更是一個文化大省，在歷史文化、工業文化、旅遊文化、民族民間文化均獨具特色；但在振興老東北工業基地的同時，透過調整優化產業結構，開發利用民俗文化資源進行現代化的包裝，是遼寧發展文化創意產業的關鍵。

九、河北省文化創意產業

（一）河北文化創意產業綜述

　　河北省簡稱冀，省會為石家莊，面積約 18.77 萬平方千米。河北省位於北京、天津兩市的外圍，自元朝以來，中國的首都是北京，就在河北省中心位置，是京城通往外地的門戶，自古即是京畿要地。現轄 11 地級市、23 縣級市、109 縣、6 自治縣，60 多個市縣對外開放。全省面積 19 萬平方公里，有漢族、回族、滿族、朝鮮族等民族。其亦是清代皇室的「郊遊」場所，河北省東北部的承德是中國最早命名的歷史文化名城之一，這裏有清代最大的皇家古典園林承德避暑山莊，中國最大的皇家寺廟群——外八廟，清代皇家遊獵的場所——木蘭圍場。河北是中國的文物大省，有世界文化遺產 3 處；擁有全國重點文物保護單位 168 處，居全國第三位；國家級非物質文化遺產項目 39 個，位列全國第四；2007 年首批國家級非物質文化遺產項目代表性傳承人 16 人；中國民間藝術之鄉 24 個，傳統的、新興的藝術品種 70 餘種；省級文物保護單位 670 處，居全國第一位；市縣級文物保護單位 3476 處。

　　文化創意產業在河北省新的主導產業體系中發展速度躍居首位，2009 年 5 月 18 日，河北首屆河北文化產業博覽交易會開幕。該交易會與河北此前舉辦、參與的石家莊國際動漫節、深圳文博會、北京文博會，共簽約 90 個文化產業項目，投資總額 600 多億元。最近幾年，河北省連續創新文化產業發展理念，深化體制機制

改革，使文化產業進入發展最快的歷史時期。與 2004 年相比，河北省去年文化產業增加值從 118.8 億元增加到了 385 億元，年均增速達 34.2％，佔全省 GDP 的比重由 1.4％增加到 2.38％，文化產業對經濟增長貢獻率達到了 3.3％。現有文化產業單位上萬個，文化產業從業人員 70 多萬人，比四年前增加 30 多萬人，增幅超過 80％，文化產業新增就業人數佔全省當年新增就業人數近 20％。

2008 年，河北省創作生產動畫片 285 集。動畫電影《麋鹿傳奇》在威尼斯和法國戛納電影節展映，被中宣部確定為國慶 60 周年獻禮片。僅石家庄東方美院就投資 4000 萬元發展動漫遊戲業，完成了《福娃》、《神探狄仁杰》等 15 部動畫片。河北省動漫企業擁有專利 6 項，擁有核心技術 23 項，擁有自主知識產權 68 項，涵蓋了漫畫、插畫、動畫圖書、動畫片、動畫電影、網路遊戲、手機遊戲、軟體製作、動漫衍生品生產等領域。京劇《響九霄》獲第五屆中國藝術節新編歷史劇二等獎第一名，表演藝術家裴艷玲獲第十九屆上海白玉蘭戲劇表演藝術特別貢獻獎和第二屆中國戲劇獎——梅花表演大賽惟一梅花大獎。

河北省政府把發展文化產業作為轉變發展方式的重大戰略舉措，為了推動文化創意產業分別出臺了《河北省建設文化大省規劃綱要（2005 年～2010 年）》和《河北省關於加快文化事業和文化產業發展的若干政策》。預計從 2008 年開始至 2012 年文化產業增加值年均增長 25％以上，2010 年超過 500 億元，占全省生產總值的比重超過 3％。2012 年，超過 800 億元（2005 年價），占全省生產總值的比重超過 4％。重點培育 10 家以上營業收入超過 20 億元的大型文化企業集團及一些具有發展潛力的文化產業品牌。河北省還先后出臺了建設文化大省、加快文化事業和文化產業發展、鼓勵民營資本進入文化產業、推動動漫產業發展等一系列規劃和政策，對

投資者提供土地、稅收、財政、信貸、投資准入等各個方面提供優惠和便利。

與此同時，河北明確重點發展出版發行、印刷複製、影視制作、演藝娛樂、動漫遊戲、文化產品設備生產與銷售、文化旅游、體育健身等八大行業，重點推進省新華書店轉企改制、宣傳文化單位內部「三項制度」改革、文化市場綜合執法改革等體制機制創新。2009年5月，河北省出版集團順利實現轉企改制，省報業傳媒、出版傳媒、長城傳媒、地緣吳橋雜技等8家文化企業集中揭牌。河北還創新載體，新建了河北省文化創意產業園區、東方文化創意產業基地、邯鄲國際文化創意大廈、石家庄動漫創意產業園、保定動漫基地一批文化產業園區和基地，帶動文化產業快速發展。

（二）全力開發河北省內的紅色文化旅遊

「紅色文化旅遊」是指以中國共產黨在革命戰爭時期形成的紀念地和標誌物等現代革命史蹟為載體和資源，將其所在區域作為遊人的旅遊目的地，是一種近年來興起的愛國主義教育、革命傳統教育與現代旅遊經濟發展有機結合的新型旅遊形式。

河北省也是紅色文化旅遊資源大省。國家紅色文化旅遊發展規劃綱要精選的 100 個紅色文化旅遊經典景區中，河北省就有 8 處，30 條精品線路中河北省就有 4 條，其中西柏坡就是河北省紅色文化旅遊的龍頭品牌。可惜目前，西柏坡紅色文化旅遊產業的外延比較狹窄單一，只有西柏坡紀念館和近年新開發的汹汹水水電站等為數極少的幾個景區，在旅遊統計和公眾認知上又基本上局限於西柏坡紀念館。所以建議先將石家莊的旅遊資源跟西柏坡在管理上作統一整合，再以西柏坡為主體打造全省的紅色文化旅遊線路，以其為核心，再進行幅射式擴散，其中包括有抗日戰爭

時期的梅花慘案紀念館、陳莊殲滅戰紀念碑、靈壽抗大二分校紀念館、正定高平地道戰遺址、石家莊勞工集中營蒙難同胞紀念碑和百團大戰指揮所等；以及解放戰爭時期的解放石家莊紀念碑、華北人民政府舊址、中國人民銀行舊址、中央人民廣播電臺遺址、華北軍區烈士陵園等。

另一方面，西柏坡更應該跟外省著名的紅色文化旅遊景區整合。加強與紅色文化旅遊資源豐富的省份如韶山、井岡山、遵義和延安進行跨區域協作，打造跨省域整合的概念性旅遊線路，聯手開展紅色文化旅遊推介和策劃會，共用促銷資源和共同開拓客源市場，並合力提升紅色文化旅遊在全國市場的影響力。

（三）雙十文化工程

為了配合《河北省建設文化大省規劃綱要（2005 年～2010 年）》和《河北省關於加快文化事業和文化產業發展的若干政策》，所以有產業人士建議建設 10 個類型的文化產業建設載體「六大領域」加「四大工程」來進行重點推進，構成了雙十文化工程。

河北雙十文化工程		
1	十大文化創業園區	北戴河文化創意產業園、吳橋世界雜技博覽園、北方印裝產業園區、保定動漫創意園、河北出版集團動漫創意園區等等
2	十大文化旅遊景區	西柏坡紅色文化旅遊景區、承德草原文化景區、張家口冰雪文化景區、夏都文化旅遊景區等等
3	十大體育場館	建設有特色的體育館、體育中心、體育俱樂部、健身中心等

4	十大古城及主題公園	如歡樂海洋公園、清城、涿州古城、廣府古城、影視城、山海關古城等等
5	十大文化演藝街區	如規劃發展一系列酒吧街、演藝廣場、群眾文化演藝特色街區
6	十大民營文化企業	可結合文化廳的文化產業基地命名，評選並支持十大民營文化企業發展
7	十大文化交易市場	南三條小商品市場、唐山陶瓷文化交易市場、國際圖書城、民俗民間工藝專業市場、文物古玩交易市場、音像及數位產品交易市場等等
8	十大文化產業名片	透過投票評選
9	十大影視場館	建設大型的、綜合性的、多元功能的劇場及影視院等
10	十大文化場館	鼓勵石家莊、廊坊、唐山、秦皇島、保定、邯鄲等市和部分擴權縣建設高標準的文化館、圖書館、博物館、藝術館等

（四）華北影視生產基地

由於河北在地理位置上緊緊包圍著首都北京，所以在作為影視基地的發展上有先天性的優越條件。目前，河北省擁有甲級電視劇生產許可證單位三家，其中以河北電影電視劇製作中心最為著名，作品如曾獲全國性大獎的《少年毛澤東》、《沃土》、《黑臉》、《誓言》、《大唐明相》等電視劇以及《鍾馗》、《遠山姐弟》、《生死速遞》、《春打六九頭》等最為經典。近年來的生產了不少獲得市場及觀眾肯定的作品，如《特勤中隊》、《西柏坡》（戲曲電視劇）、《浮華背後》、

《征服》、《愛情滋味》、《爸爸叫紅旗》等。與此同時，河北電視臺、河北音像出版社等單位攝製的《關漢卿》、《神醫喜來樂》、《尋人檔案》等電視劇也都引起一定的反響。

　　但河北省發展影視基地其中還存在不少問題，例如缺乏大投入、大製作、高回報的名牌產品。而一些合作拍攝並在市場產生一定反響的作品，因所占投資份額少而得不到市場控制權和相應的經濟回報。最值得注意的問題是，河北省影視發展目前並未認識作為首都北京的腹地資源，進行有系統性的目標規劃，使其相關資源形成浪費及錯失時機。

（五）河北的文化工藝產品

城市	文化工藝產品
石家莊	利用其為省會的資源，以無極剪紙、槁城宮燈等民間藝術和正定乒乓球博物館為依託，配合石家莊古玩藝術城、燕趙藝術市場、金時尚書畫廣場的規模，實現集商品交易與省際交易於一體的文化體育用品大市場
邯鄲	昔日趙國首都，可能以趙國文化為主題，發展如武安戲劇臉譜、館陶黑陶、臨漳剪紙、叢臺布貼花、肥鄉面塑和皮影人、魏縣刺繡、磁縣絨毛畫和紮紙、邱縣玉米皮童鞋、大名草編和木雕，以及木版畫、刻葫蘆、烙畫、刀書畫等一系統的工藝品
承德	擁有避暑山莊及外八廟的旅遊資源，開發以滕氏布糊畫、山核桃皮工藝品、豐寧剪紙、絲織掛錦、木雕根雕等的民間工藝旅遊商品
邢臺	邢窯白瓷及黑陶、彩陶、古陶等特色文化資源，建設邢窯博物館仿古作坊、邢窯古代制瓷工藝展示廳及邢窯白瓷生產基地

保定	以新城泥塑、白洋澱葦編、曲陽定瓷、涿州花燈等民間工藝產品為基礎，發展泥塑業、石雕業、柳編業、陶瓷業等特色產業
唐山	以國際陶瓷博覽會和「北方瓷都」深厚歷史底蘊與經營成就為基礎，打造「南景北唐」（景為景德鎮）的中國陶瓷文化重鎮
張家口	蔚縣剪紙以其獨特的藝術風格享譽國內外，成為國家級饋贈精品，其他如陽原石雕、赤城根雕與石刻、康保玉雕、宣化景泰藍等，均為張家口的特別文化產品

　　目前河北省在文化創意產業發展方面跟北京構成了一定的矛盾性，一方面由於其為京畿地區，所以其可以以北京為核心，在一定程度上，作為北京的腹地，同享北京豐富的文化創意資源。但另一方面，由於北京在文化創意資源方面過於強勢，就如磁鐵一樣，把河北很多既有資源均直接吸到北京，使河北在發展文化創意方面處於弱勢和被動。所以河北的文化創意發展能否取得成功，主要為能否創出自己的文化特色，打造亮麗的「河北文化」品牌；其次是如何充分利用北京的資源，化被動為主動，跟北京形成互補型的產業優勢。

十、山西省文化創意產業

（一）山西文化創意產業綜述

山西省因居太行山之西而得名。春秋時期，大部分地區為晉國所有，所以簡稱「晉」；戰國初期，韓、趙、魏三家分晉，因而又稱「三晉」。全省總面積 15.6 萬平方公里，總人口 3300 萬人，轄 11 個地級市，119 個縣、市、區。省會為太原市。

山西是國家的能源基地，也是華夏文明的發祥地之一，文化創意產業資源優勢明顯，山西歷史發端於史前文明的舊石器時代，歷經數千年演變而不絕，中國 5000 年文明史給山西留下極為豐富的文化資源。據統計，截至目前，在山西發現的舊石器時代的古人類遺址就達 255 處，佔全國同類遺址總數的一半以上。另外，山西全省有不可移動文物 35,000 處，現存古建築 18,118 處，各級各類文物保護單位 6784 處，其中世界遺產兩處，國家級重點文化保護單位 271 處，居全國第一。

據統計，2007 年山西省文化產業實現增加值 160.75 億元，同比增長 28.9%，占 GDP 的比重由 2006 年的 2.65%提高到 2.80%，已超過金融業占 GDP 總量的比重。統計結果顯示，山西省文化產業的發展對全省經濟增長的貢獻率達到 3.54%，拉動全省經濟增長 0.76 個百分點。2007 年，在山西省文化產業增加值中，新聞服務、出版發行和版權服務、廣播影視服務和文化藝術服務等傳統的「核心層」產業的增加值為 38.71 億元，占全部文化產業增加值的比重為 24.1%；新興的網路文化服務、文化休閒娛樂服務和其他文化服務的「週

邊層」產業的增加值為 79.51 億元，占全部文化產業增加值的比重
達到 49.5％；文化用品、設備及相關文化產品的生產和銷售等「相
關層」產業的增加值為 42.53 億元，占全部文化產業增加值的比重
為 26.4％。從文化及相關產業九大分類來看，2007 年，新興的文化
休閒娛樂服務和網路文化服務增加值年均增長速度分別達到 39.5％
和 36.4％，成為文化及相關產業九大類別中增長最快的類別，核心
層的出版發行和版權服務平均增速也達到 29.5％，均高於文化產業
24.5％的平均增速。而傳統的文化藝術服務年均增速僅有 3.7％，比
平均增速低了 20.8 個百分點。在投資方面，2007 年山西省文化產業
城鎮固定資產投資 43.5 億元；占全省城鎮固定資產的比重為 1.6％。
2007 年全省文化產業城鎮固定資產投資年均增速達到 28.2％，高出
城鎮固定資產投資 25.5％的平均增速 2.7 個百分點。山西省政府希
望到了 2010 年實現文化創意產業占全省 GDP 比重 10％左右。

目前，山西全省共有專業藝術表演團體 156 個，從業人員 8967
人，年演出收入 2832 萬元，經費自給率達到 31％。縣級劇團經費
自給率達到 67％。聞名中外的山西戲曲，劇目紛呈，名伶輩出，
有 37 位戲曲演員榮獲中國戲劇梅花獎；以「黃河歌舞」為代表的
表演流派具有極強的觀賞性和發展潛力，絳州鼓樂已經立足上海，
走向全國，成為少有的大牌禮儀演藝主力；山西一百多個縣，幾乎
都有自己的民歌，現已搜集的民歌達兩萬餘首，現存的民間舞蹈有
200 多種。

山西的土特產品種類繁多。山西老陳醋甜綿酸香，不僅調味上
佳，還可消食、美容、殺菌；平遙牛肉色、香、味俱全；杏花村汾
酒是中國古老的歷史名酒，色如水晶美玉，清香純正，味美無窮，
暢銷國內外；此外還有六味齋醬肉、雙合成糕點、推光漆器、晉祠
大米等，均是山西特有的名產。

（二）太原市的文化創意產業發展

　　太原市是山西省的省會，亦是山西省的文化創意產業的核心，作為歷史悠久的文化古城和省會中心城市，發展文化創意產業有著良好的條件和基礎。2008 年是太原文化產業快速發展的一年，廣播電視業、電影業、動漫業、文化創意業等已形成一定規模。據公佈的統計資料，2008 年太原市文化產業總產值達 161 億元，實現增加值 67 億元，占 GDP 的 4．64％。這一比例既高於山西省水準近一倍，也高於全國平均水準。2008 年，太原市還承辦了山西省第三屆動漫藝術節，主辦了山西省動漫產業招商暨人才交流會，簽約金額達 6160 萬元；成立了創意產業聯盟，其中動漫企業 22 家；拍攝了電影《兒子、媳婦和老娘》；全年電影票房收入 2178 萬元，比上年增長 26％，再創新高。

　　目前太原市以動漫產業為重點發展方向，並出臺政策支持有關文化創意產業方面的發展，在太原高新區設立了太原創意產業發展中心，搭建了創意產業公共技術七大平臺。其中，山西舶奧動畫製作有限公司製作的動畫片《衡》在美國獲得「第四屆視覺電影節」最佳動畫放映獎和最佳 2D 動畫影片獎；山西問天發展有限公司作為網路遊戲行業龍頭企業，先後開發了《蒼穹》、《天道》兩款網路遊戲；山西創影影視動畫有限公司作為 3D 設計行業龍頭企業，先後為國家重點建設項目張峰水庫、太原市陽光地帶製作三維動畫；山西舶奧動畫製作公司開發的原創動漫作品《泥巴小精靈──考考曼》，不僅榮獲國際大獎，且與中央電視臺簽訂了總金額為 9000 萬元的播出合同，在央視的黃金時段播出。同時，建設文化產業園區，就是要吸引一批高新技術文化產品創作生產機構，形成數位化開發、影視製作、動漫生產、文物資訊複製等方面的產業集群。

在培育人才方面，太原市的華北廣播電視管理幹部學院，在
1985 年就設立了動畫專業，為全中國培養了大批動畫創作專業人
才，中央電視臺動畫部有三分之二的動漫設計製作人員畢業於山西
省高校。動畫片《哪吒傳奇》的總導演和總製片人亦是該校的畢業
生，2004 年被中央電視臺評選為國內「七大動畫搖籃」。可見太原
市在發展動漫方面擁有良好的優勢。

（三）平遙國際攝影大展

平遙國際攝影大展，在由亞洲會展節事財富論壇和新華網主辦
的第二屆中國節慶產業年會上，暨入選「2005 年度中國節慶 50 強」
之後，再次入選「2006 年度中國十大最具潛力節慶」。當 2001 年，
平遙國際攝影大展舉辦之時，人們已經發現一座作為世界文化遺產
的古城，一個攝影界的盛會，兩者的結合使得雙方都到了最大化的
效益。

到了 2007 年平遙國際攝影大展參展的中外攝影師達 1113 人，
來自世界 47 個國家和地區的 370 名攝影師攜作品參展，15 家國外
大型圖片攝影機構和 8 家國外攝影家協會參展。大展共設立了 8
個重點展區，布展圖片 1.3 萬餘幅，觀展人數達 34 萬。150 家海內
外媒體的 400 餘名記者集中報導了大展盛況。現時平遙國際攝影大
展已經成了山西甚至中國的一個文化攝影藝術的品牌，「文化遺產」
和「攝影大展」之間的互動和互補，正好是利用已有的文化資源作
再新的結合的一個成功的例子。

（四）三晉大院商機無限

中國民居建築，向有「北在山西，南在安徽」之說。在山西，
元明清時期的民居現存尚有近 1300 處，其中最精彩的部分，當數

集中分佈在晉中一帶的晉商豪宅大院。其中又以靈石王家大院、喬家大院、祁縣渠家大院、太古曹家大院最為著名。

靈石的王家大院院內俯仰可見的磚、木、石雕刻異常精美，建築構建無不精雕細刻，每個門墩、石礎都堪稱藝術品。高家崖、紅門堡建築群氣勢宏偉，這些宅院被稱讚「匯宋元明清之法式，集江南河北之大成」，大院整體規劃依風水而建，風勢不凡，目前王家大院開放面積 1.1 萬平方米，這只是當年鼎盛時期大院總面積的十五分之一。向有「民間故宮」之美譽。

目前山西大院中，又以喬家大院最為知名，佈局講究方正和穩定，整座大院結構呈「喜喜」形。隨著張藝謀的電影《大紅燈籠高高掛》及電視劇《喬家大院》的熱播，山西喬家大院的遊客量雄踞山西各景點之首，最高日接待人數高達 8.5 萬；黃金週期間共接待 39.20 萬人次，門票收入達 805 萬元，同比分別增長 50.25％和 62.46％，一舉擠進山西熱門景點的前三名。

祁縣的渠家大院在建築形式上採用罕見的五進式穿堂院、石雕欄杆院、十一踩木製牌樓和包廂式戲臺院號稱「四絕」。光是看屋頂的形制就極豐富，歇山頂、懸山頂、硬山頂、卷棚頂各不相同。院與院之間均有牌樓相隔，隨處可見的匾額楹聯透露出淡淡書香之氣。

太古曹家大院整體結構是篆書的「壽」字形。主體「三多堂」，取多子、多福、多壽之意，由三座四層的堂樓組成，樓頂還分別建有亭臺，這在以平房為主的北方民居中顯得尤為突出。

這幾處晉商宅院可說是將民居建築文化發揮到極致，體現了山西民居、甚至北方民居的菁華，同時，它也是晉商 500 年興衰史的見證。上面提到的四個大院，占地面積從 5000 多平方米到一萬多平方米。宅院結構嚴謹，一般呈封閉結構，有高大圍牆隔離；以四

合院為建構組合單元，院院相連，沿中軸線左右展開，形成龐大的建築群，有的構成某種圖形樣式，取吉祥喜慶的象徵意蘊。

　　這幾處晉商宅院可說是將民居建築文化發揮到極致，體現了山西民居、甚至北方民居的菁華，同時，它也是晉商 500 年興衰史的見證，大院裏一磚一瓦、每個細節局部都有晉商文化交織其中。這些巨型宅院的建設雖然在幾百年間持續展開，但佈局設計、工藝技術、藝術風格方面卻能保持協調一致、前後統一，是晉商文化的特色表現。

（五）佛教勝地宗教資料豐富

　　雲岡石窟位於山西省大同市西郊武周山北崖，石窟依山開鑿，東西綿延 1000 米，現存主要洞窟 45 個，整個窟群共有大小佛龕1100 多個，大小窟龕 252 個，石雕造像 51000 餘軀，最大佛像高達 17 米，最小佛像僅有幾釐米高，是中國四大石窟之一。

　　雲岡石窟建於北魏和平年間（西元 460 年至 465 年），距今已有 1500 多年的歷史。雲岡石窟雕刻在吸收和借鑒印度犍陀羅佛教藝術的同時，有機地融合了中國傳統藝術風格，在世界雕塑藝術史上有十分重要的地位。

　　而中國四大佛山之首的五臺山位於山西省的東北部，屬太行山系的北端，平均海拔 1000 米以上，最高點北臺葉門峰海拔 3058 米，被稱為「華北屋脊」。五臺山方圓約 300 公里，因五峰如五根擎天大柱，拔地崛起，巍然矗立，峰頂平坦如臺，故名五臺。又因山上氣候多寒，盛夏仍不知炎暑，故又別稱清涼山。五臺山是中外佛教徒心中的聖地，在一山之上，其目前擁有 70 多座佛寺，例如著名的顯通寺建於漢明帝時期，僅晚於河南的白馬寺數年，為中國第二座佛寺，所以極具意義及價值。

　　五臺山是佛教勝地，是文殊菩薩的道場，在唐朝時期更達寺
360多處；同時佛事活動不絕：農曆8月22日（公曆10月2日）
的燃燈佛聖誕法會、農曆9月19日（公曆10月29日）的觀世音
菩薩出家紀念法家、農曆9月30日（公曆11月9日）的藥師琉璃
光佛聖誕法會、農曆11月17日（公曆12月26日）的阿彌陀佛聖
誕法會、農曆12月8日（公曆2008年1月15日）的釋迦牟尼佛
成道法會、農曆2008年正月初一（公曆2008年2月7日）的彌勒
菩薩聖誕法會等等；所以五臺山香火鼎盛，善眾不斷，如此豐富的
宗教資源，極待進一步開發。

（六）積極發展表演藝術

　　山西省作為一個文化大省，表演藝術方面的資源亦是非常充
沛，有話劇《立秋》、舞劇《一把酸棗》、京劇《走西口》、歌舞《天
下黃河》、民歌《唱享山西》等演藝精品及其延伸性產業。

　　特別在戲劇上山西充分發揮省戲劇家協會的作用，對晉劇、蒲
劇、北路梆子、上黨梆子四大劇種的人才資源進行整合，依託協會
組建專門工作室（或稱虛擬劇團），單是《立秋》在2007年已演出
近200場，票房實現400餘萬元；《一把酸棗》演出120餘場，票
房突破500萬元。另外話劇《我能當班長》、舞劇《西廂記》獲得
第十一屆文華獎新劇目獎；威風鑼鼓、絳州古樂、晉中社火、河曲
二人臺、黃土風情歌舞等一批優秀的表演藝術文化產品。雖然山西
省的演藝從業人數、演出場次均居全中國的前列，但總產出和增加
值卻相對較低，2004年不過1.85億元和3613萬元。到目前為止，
全省還沒有一個按照現代企業制度運作的演出單位，所以文化改革
是勢在必行。

　　山西省給人的印象就是擁有豐富的煤炭資源，形成了高度依賴煤炭資源的經濟結構，導致故步自封和對自然資源過度依賴。而對文化創意產業屬性瞭解不夠深刻，對文化創意產業發展潛力認識不足。比如說煤礦企業挖煤獲利很豐厚，但卻不把資金投到文化創意產業上來。煤總有挖完的一天，只有文化的資源是愈挖愈豐厚，愈挖價值愈大的，擁有文化大寶庫的山西大力發展文化創意產業，才是產業經濟發展的正確道路。

十一、陝西省文化創意產業

（一）陝西文化創意產業綜述

　　陝西省縱跨黃河、長江兩大水系，是第二亞歐大陸橋亞洲段的中心和中國西北、西南、華北、華中之間的門戶，周邊與山西、河南、湖北、四川、重慶、甘肅、寧夏、內蒙古8個省、市、區接壤，是國內鄰接省區數量最多的省份，具有承東啟西、連接南北的區位之便。總面積20.58萬平方公里，常住人口為3762萬人（2008年），漢族人口占總人口的99.4％以上，境內還有回族、滿族、蒙古族等。

　　陝西省的文化資源具有得天獨厚的優勢，有以秦始皇兵馬俑、漢陽陵、大雁塔、碑林等為代表的歷史文化品牌；以延安革命聖地、西安事變舊址為代表的革命文化品牌；以秦腔、農民畫、泥塑、皮影等為代表的民俗文化品牌；以法門寺、樓觀臺為代表的宗教文化品牌；以黃陵祭典為代表的祭祀文化品牌；以西部影視、陝西作家群、長安畫派等為代表的現代文化品牌以及以華山、壺口瀑布等為代表的自然風光文化品牌等，這些獨有的文化資源為陝西省文化產業的發展提供了堅實的基礎。

　　截至到2008年底，陝西省共有文化系統產業機構7295個，年總經營收入18.35億元，年增加值13.74億元；2008年，陝西省共拍攝電影17部，電視劇19部503集，電視動畫片3部；陝西廣電經營收入年平均增幅超過了22％；陝西省數位用戶突破百萬戶大關；陝西新華發行集團，全年完成銷售收入20.1億元，利

潤 3600 萬元；陝西省擁有農村數位放映機 915 套，覆蓋全省 75
％的行政村，全年累計放映電影 36.09 萬場次，其中數位電影 17.28
萬場次，觀眾達 10,212.5 萬人次；舉辦第四屆中國西部（西安）
文化產業博覽會，1300 多個境內外文化企業參展，引資合同 80
億元。2009 年，政府將促成陝西省歌舞劇院敬業大廈、省戲曲研
究院西部文化城和長安大劇院、省人民藝術劇院人藝新天地、省
民間藝術劇院百腦匯資訊廣場等項目建成，推進西安市文藝路演
藝娛樂一條街建設。

　　陝西省近期文化創意產業的發展思路：構築以西安為中心，陝
北紅色經典和黃土風情文化、關中歷史文化和現代文化、陝南漢水
文化和綠色文化三大板塊聯動，以文化旅遊、廣播影視、新聞出版
和文娛演出為重點，以陝西旅遊集團、陝西廣電集團、西部電影集
團等六大集團為支撐的陝西文化產業發展格局。規劃指出到 2010
年，陝西省文化創意產業的增長速度要高於全省 GDP 的增長速
度，力爭保持年平均增長 15％以上，文化創意產業創造的增加值
占全省 GDP 的比重增加到 10％。規劃還提出，文化旅遊發展將保
護和利用好秦始皇陵及兵馬俑這一世界文化遺產優勢品牌，加快西
安碑林、西安明城牆、靖邊統萬城、西安古漢城、漢唐帝王陵、華
山風景名勝區六個世界文化遺產的申報。打響西安、榆林、漢中及
鹹陽等六個國家級歷史文化名城品牌，打造「絲綢之路」品牌，建
設周、秦、漢、唐、蜀漢、大夏歷史文化區，以及人文始祖、革命
歷史、民俗歷史和陶歷史等十大歷史文化旅遊區。

（二）西安文化創意產業的發展

　　西安是陝西省的省會，中國 15 個副省級城市之一，是僅次於
北京、上海的全國第三大科技、教育中心，是中國中西部地區最大

最重要的科研、高等教育、國防科技工業和高新技術產業基地。近年來，西安文化產業增加值一直保持 16％左右的增速。西安文化創意產業的發展是按照專業化板塊的運作模式。目前已形成國家級曲江文化產業示範區、高新技術文化創意產業園、印刷包裝產業基地、臨潼秦唐文化景區等七大文化產業板塊。

　　被確定為全國文化產業示範區的曲江新區是西安發展文化產業的重要平臺，該區依託區域內唐大雁塔等眾多人文遺存，以曲江文化產業投資集團為投融資平臺，集約開發運作。在一期產業發展初期，曲江新區以文化旅遊為定位，先後推出大唐芙蓉園、曲江戲曲、民俗和文學大觀園、「夢回大唐」、「盛典西安」等重大文化旅遊專案，僅 2006 年一年，就接待遊客達 1600 萬人次，旅遊綜合收入達 6 億元。二期產業起步後，曲江新區先後成立會展、影視投資、演藝等 14 個專業化產業集團。新整合的曲江會展中心規模達 14 萬平方米，每週都有一個以上全國性展會開幕；影視投資集團設立 4 億元風險投資基金，吸納 20 多家中小影視企業成立曲江影視聯盟，以產業孵化器機制培育產業鏈。曲江新區還啟動了唐大明宮遺址公園等幾個重大文化產業專案。

　　此外，西安文化旅遊業促進人文旅遊從觀光型向文化體驗型轉變。擁有秦始皇、兵馬俑等世界級旅遊資源的西安市臨潼產業聚集區，投資 15 億元，結合國家建設秦陵遺址公園等文物環境工程，推出了將「吃、住、行、遊、購、娛」貫穿一體的「秦風、唐韻、御溫泉」三大文化旅遊板塊。2006 年以來，在唐華清池梨園遺址處，大型實景歷史舞劇「長恨歌」已經吸引了數萬遊客慕名而來，演出年收入就實現 1000 多萬元，還拉動華清池門票增收 1700 萬元。

（三）陝西省打造八大文化創意產業園

陝西省八大文化創意產業園	
名稱	簡介
西安臨潼文化旅遊產業區	以秦兵馬俑、秦始皇陵、華清池等珍貴歷史文化遺跡為主體，以驪山、渭水等自然環境為依託，建設秦始皇陵遺址公園、華清池椒園和芙蓉園等，形成集旅遊觀光、娛樂休閒、度假療養等為一體的綜合型文化旅遊園區。
西安曲江新區文化旅遊產業區	以盛唐文化為特色，建設大雁塔文化廣場、大唐芙蓉園、大唐不夜城、唐城牆遺址公園、曲江海洋科普世界、中國西部國際博覽中心等重點項目，形成集旅遊、休閒、娛樂、會展、科教等功能為一體的新型文化旅遊產業園區。
西安高新區現代文化產業創業園	以數位化、資訊化高科技文化產業為特色，依託軟體園和高新技術平臺，建設數位文化產業園和文化娛樂區、動漫遊戲區、體育休閒區、中央商務文化區，形成現代文化主題突出的產業園區。
延安革命文化區	綜合開發延安革命舊址和延安革命紀念館等革命文化資源，充分發揮其愛國主義、革命傳統和延安精神教育基地的功能，使之成為紅色旅遊首選地。
黃帝陵人文始祖文化園	以人文始祖文化為主體，重點完成黃帝陵二期整修工程，擴大遊覽區域。搞好一年一度的祭祀大典活動，開展海外民間祭祖活動，把黃帝陵建成海內外炎黃子孫尋根祭祖活動的文化園區。
法門寺文化園區	以佛教文化為主題，規劃建設佛、法、僧三區，重點建設合十舍利塔及廣場、佛教文化壇，擴建法門寺博物

	館，恢復法門寺唐代風格佛教建築群，使之成為集佛教文化旅遊、佛教文化研究、佛事活動為一體的國際佛教文化中心。
楊凌現代農業觀光休閒區	以楊凌高科技農業為依託，建設農業博覽園，開發田園風光旅遊，形成農業觀光、農業科普、休閒健身園區。
西安御苑生態旅遊區	以秦嶺北麓自然生態風光為依託，重點建設西安秦嶺野生動物園、西安園藝博物園、西安生態科技園，形成集觀光旅遊、休閒度假、健身娛樂為一體的綜合性自然生態旅遊區。

（四）陝西省的民間文化藝術

民間音樂	信天遊、陝北民歌梁祝、陝北嗩吶、紫陽民歌、長安古樂、關中民歌、寶雞花兒等
民間舞蹈	安塞腰鼓、羊角鼓舞、仿唐樂舞、榆林霸王鞭、黃陵抬鼓、長安樂舞、銅川八陣鼓、洛川蹩鼓、商洛花鼓等
民間戲曲	陝北秧歌劇、秦腔、陝北二人臺、眉戶、紫陽民歌劇、陝南花鼓戲、陝西獨角戲、陝西皮影戲、西安木偶戲等
民間曲藝	陝南花鼓坐唱、陝北二人臺打坐腔、血腥社火、子長嗩吶、安康道情、長安何家營鼓樂等
民間美術	銅川耀州窯青釉、黑釉陶器、麥稈畫、鳳翔泥彩塑、千陽布藝、寶雞社火臉譜、安塞剪紙、木版年畫等

（五）陝西省的演藝文化

「十五」期間，陝西省共創作戲曲、話劇、歌劇等各類劇（節目）600 多部，其中搬上舞臺的有 200 多部，具有較高思想性、

藝術性、觀賞性的大型劇（節）目 60 多部（臺）。一批精品力作相繼問世。眉戶現代戲《遲開的玫瑰》榮登 2006 年度國家舞臺藝術精品工程「十大精品劇碼」榜首；大型民族歌劇《張騫》、《司馬遷》，榮獲「五個一工程獎」、「文華新劇碼獎」、中國戲劇「優秀劇碼獎」、演員「梅花獎」等國家級重大獎項；商洛花鼓戲《月亮光光》獲得文化部「文華大獎」；話劇《又一個黎明》入圍國家舞臺藝術精品工程初選劇碼；話劇《郭雙印連他鄉黨》獲首屆中國戲劇獎、曹禺劇本獎、2006～2007 年度國家舞臺精品工程初選劇碼等多項殊榮；陝歌創演了《仿唐樂舞》、《唐長安樂舞》、《大唐夢幻》等 6 臺「唐樂舞」系列節目，23 年來演出 2.4 萬場，創收 8000 餘萬元，並赴 20 多個國家和地區演出，是陝西省演出業的一大品牌；陝西電視臺的社會新聞類欄目《都市快報》、人文談話節目《開壇》、戲曲欄目《秦之聲》等，被評為全國電視節目 50 強和百佳欄目。電視連續劇《激情燃燒的歲月》、電影《美麗的大腳》、《圖雅的婚事》等受到觀眾熱捧；《人文奧運·盛典西安》、國內第一部真山真水情景劇《長恨歌》等新創大型演出也在省內外引起了廣泛反響。

　陝西文化產業總產值為北京的十五分之一，山東的六分之一，廣東的四分之一，不得不承認，在文化產業化上，陝西與這些地區存在較大的差距。陝西省雖然文化資源豐富，但就目前來說，陝西的文化創意產業影響力跟自身資源優勢還不相稱。因此，在文化創意產業的發展上，陝西要找出文化的「關鍵字」，找準體現陝西地域文化特色、同時又具有較長產業鏈條的文化元素，打造成文化精品，使其真正成為陝西的名片和標誌，從而促進陝西文化創意產業的進一步發展。

十二、甘肅省文化創意產業

（一）甘肅文化創意產業綜述

甘肅，省會蘭州。地處黃河上游，位於中國的地理中心。東接陝西，南鄰四川，西連青海、新疆，北靠內蒙古、寧夏，是古絲綢之路的鎖鑰之地和黃金路段，並與蒙古國接壤，地形以高原、山地為主，占全國總面積的 4.72％。有漢族、回族、藏族、東鄉族、裕固族、保安族、蒙古族、哈薩克族、土族、撒拉族、滿族等民族。

截至 2009 年 2 月底，全省圖書銷售與同期相比增長了 80 多萬元，漲幅達 14.98％，除教材、教輔之外的一般圖書更是增長了 48.74％。2006 年，甘肅省文化產業實現增加值 30.74 億元，占全省生產總值的 1.35％；甘肅省現有文化產業機構 3667 家，從業人員 8.8 萬人，占全省從業人員總數的 0.63％、城鎮從業人員的 2.4％；甘肅省文化產業總資產為 116.86 億元。2006 年，全省文化及相關產業有從業人員 8.8 萬人，實現增加值 21.74 億元，較 2004 年增長 20.6％。其中，直接從事文化活動的「文化服務」即核心層及週邊層的各行業，有從業人員 5.04 萬人，實現增加值 15.54 億元；提供文化用品、設備及相關文化產品的生產和銷售活動的「相關文化服務」即相關層各行業，有從業人員 3.79 萬人，實現增加值 6.2 億元。

在甘肅省 3667 家文化產業單位中，國有企業為 1304 家，其他形式的企業為 2363 家，分別占全省文化產業單位總數的 35.6％和

64.4％。其他形式的企業所擁有的資產和增加值達到 59.36 億元和
10.9 億元，分別占全省文化產業單位資產和增加值的 50.8％和
50.14％。各類非國有單位擁有的資產和實現的增加值分別達到全
省文化產業資產和增加值的一半以上，文化產業投資主體多元化的
格局已基本形成。

　　為了推動文化產業的發展，甘肅省編制了《甘肅省「十一五」
文化產業發展規劃》，規劃指出「十一五」期間，甘肅文化產業保
持快速增長，增長速度高於全省生產總值的增長速度，年均增長
率達到 15％，現代傳媒、出版發行、文娛演藝等支柱產業年均增
長速度力爭達到 20％。到 2010 年，文化產業增加值比 2005 年翻
一番。

（二）甘肅省八大文化產業集聚區

甘肅省八大文化產業集聚區	
名稱	簡介
甘肅印刷科技產業集聚區	積極引進新型出版媒體生產研製技術，整合出版、印刷、發行重大專案，透過土地置換和資本運作，建設甘肅新華印刷中心、甘肅日報印務中心和甘肅圖書物流配送中心，在蘭州形成集材料供應、生產加工、產品銷售、物流配送、教育科研及資訊服務為一體的現代印刷科技產業集聚區。
甘肅傳統文化博覽集聚區	依託甘肅彩陶、漢簡、古生物化石、黃河奇石、石窟藝術和民族民俗等獨特的資源優勢，興建甘肅非物質文化遺產藝術博覽中心、甘肅簡牘研究中心等一批重點項目，在蘭州形成集文博會展、文藝演出、旅遊觀光、風情體驗等為一體的傳統文化博覽集聚區。

蘭州黃河文化產業集聚區	在中立橋北側建設甘肅省會展中心、黃河廣場、甘肅大劇院、黃河藝術館、濱水生態公園等一批文化設施，與已建成的水車公園、體育公園、綠色公園連成一體，形成集文藝演出、廣告會展、休閒娛樂、體育健身為一體的綜合型現代文化產業集聚區。
蘭州現代傳媒產業集聚區	利用蘭州電臺、電視臺和蘭州日報社整體搬遷的契機，整合蘭州市傳媒資源，建設黃河明珠電視塔、蘭州廣播影視中心、蘭州報業大廈和蘭州現代印務中心，形成集廣播影視、報業、網路、旅遊觀光、休閒娛樂為一體的新型現代傳媒產業集聚區。
天水伏羲文化產業集聚區	依託麥積山、仙人崖、大地灣遺址、卦臺山、南郭寺、玉泉觀、胡氏民居、龍園等資源，以伏羲廟為主體，延伸至伏羲廟後北山，建成集文化旅遊、文藝演出、文物複仿、休閒娛樂等為一體的伏羲文化產業集聚區。
隴東農耕文化產業集聚區	以涇川溫泉、王母宮、羅漢洞、南北石窟寺、周祖陵等資源為依託，建設集中展示隴東民俗風情的農耕文化產業集聚區。
武威天馬文化產業集聚區	以雷臺漢墓、西漢銅奔馬為主體，以武威文廟、白塔寺、天梯山石窟、沙漠公園為依託，實施雷臺和白塔寺二期工程建設，建成集宗教文化、西涼樂舞、沙漠觀光、文物複仿為一體的天馬文化產業集聚區。
酒泉航太科技文化集聚區	以中國酒泉航太科技城為依託，抓住神五、神六成功發射引發的航太熱潮，建設宇宙演化史、觀天器、模擬航太生活、天文學家雕像等一批展覽場館，形成集科學普及、旅遊觀光和愛國主義教育為一體的航太科技文化產業集聚區。

（三）甘肅省四大文化產業基地

甘肅省四大文化產業基地	
名稱	簡介
蘭州敦煌舞藝術生產培訓基地	以現有演出設施為基礎，建設甘肅大劇院、金城第一戲樓等一批設施，依託敦煌藝術劇院、省歌劇院、蘭州歌舞劇院等藝術院團和在蘭大中專院校藝術教育資源優勢，發揮品牌效應，推出敦煌舞藝術精品，培養敦煌舞藝術表演人才，形成敦煌舞藝術生產和人才培訓基地。
蘭州藝術品及舞美生產基地	以甘肅畫院、蘭州畫院、金城古玩城、隴萃堂、塞納河文化藝術品公司、雁灘古玩城等為基礎，建設甘肅旅遊超市，推動蘭州藝術品一級市場的發展，大力發展藝術品（文物複仿）業，扶持蘭州理工大學機械廠和天星稀土公司，形成蘭州藝術品及舞美生產基地。
慶陽民間民俗工藝品生產基地	依託慶陽深厚的農耕文化底蘊和特色鮮明的民間民俗工藝傳統，統一產品標準、規範製作流程，透過規模化、集約化方式整合各種生產要素，擴大生產能力，利用現代市場行銷手段擴大銷售管道，大力發展香包、刺繡、皮影、剪紙等民間手工藝品，形成輻射全國、面向海外的民間民俗工藝品生產基地。
白銀大敦煌影視基地	以大敦煌影視城和景泰黃河石林、永泰龜城等外景地為基礎，發揮中科院白銀高科技產業集聚區的科技人才優勢，積極爭取與中央電視臺合作，建立集影視劇拍攝、製作、旅遊觀光和影視旅遊產品生產為一體的影視基地，並逐步向動漫、遊戲軟體等高端產業發展。

（四）甘肅會展業的五大產業鏈

　　作為西部省份的甘肅，以蘭州、天水、敦煌為重點，培育會展產業，具有現實的可能性。隨著西部大開發的推進，甘肅高速公路網絡基本形成，蘭新、隴海鐵路複線建成通車，蘭州、敦煌建成了國際機場，天水、夏河、嘉峪關、慶陽等支線機場的陸續建設，組成了甘肅發達通暢的交通體系。電訊網、互聯網的快速發展，使甘肅邁上了資訊高速公路。蘭州、天水、敦煌分佈於甘肅東、中、西部，同屬絲綢之路重鎮，蘭州是甘肅中心城市和西北交通樞紐，著名的高原古城、瓜果城和石油化工基地，黃河唯一穿城而過的城市，具有眾多的賓館、展館，一年一度的蘭州貿易洽談會漸成產業。天水、敦煌是歷史文化名城、優秀旅遊城市，隨著國家西部旅遊開發規劃的實施，天水機場、敦煌鐵路建設，進一步擴張文化旅遊產業，促進展館、賓館發展，為會展活動提供良好的條件。甘肅應把蘭州、天水、敦煌建成會展中心，致力培育會展產業。甘肅在發展會展產業的同時，要開發民族民間節會、藝術品，舉辦文化旅遊節會、文化產品博覽會，建設絲綢之路博物館體系，發展文化旅遊產業、文藝演出產業、文化娛樂產業、影視音像產業、藝術品產業、特色體育產業，實現文化產業全面發展。

　　會展產業的產業鏈之一，保護開發民族民間節會。甘肅的民族民間節會，有宗教、祭祖、音樂、年節風俗等類型，如拉卜楞寺法會、伊斯蘭教俗、甘南浪山節、白馬採花節、蓮花山花兒會、松鳴岩花兒會、民間社火、伏羲文化節、那達慕大會，都是地域特色濃郁的民族民間節會資源。

　　會展產業的產業鏈之二，保護開發民族民間藝術品。甘肅的民族民間藝術品，有歷史價值、科學價值和藝術價值，是民族民間文

化的物化表現。蘭州水車、羊皮筏子等民族民間藝術品雖然現已失去了實用價值，但卻蘊含著豐富的民族文化內涵，成為當代文化建設的保護開發對象。

　　會展產業的產業鏈之三，做大做強文化旅遊節會。甘肅省的文化旅遊節會，如蘭州黃河風情旅遊節、慶陽香包民俗文化藝術節、臨夏民族風情旅遊觀光節、甘南香巴拉旅遊節、武威天馬旅遊節、張掖馬蹄寺旅遊節、酒泉敦煌旅遊節等。

　　會展產業的產業鏈之四，舉辦文化產品博覽會。甘肅敦煌的舞蹈，甘肅的彩陶，甘肅有大地灣文化、馬家窯文化、齊家文化、辛店文化、寺窪文化、沙井文化、火燒溝文化等類型。此外，甘肅是文物大省，擁有以國寶級、國家一級文物為代表的 40 萬件館藏文物。

　　會展產業的產業鏈之五，形成甘肅博物館體系，推出系列展覽、系列複仿製品、系列民間工藝品和旅遊紀念品。根據古代文化資源、民族民間文化資源、革命文化資源、當代文化資源四大類型，建設絲綢之路博物館、黃河文化博物館、民族文化博物館、革命文化博物館、彩陶博物館、漢簡博物館、民俗博物館、西夏博物館、古遺址博物館等專題博物館。

（五）甘肅省的文化藝術精品

　　舞劇《絲路花雨》是 20 世紀華人舞蹈經典，成為中國舞蹈發展的里程碑；2000 年創作推出的大型舞劇《大夢敦煌》榮獲「文華」獎、「五個一工程」獎和「荷花」獎 3 項國家大獎，成功入選國家舞臺藝術精品工程十大精品劇碼，創作上演至今，已在國內外巡迴演出 400 多場，經濟收入超過 4000 多萬元，特別是它 11 次進北京演出，創造了全國一臺劇碼連續晉京演出的紀錄；雜技劇《敦煌神女》參加中國雜技第 2 屆金菊獎評選獲優秀劇碼獎，2008 年 4

月在敦煌市首演至今，演出 216 場，實現演出收入 370 多萬元；隴劇《苦樂村官》已列入文化部 20 臺農村現代題材劇碼扶持項目；定西市秦劇團排演的大型現代秦劇《百合花開》參加第 4 屆秦腔藝術節獲得金獎；中國西部音樂劇《花兒與少年》創排工作全面啟動；此外，甘肅省還創作了《西出陽關》、《敦煌古樂》、《敦煌組舞》、《敦煌韻》等系列敦煌舞。以這些敦煌舞藍本，一批舞臺藝術學者和專家研究出版了《敦煌舞蹈教程》，使敦煌舞蹈成為藝術院校的教學課程。

　　文化藝術精品的對外交流。2008 年，甘肅藝術團赴非洲毛里求斯和埃塞俄比亞進行了友好演出；省歌劇院《敦煌韻》參加了在敘利亞舉辦的「中國藝術節」開幕式演出和巴林「中阿合作論壇」第三屆部長級會議演出。蘭州市歌舞劇院《大夢敦煌》在國外演出創下 104 場的新記錄，赴荷蘭、法國、比利時、西班牙四國演出 44 場；慶陽市環縣道情皮影藝術團赴荷蘭、比利時訪問演出 11 場，受到歐洲觀眾的盛讚；甘肅省還應邀參與了國家文物局舉辦的義大利《從漢風到唐韻》、日本《秦兵馬俑與絲綢之路》、《大三國志展》、《日中書法的傳承特別展》以及香港《中國馬文化展》，特別是敦煌研究院、敦煌市政府與巴黎中國文化中心聯合在法國舉辦的《敦煌花雨藝術展》，影響極大。

　　另值得注意的是甘肅省的隴劇藝術，它是甘肅省的文化藝術精品之一，誕生五十年來，創作演出了一大批優秀劇碼，榮獲過「文華新劇碼獎」、「文華導演獎」、中國戲劇節「曹禺新劇碼獎」、「優秀表演獎」、「優秀音樂獎」、「中國人口文化獎」、廣電部「飛天獎」、省委、省政府「敦煌文藝獎」、全省新創劇碼調演優秀作品獎、中國「孔三傳」戲曲音樂開拓獎，以及中宣部「五個一工程」優秀作品獎等多項全國性大獎。特別是 2007 年《官鵝情歌》榮獲第十屆

精神文明建設「五個一工程」優秀作品獎，進入國家舞臺藝術精品
工程資助專案，並選調晉京為黨的十七大獻禮演出。

　　甘肅文化創意產業的發展，雖已取得一定的成績，但與沿海發
達地區和其他省市相比，整體水準仍處於落後狀態。甘肅省文化資
源分佈較為分散，開發成本高，產業規模小、競爭力不強，以及投
資管道單一等問題都制約了文化創意產業的發展。因此，甘肅省必
須要緊緊抓住當前文化產業面臨的良好機遇，做好文化產業發展規
劃，打造文化產業發展平臺，形成具有甘肅特色的文化產業體系，
努力實現甘肅省文化創意產業的快速健康發展。

十三、青海省文化創意產業

（一）青海文化創意產業綜述

青海省地處青藏高原東北部，一般海拔 3000 米以上，長江、黃河、瀾滄江等大江河發源於此。日月山以西有中國最大的內陸鹹水湖青海湖。高原東川水地，湟水谷地的西寧海拔約 2275 米。西北部有柴達木盆地。全省人口約 481 萬、土地面積達 72 萬平方公里，是屬於多元民族的省份，包括漢、藏、回、蒙古、哈薩克等民族均聚居於此。

青海省在全中國相對來說經濟並不發達，經常是中國全國最貧窮省的前五位的位置上，所以如何發展青海的文化創意產業，成了青海省政的一項頭痛問題。

青海現有文化保護點 4300 個，國家非物質文化遺產項目 19 個。其中，全國重點文物保護單位 18 個，省級文物保護單位 315 個，縣級文物保護單位 394 個。現時全省的基層文化設施建設，共有 41 個行政建制地方，建成 12 個縣級文化宣傳中心，40 個圖書館、文化館，74 個鄉鎮文化站，創建各級各類文化中心戶 1500 多戶。

據統計，截至 2008 年年底，全省有工藝美術企業、商店及個體作坊 692 家，從業人員近 4 萬人，年銷售額達 8.65 億元。在文化創意產業發展方面，雖然青海省擁有非常豐富的天然資源及文化方面的優勢，不過由於青海在這方面的發展相對較晚，市場改革的

力量及方法不足，所以使目前青海省在文化創業方面的發展並不十分理想，而省政府亦計畫在方面加強文化改革的力度。

2009 年，在文化部公佈的 963 個「中國民間文化藝術之鄉」中，青海省有 29 個縣、鄉榜上有名，數量居西北地方首位。入選的 29 個「中國民間文化藝術之鄉」包括花兒、農民畫、納頓、社火、歌舞、奇石、唐卡等藝術項目。

（二）以旅遊為核心，推廣青海文化

青海省的旅遊資源十分豐富，但據估計利用率不到 10％；有不少到青海旅遊的外地遊客這樣評價青海的演出市場：「到青海旅遊，白天看景點，晚上乾瞪眼。」

所以青海的文化部門特別聘請國內的演出名家，面向旅遊市場，創作排演一臺與青海文化資源相匹配的大型精品歌舞晚會《青海》、花兒風情歌舞《六月六》、大型民族歌舞《青溜溜的青海》，將作為旅遊演藝節目推向市場，更好地表現青海歌舞的民族特色和文化特色。

而且青海省的文化部門為了讓外界更瞭解青海的自然風景、風土民情，所以以西海民族音像出版社為依託，精心策劃選題，攝製出版一批包裝精美，宣傳青海民族風情、高原風光的音像製品。重點推出以熱貢藝術、河湟「花兒」會、民和納頓、湟源排燈等為內容的民俗風光系列片，以青海湖、察爾汗鹽湖、坎布拉、孟達天池、阿尼瑪沁雪山等為內容的十大自然景觀 DVD 光碟，有以原子城、柳灣彩陶等為內容的十大人文景觀 DVD 光碟，以加強旅遊宣傳營銷的力度。

（三）發展傳統工藝品

　　青海從 2003 年開始提出以工藝美術行業為突破口，加快文化創意產業發展，連續舉辦了 5 屆青海民族民間工藝美術品展，為行業企業、單位搭建了產品展銷、資訊交流和項目洽談的平臺。據統計，至 2006 年底全省工藝美術行業產值達 6.7 億元，從業人員 3 萬人。

1、　以私營企業為核心，發展形成了以「公司＋農戶」多元化的生產經營模式。如黃南藏族自治州現有「公司＋農戶」經營模式的熱貢藝術企業已經有 5 家。玉樹藏族自治州以「公司＋農戶」的形式開發加工民族工藝品的企業更達 10 多家，年產值接近 1000 萬元人民幣，直接或間接從業人員達 3000 多人。

2、　增加創新性產品。為增強工藝美術產品的市場競爭能力，所以研發具有創意的不同類型產品。如互助土族自治縣把土族刺繡與土族服飾結合起來，研發推出了土族香包等一批新的旅遊紀念品。湟源縣以當地的特色文化資源為依託，研發生產了各類式樣的排燈、革繡藝術品、漢族刺繡女士手提包等旅遊紀念品等。

3、　藏族是青海省的主要民族之一，在傳統上青海是深受藏文化影響的地區，其中又以藏繡特別聞名，所以青海省努力成為藏繡產業開發中心；例如貴南縣一方面組建了藏繡協會；另一方面成立了藏繡產業開發中心，購置藏繡圖案設計、裝裱等設備，並先後組織農牧民婦女群眾、下崗職工等舉辦藏繡培訓班 13 期共 220 人，目前全縣已有 300 餘人從事藏繡產品製作。

4、　培養工藝美術大師。目前青海省的國家級工藝美術大師 4 人，省級工藝美術大師、民間工藝師 55 人，湧現出了以喬英菊、王鳳英等為代表的一批能人新秀。

（四）攝製具有青海文化特色的影音產品

例如拍攝製作了《青海藏傳佛教建築與藝術》、《五彩神箭》等音像製品，深受大眾歡迎。從 2005 年以來，共出版各類音像新產品超過 80 個版號，發行 75 萬餘盤（盒）。

（五）加強專利保護

目前很多非物質文化遺產被「冒名頂替」的情況十分嚴重，即某些地區對其他地區的非物質文化遺產進行仿製，並冠以仿製地之名。其中又以青海熱貢藝術中的唐卡受到的打擊最大。所以青海省自 2006 年開始積極為本地非物質文化遺產申請專利，到 2007 年 2 月，有關部門已為湟源排燈和熱貢唐卡的 49 件作品申請了外觀設計專利。而其他具有青海特色的非物質文化遺產專利的申請，還在陸續進行中。

（六）打造節日品牌活動

在 2008 年，青海省舉辦首屆青海國際唐卡藝術與文化遺產博覽會暨第五屆民族文化旅遊節，培育中國鹽湖城暨昆侖文化旅遊節、玉樹賽馬節、瑪域《格薩爾》文化藝術節、黃河文化旅遊節等不同類型的節慶活動。以此展示青海厚重的文化底蘊、文化風貌、民族特色、民俗風情，力爭打造成宣傳青海的特色文化品牌。

（七）推廣藏藥文化

建立青海省藏藥文化博物館，徵集、保護、研究、展示發源於青藏高原地區的藏醫藥歷史文化遺產、藏醫藥發展進程物證，是目前世界上惟一的大型藏醫藥博物館。博物館占地面積約 200 畝，總投資 1.2 億餘元，建築面積 12,000 平方米，共 3 層，其中一層為阿

如拉藏藝精品展銷城和文物庫房、設備用房，二、三層為展廳，分別開設藥物標本、藏醫醫史、醫學唐卡、醫療器械、古籍文獻、天文曆算、彩繪大觀等七個展廳。內中有礦物標本 2000 多種，介紹歷代著名藏醫藥學家 30 多位、藏醫學特有醫學掛圖 80 幅、並有1300 年前傳統藏醫使用的外科器械 180 多件、藏醫藥學代表性典籍 1000 多部。現時隨西藏的拉薩外，青海已成為研究藏藥文化的兩大核心基地之一。

（八）文化體制改革

傳統上青海省的專業藝術表演團體均是由政府負責經費上的支持及管理。但為了讓藝術團體盡快走入市場，減少政府的包袱，所以近年來進行了文化體制的改革。目前青海省正為需要改制的文化單位元按照《公司法》的規定，註冊成立公司組織。省京劇團、省話劇團、省平弦實驗劇團合併，組建了省戲劇藝術劇院；省民族歌舞劇團和省雜技團合併，組建了省民族歌舞劇院；省圖書館、省博物館、省民族語影視譯製中心等文化事業單位的改革試點工作基本完成。青海省直經營性文化單位透過體制改革，整合了資源，激發了活力，進一步完成其市場化。

（九）培育文化人才

青海省這幾年來，利用委託代培及聯合辦班的方式去培養高層次的文化藝術人才。2006 年舉辦各類培訓班 24 期，共培訓 1201人次；而 2007 年在全省舉辦 58 期培訓班，對 30 多個縣（市、區）的近三千名農牧民、待業青年、下崗職工給予文化技能技藝培訓。另外每年送到外省受訓的人才達 200 多人次。在經過培訓後，農牧民在觀念上增加了市場的意識，並體驗到文化創意產業是一門可以

賺錢的生意，對文化增收更具有信心。例如堆綉名人喬英菊、剪紙
名人王鳳英都利用了本身的手藝，實現了致富的目的，並為其他文
化產業人士提供了成功的引據。

（十）組織農牧民，參與文化創意產業

以「文化打工、文化致富」為主題來吸引的農牧民眾參與民族
歌舞演出隊伍；由最初的貴南縣發展到全省的許多地區，由單一的
演出向演出、培訓轉變，湧現出了一批以貴南縣沙溝鄉石乃亥村民
間藝術團為龍頭的優秀演出團隊。現時，貴南縣活躍在全國各地的
文化打工演出隊有 38 個，演員 800 餘名，年創收達 300 多萬元，
人均年（每年按 6 個月計算）創收 4000 餘元人民幣。

同仁、尖紮、天峻等縣透過「陽光工程」加大對農牧民群眾民
族歌舞的技能培訓，僅尖紮縣 2007 年培訓的學員就達 376 人，並
已輸送到杭州、青海湖等省內外的旅遊景點從事文化演出工作。而
稱多縣更以農牧民群眾自發創辦的「通天河民間藝術團」，透過與
外地文化部門和演出公司聯繫，組織農牧民演員走出草原，僅今年
上半年出去的文化表演人員就達千餘人，人均年收入超萬元。

（十一）推廣熱貢文化

在熱貢地區以隆務寺的一地一寺、一村一廟、一家一佛殿的特
有文化及景象，透過繪畫、堆綉、歌舞、藏戲的方式去推廣及熱貢
文化。目前在熱貢地區差不多每家每戶，大人小孩都在繪畫唐卡及
參與藏文化的表演演出中；由於現在藏文化愈來愈社會各界的歡
迎，所以從事熱貢藝術創作的個體收入少則萬元，多則 10 幾萬、
幾十萬元不等，成為了文化創意產業致富一個新的方式。

　　青海省位於中國的西部地區,自從青藏鐵路通車後,更多的遊客到達了青海省,加深了對青海文化方面的瞭解,這對推進的文化創意產業會有一定的幫助;不過由於青海省的整體經濟並不十分發達,人均收入目前亦不太高,藝術演出團體的觀眾對象主要還是對外,所以自身並沒有形成一個廣大的文化創意產業內需市場,限制了青海省在這方面的發展及進步,希望透過中國政府大力開發中國中西部地區的政策,能帶給青海省經濟上的增長,同時帶動其在文化創意產業方面的進步。

十四、河南省文化創意產業

（一）河南文化創意產業綜述

　　河南省，位於中國中央，是中華文明最重要的發源地。2000多年前，為中國九州中心之豫州，故簡稱「豫」，且有「中州」、「中原」之稱。河南位於黃河中下游，東接安徽、山東，北接河北、山西，西連陝西，南臨湖北，呈望北向南、承東啟西之勢。

　　河南是全國經濟社會活動的中心之一，是中國經濟由東向西推進梯次發展的中間地帶。2007年，河南省GDP突破1.5萬億元，比上年增長14.5%左右；人均生產總值突破2000美元，全國排名第16位；規模以上工業企業實現利潤突破1800億元，總額相繼超過天津、福建、河北、黑龍江、上海、浙江，全國排名由第10位上升到第4位；規模以上工業增加值增長2.7倍，居全國第五位。

　　河南長期是中國的政治、經濟、文化中心，先後有20個朝代建都或遷都於河南，中國八大古都河南有4個，即九朝古都洛陽、七朝古都開封、殷商古都安陽和商城鄭州。古（古文化）、河（黃河）、拳（少林武術、太極拳）、根（尋根覓祖）、花（洛陽牡丹）為河南省特色的旅遊資源。河南可供觀賞、旅遊的景區、景點有100多處。省內重點風景名勝區共25處，登封的嵩山、洛陽的龍門、信陽的雞公山、濟源的王屋山和焦作的雲臺山為國家級重點保護分佈區，石人山、環翠峪、黃河遊覽區等為省級重點保護分佈區。河南地下文物居全國第一位，地上文物居全國第二位。館藏文物逾

百萬件，約占全國的八分之一。全省有國家級重點保護文物 30 處，省級保護文物 253 處，市、縣級保護文物 2600 多處。

　　河南省政府為了推動文化創意產業發展，出臺了《關於加快文化資源大省向文化強省跨越的若干意見》，預計到 2010 年底，全省文化產業增加值占生產總值比重的 4% 左右；2011 年到 2020 年，全省文化產業增加值年均增長 15%，到 2020 年，全省文化產業增加值占生產總值比重的 7% 左右。

（二）鄭州市的文化創意產業發展

　　鄭州，河南省省會，是中國重要的內陸開放城市和歷史文化名城，也是中國八大古都之一。2007 年，鄭州市文化產業增加值突破百億元，達到 101.7 億元，增長 20.0%，占全市生產總值比重為 4.2%，高於全省 0.95 個百分點，占全省文化產業增加值的 20.8%；文化產業從業人員 17.1 萬人，增長 1.9%，占全市全部從業人員的比重為 4.1%，占全省文化產業從業人員的比重為 13.4%。

　　2007 年鄭州市文化產業的核心層實現增加值 30.9 億元，比上年增長 4.0%，占全市文化產業增加值的 30.4%，共有從業人員 4.9 萬人，占全市文化產業從業人員的 28.8%；週邊層實現增加值 12.6 億元，比上年增長 4.0%，占全市文化產業增加值的 12.3%，共有從業人員 3.4 萬人，占全市文化產業從業人員的 19.6%；相關層實現增加值 58.3 億元，比上年增長 36.3%，占全市文化產業增加值的 57.3%。

　　僅 2007 年一年，鄭州市在文化、體育和娛樂業的固定資產投資總額達到 22.4 億元，比 2006 年增長 1.4 倍。鄭州市全力打造的大型原創舞劇《雲水洛神》與《風中少林》形成姊妹篇，成為鄭州又一張文化名片；2008 年豫劇《美兮洛神》進行首演，得到廣泛

好評；大型科幻少兒電視連續劇《快樂星球》榮獲第 26 屆中國電視劇「飛天獎」，同時於 2007 年 7 月份製作完成第三部 50 集；鄭州百花園雜誌社所屬《小小說選刊》、《百花園》等雜誌，深受讀者喜愛；鄭州市群眾藝術館編創的舞蹈《牽手》，榮獲全國第十四屆「群星獎」的「群星大獎」和「創作獎」。

由鄭州歌舞劇院推出的大型原創舞劇《風中少林》先後赴福州、廣州、深圳、香港、海口進行巡迴演出；每年鄭州市豫劇院在鄭州、鞏義、長垣、伊川、新密等地演出近百場；2007 年，鄭州市曲劇團輾轉南陽、伊川、河北、山西、蘭州、開封等地，演出186 場，實現演出收入 55.9 萬元；鄭州市雜技團國演出 990 場，其中國外演出 530 餘場，演出收入約 33 萬餘元；嵩山實景演出《禪宗少林・音樂大典》演出 200 多場，觀眾人次達到 20 多萬人，實現票房收入 1500 多萬元。

目前，鄭州市擁有自然和歷史文化旅遊景點 156 處，新興的工農業旅遊點近百處。其中國家 5A 級景區 1 個，4A 級景區 6 個，3A 級景區 6 個，2A 級景區 4 個，全國工農業旅遊示範點 10 處。鄭州市旅行社發展到 200 餘家，旅遊車船近 600 臺，旅遊教育培訓機構 40 餘個。有各類文物古蹟 1400 多處，其中國家級文物保護單位 26 處。「天下第一名剎」少林寺就坐落在鄭州市著名的嵩山風景名勝區，鄭州市還有中國最早的天文建築周公測景臺和元代觀星臺、中國宋代四大書院之一的嵩陽書院以及中國現存最大的道教建築群中嶽廟等。

（三）洛陽市的文化創意產業發展

洛陽素稱「九朝古都」，位於河南省西部，是中國建都最早、朝代最多、歷史最長的都城，先後有夏、商、西周、東周、東漢、

曹魏、西晉、北魏、隋、唐、後梁、後唐、後晉等 13 個王朝在此
建都,建都史長達 1529 年,城市史有 4000 多年,位居中國八大古
都之首,是世界「四大聖城(耶路撒冷、麥加、洛陽、雅典)」之
一。以洛陽為中心的河洛地區是華夏文明的重要發祥地。

截止到 2007 年底,洛陽文化產業實現增加值 27.9 億元,比上
年實際增長 24.1%,高於全市生產總值的增長速度,占全市 GDP
的比重為 1.75%,比上年提高 0.15 個百分點;文化產業從業人員
達到 6.8 萬人,占全部從業人員的 1.7%;文化產業總產出達到 74.93
億元,比上年增長 48.3%。洛陽市共有文化機構 1611 個,從業人
員 1.68 萬人。其中:群眾藝術館、文化館 17 個,從業人員 213 人;
文化藝術表演團體 179 個,從業人員 5841 人;藝術表演場館 15
個,從業人員 354 人;文化系統藝術表演團體演出場次 3500 場,
觀眾 357.1 萬人次,總收入 1525 萬元;擁有公共圖書館 11 個,從
業人員 222 人,館藏量 119.3 萬冊。擁有博物館 11 個,藏品 1.21
萬件;文物業機構數 39 個,藏品 34.8 萬件。文化創意產業的發展
具體體現在以下幾個方面:

1、廣播電視方面

2007 年,洛陽市廣播電視系統共有從業人員 2373 人,資產
總額 5.86 億元。共有廣播電臺 10 座,公共廣播節目套數 12 套。
電視臺 11 座,電視轉播發射臺 24 座,電視節目套數 13 套。全
年廣播節目播出時間 42176 小時,製作廣播節目時間 16078 小
時。全年電視節目播出時間 62203 小時,製作電視節目時間 7715
小時,比 2006 年增長 6.7%;廣播、電視綜合人口覆蓋率分別達
到了 95.58% 和 96.21%,有線電視用戶 63.99 萬戶,入戶率 34.8
%。洛陽市廣播電視總收入達 2.25 億元,廣播電視業廣告收入

6678.8 萬元,增長 19％;有線廣播電視收視費 10262.68 萬元,增長 21.1％,網路傳輸收入、付費數位電視收入分別增長 68.3％和 32.8％。

2、新聞出版方面

洛陽市新聞出版業機構數為 28 個,從業人員 538 人。共有圖書發行網點 733 個,其中:國有新華書店 99 個。出版各類雜誌 20 種,總印數達 295.45 萬冊;出版報紙 8 種,總印數達到 6423.4 萬份。2007 年,洛陽市新聞出版業主營業務收入達 7.72 億元,實現增加值 1.01 億元。

3、文化藝術方面

洛陽市先後投資建成了洛陽歌劇院、洛陽美術館、洛陽書畫院、新區體育館和公園等基礎性文化設施,投資近 2.5 億元相繼建成了以東周王城廣場、牡丹廣場為標誌性的一批文化廣場,投資 3.5 億元開工建設 4.2 萬平方米的洛陽博物館新館,從 2007 年起逐步建設了絲綢之路博物館、匾額博物館、河南壁畫館和洛陽郵票博物館 4 個專題博物館。

4、旅遊文化產業方面

洛陽市共有旅遊景點 65 處,A 級旅遊景區 22 處,其中:4A 級景區 10 處,3A 級景區 9 處,2A 級景區 2 處;星級賓館飯店 65 個,旅行社 70 家。洛陽市北有黃河小浪底旅遊度假風景區,新安萬山湖景觀,新安縣龍潭峽谷世界地質公園。南有白雲山、花果山、龍峪灣、雞冠山溶洞等伏牛山生態風景名勝,還有洛浦公園和東周王城天子駕六博物館等一批新的旅遊觀光景區(點)。近年來,洛

陽相繼榮獲「全國優秀旅遊城市」、「國家園林城市」、「中國人居環境範例獎」、「中國十大最佳魅力城市」、「歐洲人最喜愛的中國十大旅遊城市」和「全國衛生城市」等一系列榮譽稱號。2007 年，洛陽市共接待海內外遊客 4028.4 萬人次，旅遊總收入 149.7 億元。其中，接待國際遊客 26.2 萬人次，接待國內遊客 4002.7 萬人次。

洛陽現有世界文化遺產一處、國家重點文物保護單位 21 處、省級 77 處、市縣級 632 處。以「河圖洛書」為核心的河洛文化，是中華文明的重要源頭。洛陽市有世界文化遺產「龍門石窟」，佛教祖庭「白馬寺」，朝拜聖地「關林」；有偃師二裏頭遺址、偃師商城、東周王城、漢魏故城、隋唐洛陽城等「五大都城遺址」；有被譽為「無臥牛之地」的邙山古墓群，千唐志齋、漢光武帝陵、唐恭陵、王鐸故居等。此外，盛譽天下的「洛陽牡丹」，植於隋、盛於唐、甲天下於宋，距今已有 1500 多年的栽培歷史，構成了洛陽文化旅遊的獨有特色。

（四）河南五大文化企業集團

2007 年初以來，河南省積極推動河南日報報業集團（有限）公司、中原出版傳媒投資控股集團有限公司（原河南出版集團）、河南文化影視集團、河南電影電視製作集團、河南有線電視網路集團等五大文化企業集團改制、重組。截至 2007 年，河南日報報業集團共實現收入 8.3 億元，比上年同期增長 12.6%，實現利潤 1.11 億元，同比增長 80%。中原出版傳媒投資控股集團有限公司所屬大象出版社、河南文藝出版社現已開發出 70 多種國標教材和省編教材，全年新增銷售收入 3638 萬元；《銷售與市場》雜誌社僅半年的廣告收入就達到三千多萬。河南有線電視網路集團完成了對駐馬店、商丘、焦作、新鄉、安陽、南陽 6 個省轄市網路的

全資整體收購和鄭州、洛陽兩個市網路的參股合資經營,在河南省成立了 17 個全資子公司和兩家子公司,網內有線電視用戶近 300 萬戶,成為全國規模最大的省級有線電視網路集團。河南文化影視集團以奧斯卡院線為依託,先後在上海、西安、海口等城市建立了 10 多座奧斯卡五星級影城,截至 2007 年 10 月,實現經營收入約 5200 萬元。

(五)「一帶兩翼四區塊」的發展格局

「一帶兩翼四區塊」的發展格局	
主軸	以鄭州、開封、洛陽、新鄉、三門峽、商丘為主體的沿黃文化帶
兩翼	以安陽、鶴壁、濮陽為主體的豫北文化產業區和以平頂山、南陽、信陽為主體的豫南文化產業區
四區塊	焦作濟源特色文化區塊、許昌漯河特色文化區塊、周口特色文化區塊、駐馬店特色文化區塊

此外,河南逐漸成長起一大批特色文化產品和文化產業專業村。如:商丘王公莊村以「虎」為主題的系列文化產品,漯河舞陽縣農民創作的「農民畫」,以及鶴壁浚縣的石雕、泥塑、柳編專業村,夏邑火店宮燈製作專業村和永城茴村書法專業村等。

目前,河南文化強省建設取得重大進展,文化產業增加值占生產總值比重達到 4% 左右,初步形成了門類較齊全、技術較先進的文化產業體系,當前和今後一個時期,河南省將進一步做大做強五大文化企業集團;重點打造許昌檔發製品、鎮平玉雕、開封汴繡、禹州鈞瓷、洛陽唐三彩、浚縣石刻泥塑、民權畫虎等特色文化集群;精心打造龍門石窟、少林寺、開封宋都古城、安陽殷墟、焦作太極拳等精品景區;努力籌辦洛陽牡丹花會、開封菊花花會、新鄭黃帝

故里拜祖大典等節慶會展，爭取在較短時間內實現河南文化強省的
奮鬥目標。

十五、山東省文化創意產業

（一）山東文化創意產業綜述

山東，古代為齊魯之地，位於中國東部沿海、黃河下游、京杭大運河的中北段，省會設在濟南。山東省 2006 年底總人口達 9309 萬，擁有在校大學生 133.8 萬，研究生 4.2 萬。2007 年城鎮化水準為 46.75％，逐漸接近世界平均水準的 47％。

山東省文化產業的發展是以青島為龍頭，濟南為中心，濟寧為支點的三區，以魯文化產業園區、齊文化產業園區、紅色文化產業園區的三園以及以黃河文化產業帶、運河文化產業帶、濱海文化產業帶的三帶的格局。

2008 年山東省文化產業增加值突破 800 億元，全省開工建設的文化項目中，投資 5,000 萬元以上的達 244 個，投資總額達 926.34 億元。2008 年山東省地方財政一般預算支出中，文化與傳媒支出 55.16 億元，投入總量比上年增長 25.1％，高於同期全部地方財政支出的增幅。預計到 2010 年，山東省文化產業增加值將達到或超過 1000 億元，占全省生產總值的比重達到或超過 3％；到 2015 年，文化產業增加值占全省生產總值的比重達到或超過 5％。山東省文化創意產業發展的具體表現：

廣播電視方面。山東省現有省市級廣播電臺、電視臺各 18 座，絕大部分縣市區都設立有廣播電臺、電視臺，廣播節目 128 套，電視節目 123 套。全省有線廣播電視傳輸網路達到 27 萬多公里，網路幹線通達全省 99％的鄉鎮和 85％以上的行政村，有線電視用戶達到

1500 萬戶，約占全國的十分之一，有線數位電視用戶達到 300 萬戶，約占全國的十分之一。廣播電視省內人口綜合覆蓋率達到 97.5％以上，全省已形成衛星地面結合、有線無線結合、比較完善的現代化立體傳輸覆蓋體系。山東衛視全國可接收人口超過 8 億，居省級衛視第一位。2008 年全省廣播電視實現創收收入 65.25 億元，同比增長 19.57％。其中廣告收入 34.10 億元，同比增長 11.11％；網路收入 23.67 億元，同比增長 13.14％。省本級廣播電視實現創收收入 23.6 億元，其中廣播電視廣告收入 15.76 億元。到 2008 年底，全省廣播電視資產總額 203.18 億元，其中省本級廣播電視資產總額 64.6 億元。

文化建設方面。2008 年山東省開工建設公共文化服務設施 172 萬平方米，總投資達 85.8 億元，超過了前 30 年的總和。截至目前，山東省公共圖書館、文化（藝術）館、博物館分別發展到 145 個、158 個、87 個，建成符合國家標準的鄉鎮綜合文化站 712 處，近半數的行政村建設了文化活動室或文化大院，初步建立起了市有圖書館、文化（藝術）館、博物館，縣有圖書館、文化館，鄉鎮有綜合文化站，村有文化活動室或文化大院的公共文化服務網路。

新聞出版方面。目前山東全省有圖書出版社 16 家，音像電子出版社 11 家，網路出版機構 3 家，報社 133 家，期刊社 263 家，印刷複製單位 12909 家，出版物發行單位 8483 家，從業人員 36 萬多人，整個產業規模位居全國前列。2008 年山東省新聞出版業總資產達到 564.8 億元，比上年增長 10.01％；總收入 501.4 億元，比上年增長 12.18％；實現增加值 149.5 億元，比上年增長 10.03％。

（二）威海市的文化創意產業發展

威海市是中國著名的港口及旅遊城市，是中國沿海開放城市之一，是全國投資硬環境 40 優城市，也是全國綜合經濟實力 50 強城

市。威海成立地級市以來，其經濟以 17.8％的速度持續快速健康發展。近些年，其在文化產業方面的發展令人矚目。

截止到 2006 年，威海市互聯網上網寬頻用戶共有 14.35 萬戶，網吧 768 個，互聯網資訊服務創造增加值 0.99 億元，擁有會展服務機構 6 個，會展場館 2 個，可供展覽的場館面積 36000 平方米。僅人居節期間，國際商務會館共達成國內、國外合作專案 44 個，其中，外資項目 24 個，總投資 5 億美元；內資重點項目 20 個，投資總額 32 億元。

威海市文化部門編制了融雜技、芭蕾和民族舞蹈於一體的大型山水情景演藝《夢海》。隨後又推出《夢海情韻》、《夢海精粹》、《夢海綜藝》，與《夢海》珠聯璧合，形成了一個強勁的《夢海》演藝系列工程。《夢海》曾創下年累計下鄉演出 198 場，場場爆滿的記錄。同時，《夢海》與旅遊業緊密結合，與全國各地 200 多家旅行社簽訂了戰略合作協議，同時與法國、新加坡、韓國、美國等國家的演出仲介機構達成了多項演出合同和意向。

此外，威海的旅遊資源也非常豐富，有秦始皇東巡時駐足歇馬的成山頭、北洋水師提督署所在地劉公島等旅遊景區 80 多處。近年來，威海的旅遊業形成了以「幸福海岸」為主線，福文化為靈魂，中心城市、濱海生態、漁家民俗、溫泉療養傳統文化、田園風光為板塊的旅遊格局。威海先後舉辦「相邀母親河、共聚威海衛」、「攜手長江、擁抱威海」等系列宣傳推介活動。獲得了「歐洲遊客最喜愛的中國旅遊城市」、「中國優秀旅遊目的地」、「56 個最具民族特色的旅遊城市」和「中國青年最喜愛的旅遊目的地」等一系列榮譽。同時，威海依託獨特的地方文化，湧現出「中國民間藝術之鄉」、「全國剪紙藝術之鄉」、「全國歌詠文化之鄉」、「中國歷史文化名村」等。

（三）濟南市的文化創意產業發展

　　濟南又稱「泉城」，是中國東部沿海經濟大省，山東省的省會。所以自然成為山東省文化創意產業發展的先鋒。它已初步形成以動漫遊戲產業、民營出版產業、文化旅遊產業、影院產業、休閒健身產業為代表的產業鏈。其中，濟南動漫遊戲產業、山東世紀金榜書業有限公司、山東愛書人音像圖書（集團）有限公司、魯信影城、九頂塔民族風情園等就是濟南文化產業蓬勃發展的代表。

　　濟南市的動漫產業基地現已形成由東至西帶狀發展的佈局：東部是依託齊魯軟體園的山東動漫遊戲產業基地；中部是位於槐蔭區的齊魯動漫遊戲產業基地；西部依託大學科技園正在建設動漫遊戲研發基地和交易市場。據動漫遊戲行業協會統計，目前，動漫企業已由2007年初的30餘家增長到70餘家，行業從業人員由2500人增加至4000人，主要業務涉及2D／3D動畫電影製作、動漫圖書、人才培訓、手機動漫、音像製品、電子競技、網路遊戲研發與運營等動漫產品的開發、生產、出版、播出和銷售，以及與動漫形象有關的服裝、玩具、電子遊戲等衍生產品的生產和經營，初步形成了產、學、研、用一體化的動漫遊戲產業鏈，年生產近5,000分鐘動漫片。

　　同樣作為濟南市產業鏈之一的民營出版產業近些年的發展也相當迅速，如山東世紀金榜書業有限公司就是一家擁有圖書策劃、合作出版等多項功能，以發行教學輔導類圖書為主營業務方向的民營發行企業。公司在發行上現已擴展為2000多個品種，並逐步涉足期刊、有聲讀物、電子軟體等新領域，年增長率持續穩定在60％左右，2007年銷售額達到了5.7億元。

　　此外談及濟南的蓬勃發展的文化產業，還有必要介紹一下的是位於曆城區柳埠鎮的九頂塔民族風情園，它是對全國重點文物保護

單位千佛崖造像中的九頂塔進行保護開發建設而成的，景區內有布依、朝鮮、傣、哈尼、納西、蒙、苗、怒、佤、維吾爾、壯、藏等16個民族村寨，薈萃了各民族的文化與風情。

（四）孔府文化與齊魯文化

　　山東文化產業的中孔子文化最具比較優勢。在當前多元共生的文化世界裏，孔子文化越來越受到全世界的尊崇。孔子文化產業成為最具原創性和比較優勢的產業。在文博會上，山東在海內外徵集了多尊孔子大像和200多幅孔子的畫像，並制定了孔子標準像，同時舉辦了孔子文化與文化產業發展論壇。

　　山東古代為齊魯之地，因而齊魯文化源遠流長。「一山一水一聖人」是山東文化的代表，作為齊魯故地，山東文化的種類與數量均居全國前列，沿大運河的運河文化帶、中部的齊文化圈、東部的山海文化區、濟南的泉文化圈，山東處處俯拾皆是文化。在這個文化的土地上誕生了孔子、孟子、孫子、管仲、魯班、王羲之、諸葛亮等等歷史上數不清的大師級人物，匯聚成了山東璀璨輝煌的文化歷史長河。

（五）山東獨具特色的文化產業

　　經過長期的發展和積累，山東依靠豐富的文化資源建立起了獨具特色的文化產業，形成了以青島為中心的濱海文化帶，主要包括青島、煙臺、威海、東營、日照5市，共同打造海洋文化；以濟南為中心的山泉文化帶，包括濟南、淄博、濰坊、泰安、臨沂、萊蕪6市，突出濟南的泉水和泰安的泰山，同時也凸顯淄博的齊文化和聊齋文化、臨沂的紅色文化、濰坊的風箏文化、萊蕪的鋼城文化；以濟寧為中心的儒家文化及運河文化、黃河文化帶，包括濟寧、德

州、棗莊、濱州、聊城、菏澤 6 市，濟寧市以推進儒家文化產業化為主，打出「孔孟之鄉」和「運河之都」的招牌，聊城市大力打造「江北水城」，菏澤主打牡丹牌，棗莊深挖鐵道游擊隊等紅色資源，德州、濱州則向工業旅遊用力。

　　憑藉豐厚的歷史文化資源，近些年山東文化產業規模不斷壯大。但儘管如此，山東的文化產業卻未能跟上經濟快速發展的步子，文化產業的滯後成了山東經濟中的「短腿」。以文化產業占 GDP 的比重的數據來比較，山東省與文化大省的差距還是相當明顯，而且遠遠低於全國 6.6%的平均水準，由此可見，山東的文化產業發展還有很長的路要走。

十六、江蘇省文化創意產業

（一）江蘇文化創意產業綜述

江蘇省地處中國大陸沿海中部和長江、淮河下游，東瀕黃海，北接山東、西連安徽，西北與河南接壤，東南與上海、浙江接壤，是長江三角洲地區的重要組成部分，簡稱「蘇」，省會城市為南京。

江蘇省現有有地面文化遺存近萬處，已有近 2800 處被各級政府公佈為文物保護單位，各類博物館 90 個，國家級重點文保單位 120 處，省級重點文保單位 645 處，國家級歷史文化名城 9 座，歷史文化名鎮 7 座，省級歷史文化名城 5 座，歷史文化保護區 3 處，國家級非物質文化遺產保護項目 88 個，省級非物質文化遺產保護專案 123 個；蘇州古典園林、南京明孝陵被聯合國教科文組織列入《世界遺產名錄》；江蘇境內有 15 個中國優秀旅遊城市，是全國七大重點旅遊省份之一，55 個 4A 級旅遊景區，位居全國首位，這些豐富的物質文化資源為江蘇省文化產業的發展奠定了良好的基礎。此外，江蘇的非物質文化遺產資源存量也很大，民俗文化、民間文學、表演藝術、手工技藝以及各種民間知識，在中國的傳統文化中佔有重要地位。江蘇有近百種民俗節慶活動，有吳門畫派、揚州八怪、金陵八大家以及泰州學派、常州學派等藝術學術流派，有昆劇、京劇、錫劇、揚劇、淮劇等 7 個地方劇種。江蘇還有著眾多優秀的民族傳統工藝，如南京的雲錦、蘇州的刺繡、無錫的泥人、揚州的漆器、南通的藍印花布等。江蘇省非物質文化遺產保護得到

高度重視，有 33 個縣（市、區）、鄉鎮被命名為國家級民間藝術之鄉、特色藝術之鄉，56 個縣（市、區）、鄉鎮被命名為江蘇民間藝術之鄉。

　　2007 年，江蘇文化及相關產業實現增加值 587.35 億元，比上年淨增 150.10 億元，比上年增長 30.68％，已經超過了全省 GDP 和服務業的增幅。全省文化產業從業人員為 107.1 萬人，占全省全部從業人員的比重為 2.32％，文化產業崗位吸納的從業人員比 2006 年的 90.1 萬人淨增加了 17 萬人；以新聞出版、廣電、文化藝術等傳統文化為主的「核心層」實現增加值 156.53 億元，比 2006 年增長 22.24％，占全省文化產業增加值的 26.65％。以網路文化、休閒娛樂、旅遊文化、廣告及會展等為主的新興文化產業「週邊層」實現增加值 160.36 億元，比 2006 年增長 53％，占全省文化產業增加值的 27.3％。此外，據初步統計，目前全省銷售超億元的文化企業近 60 家；其中，過百億元企業 1 家（鳳凰出版集團），過 10 億元的企業 4 家（鳳凰出版集團、省廣電集團、無錫廣電集團、新華報業集團），過 5 億元的企業 8 家。

（二）園區領跑南京文化創意產業

　　江蘇省省會南京市目前共有文化創意園區 30 多家，入駐中小型企業 680 多家。其中，被授予市級文化產業園區的有 18 家，產業門類涉及動漫遊戲、創意設計、網路媒體、時尚藝術、影視製作等文化產業各領域，園區集聚效應日益凸顯。南京市結合老城區舊工業廠房和住宅區功能改造建設文化創意產業園，重點培育扶持「一帶、五片」（石頭城文化創意產業帶、南京高新區軟體園動畫產業基地、江蘇工業設計園、南京晨光文化創意產業園、幕府山國

際休閒創意產業園、世界之窗創意產業園）文化創意產業聚集區，努力建成全國有影響的文化創意產業基地。根據《南京市文化創意產業「十一五」發展規劃綱要》，南京要在 5 年內建設建築設計、廣播電視、工藝美術、軟體設計等 10 大創意產業基地。目前，南京已建成各類創意園區 20 個。

「一帶、五片」文化創意產業聚集區		
一帶	石頭城文化創意產業帶	位於鼓樓區，以石頭城歷史文化為底蘊，依託南京藝術學院以及國畫院的文化設計力量，打造石頭城文化創意產業帶。該帶串聯從北至南包括八字山公園、古林公園、江蘇電視塔、石頭城公園、清涼山公園、烏龍潭公園、顏魯公祠在內的各風景區，吸納繪畫藝術、時尚產品設計等創意新穎、門類多樣的藝術及文化產品設計企業。
五片	南京高新區軟體園動畫產業基地	以南京軟體園為依託，發揮人才和基礎設施的優勢，利用世界尖端軟體發展技術，努力開發具有核心文化和創新競爭力的作品，建設總面積為 3.5 萬平方米的動漫大廈，聚集 30 家以上具有一定規模和技術水準的動漫企業，年生產動漫產品在 6000 分鐘以上，建設成為具有產業發展、教育培訓和科學研究為一體的國家動畫產業基地和教學研究基地。
	江蘇工業設計園	以南京大學—鼓樓高校國家大學科技園為依託，以模範馬路沿線大學、科研院所和骨幹企業為支撐，以促進工業設計產業化、規模化發展、提升自主創新能力、形成知識產權為目的，吸引國內外工業設計人才集聚，實現為製造業提供工業設計技術支撐的生產型

		服務業專案。按照「政府引導、院所企業主導、市場化運作」的模式，著力培育自主設計能力，提升江蘇製造業創新水準，形成「軸線發展、一園多點」的格局。「十一五」期間，擬建成 100 萬平方米研發設計及配套用房，形成 500～1000 家設計公司聚集，擁有超過 5000 名研發設計人員的工業設計園區，形成一批研發設計產業集群，最終建成立足江蘇、面向全國的工業設計成果轉化和輻射中心。
	南京晨光文化創意產業園	位於秦淮區緯七路與秦淮河之間的南京晨光集團公司北區地塊，占地面積達 21 萬餘平方米，未來 3～5 年時間，建成一個集理念設計、文化傳播、廣告製作、動漫設計等為主的現代服務業園區，為各類企業提供包裝設計、資訊服務、技術諮詢、廣告行銷、金融仲介、科學研究等一系列服務的時尚創意基地。
	幕府山國際休閒創意產業園	位於下關區幕府東路，面積 7 萬平方米，分為休閒產業設計園、休閒產品展示區、中外景觀展示區、美食街區、精品花卉區、兒童主題樂園區等六個片區。產業園主要吸收產業設計創意公司入園，以休閒產品設計、研發、展示及交易為主要方向。休閒創意產業園建成後預計將吸收約 300 家至 400 家入園企業。
	世界之窗創意產業園	位於白下區光華東街，該園區分為建築裝飾設計區、廣告藝術創意區、工藝包裝創意區、諮詢策劃服務區，並用「上場下店」的模式打造創意行為藝術街區。該項目一期占地 4.5 萬平方米，二期 1.5 萬平方米，計畫引進各類企業約 100 家，5 年內形成一定的產業規模。

（三）江蘇省的文學藝術

　　江蘇省的文學藝術創作成績斐然，藝術精品層出不窮。從文學作品看，先後創作出版了一大批優秀文學作品。其中：長篇小說有 200 餘部，中短篇小說、散文、詩歌、兒童文學、報告文學等 4300 餘部，文學批評、理論研究、翻譯專著 650 餘部。《康熙王朝》、《人間正道》、《國家公訴》、《青衣》、《天下無賊》等一批文學精品先後被改編成影視作品或戲劇。從舞臺藝術作品看，湧現出一批如京劇《駱駝祥子》、滑稽劇《一、二、三，起步走》、民族舞劇《紅河谷》、話劇《平頭百姓》、舞劇《一朵茉莉花》、木偶劇《三個小和尚》、《瓊花仙子》、錫劇《少年華羅庚》、音樂劇《快樂推銷員》等有較高藝術品質的舞臺劇碼。自 1998 年第八屆「文華獎」後，江蘇共獲得 21 個「新劇碼獎／新劇碼特別獎」，8 個「新節目獎」。此外，「十五」期間，江蘇的影視類作品中先後贏得 9 個全國獎，1 個國際獎。如《小平您好》獲第十一屆廣播影視大獎電影華表獎、優秀記錄片獎。《天龍八部》創造了江蘇電視劇發行量之最。江蘇省還成功地組織承辦了第十屆全運會開、閉幕式的大型文藝演出《時代交響》和《歡慶與祝福》。

（四）江蘇省文化創意產業呈集聚特色

　　近年來，江蘇省文化創意產業呈集聚特色。江蘇省培育形成了 4 個國家級動畫產業基地、7 個國家級與 18 個省級文化產業示範園區；江蘇文化創意產業園（無錫）、江蘇文化產業園（南京）、南京 1949 創意園、南京晨光 1845 創意產業園、南京數位動漫創業園、南京石城現代藝術創意園、南京創意東 8 區、西祠數位網路產業

園、幕府三○工園、蘇州鎮湖刺繡產業一條街、徐州文化產業園、無錫北倉門藝術中心、揚州工藝品街區等 60 多個文化創意產業園區相繼建成或正在新建。

南京提出了「一主三副兩組團」的文化產業空間結構：在主城將形成三圈（新街口文化消費圈、湖南路文化消費圈、河西新城文化產業圈）協同、四帶（濱江旅遊文化休閒產業帶、秦淮河歷史文化創意產業帶、明城牆歷史文化創意產業帶、鐘山生態文化休閒產業帶）貫穿的發展格局，依託新市區建設還要形成浦口、江甯、仙林三個文化產業發展副中心；「兩組團」指六合、溧水──高淳組團。目前，南京市正在建設和已經開園的文化創意產業園已達 42 個，文化產業新建和在建的項目近百項，投資總額近千億。南京1912、創意東 8 區、西祠街區、江蘇石湫影視基地、江蘇省文化創意基地、幕府 30 工業園、南京 1865 產業園、南京數碼動漫創業園、南京石城現代藝術創意園、南京高新動漫、南京清涼山創意創業園等一批園區已形成一定規模和影響。2007 年南京文化創意產業增加值為 579 億元，同比增長 121％，占南京市 GDP 的 17.77％。《南京浩劫》影視基地由好萊塢專家設計，建築面積 5 萬平方米。該基地建成後將成為亞洲投資最大的單片拍攝外景地，還將延伸江蘇影視文化產業鏈，成為集影視拍攝、旅遊、休閒、會議、餐飲、演藝、廣告、道具製作銷售等於一體的景點；南京創意東 8 區是一個集建築裝飾設計、廣告、策劃諮詢、動漫科技、美術創意設計、工藝品包裝設計製作、音樂製作等於一體的文化產業孵化區，目前有 100 多家文化創意企業入駐；南京數位動漫創業園是國家級動漫產業基地。目前動漫企業入住率 100％。園區建有比較完善的公共技術服務平臺，建成了設計、合成、體驗、渲染、正版動漫開發軟體共用

體系及培訓平臺，該園區已經建設成為南京中小動漫企業的專業孵化區。

　　蘇州市培育形成了以蘇州動畫產業基地、蘇繡文化產業群、胥口書畫產業基地和沙家濱影視產業園、蘇州香山工坊等 5 個文化產業園區為代表的文化產業門類。蘇州國家動畫產業基地占地 1 萬平方米，總建築面積達 5.8 萬平方米。該園區聚集了 30 多家頗具實力的動漫遊戲企業；蘇繡產業群已形成「一所一館一街（鎮）」的格局，依託蘇州刺繡研究所、姚建萍藝術館及名人工作室和位於太湖之濱的鎮湖刺繡一條街，形成了鮮明的地域特色。2007 年蘇州刺繡銷售 7.5 億元，從業人員超過 7 萬人；蘇州胥口鎮建立了中國書畫名家街，中國美協蘇州胥口展覽中心，專門建立了當代著名書畫家的工作室。胥口鎮約有 1500 多人從事書畫創作、裝裱、銷售一條龍生產經營，每年有 10 多萬幅書畫銷往全國各地及日本、東南亞和歐美等國家和地區；沙家濱江南水鄉影視產業園座落於水鄉古鎮沙家濱風景區內，《沙家濱》、《金色年華》、《三言二拍》、《夜光杯》、《八陣圖》、《譚震林》、《中國酒王》、《陸小鳳》、《白玉堂傳奇》等多部影視劇在這裏取景拍攝。2007 年接待遊客 100.28 萬人次、實現旅遊收入 4200 萬元，占沙家濱全鎮 GDP 比重為 16.6％。

　　此外，無錫市建成了「江蘇文化創意產業園」、「太湖新城科教產業園」、「無錫鵝湖數位動漫研發」、「太湖國際包裝印刷城」等四大園區；常州市正朝著「創意之都，動漫之城」的目標邁進。常州動漫產業園將以中華恐龍園為載體，注入動漫元素和文化內涵，全力打造一流的動漫主題公園；揚州市在旅遊勝地瘦西湖邊打造了揚州工藝美術集聚區，將揚州漆器、玉雕、繡品、剪紙等工藝美術品集中在一條街區，形成了揚州的區域特色。

　　江蘇省歷史悠久，文化資源非常豐富，不過這些資源目前大部分還是潛在的，並沒有轉化為文化產品和服務，但豐富的文化資源為江蘇省發展文化創意產業奠定了堅實的基礎，使江蘇省文化創意產業的發展，蘊藏著巨大的潛力和強勁的勢頭。憑藉江蘇豐富的文化產業資源，我們有理由相信江蘇由一個文化大省發展成為文化強省的目標指日可待。

十七、安徽省文化創意產業

（一）安徽文化創意產業綜述

安徽位於華東腹地，是中國東部襟江近海的內陸省份，跨長江、淮河中下游，東連江蘇、浙江，西接湖北、河南，南鄰江西，北靠山東。省會合肥市，簡稱「皖」，共有 17 地級市，44 市轄區，5 縣級市，56 縣。安徽省占地面積為 13.96 萬平方公里，約占中國國土面積的 1.45%，是中國史前文明的重要發祥地之一。

安徽省提出「建設文化強省」的戰略目標，將文化產業作為重點扶持發展的八大支柱產業之一，列入「861」行動計畫，全省確定了 7 個省轄市和 6 個省級文化單位、14 個市級文化單位，明確九大措施支持文化產業發展。截至 2008 年，268 個項目進入省「861」行動計畫文化產業專案庫，投資總額超千億。金融危機爆發後，安徽省文化事業和文化產業固定資產重大投資專案 436 個，總投資 1217.48 億元，申請國家投資 411 億元。3 屆徽商大會累計簽約文化產業項目 121 個，投資總額 47.6 億美元，協定引進資金 33.8 億美元，專案落實率達 54.5%。國際宣紙城、新安傳媒股份公司、時代漫遊公司、美高美國際俱樂部等一批項目成功落地；巢湖如山湖國家小球訓練中心、蕪湖和瑞動漫產業科技園、馬鞍山洪濱絲畫園等一批項目正在加快建設。2008 年歲末，投資額達 25 億元的蕪湖華強文化科技產業園在蕪湖市城東新區破土動工，今年，第四屆中博會在合肥舉辦，與第五屆國

際徽商大會「強強聯合」，為文化產業招商引資提供了更加廣闊的舞臺。

　　2008 年，全省文化產業增加值達 260 億元，連續 4 年保持 30％以上增幅，遠遠高於 GDP 的增長速度。預計到 2010 年，安徽省文化產業增加值將在現在的基礎上翻兩番，超過 400 億元，年均增長 15％左右，增加值占國內生產總值的比重達到 5％左右，城鎮居民人均文化娛樂消費支出占全部消費支出的比重提高到 5％以上。

（二）「動漫皖軍」的異軍突起

　　與上海、杭州等動漫產業的先發地區相比，安徽的動漫產業起步相對較晚，在原創作品、資金和人才等方面都不佔優勢，但安徽人引進與創新並舉，使動漫產業異軍突起，成為「安徽現象」的一個縮影。安徽出版在動漫產業上的首次成功，是一部名為《虹貓藍兔七俠傳》的兒童漫畫書。這套書上市僅三個月就創造了 1500 萬冊的銷售量，連續 6 個月位居少兒動漫圖書排行榜首位，拉動安徽少兒出版社綜合實力從全國第 104 位躍升到第 35 位。被許多媒體形容為中國民族原創動漫復興的標誌性出版物；2006 年 9 月，蕪湖方特歡樂世界投資開發，2007 年 10 月建成試營業，2008 年實現門票收入 2.37 億元，成為安徽旅遊「第三極」；2007 年首屆中國國際動漫創意產業交易會在安徽省舉行。贏得了美國華納兄弟、迪士尼、央視動畫等國內外動漫巨頭的資源優勢，同時以此為契機，合肥和蕪湖正式被確定為國家級動漫產業基地，在此之前，全國僅有上海、杭州等 6 個國家級動漫基地；2008 年初，國家級重點文化龍頭企業——安徽出版集團重金買下漫畫「四大名著」的國內版權。2009 年，由安徽出版集團出版的中國原創新漫畫「四大名著」系列首部作品《三國演義》在北京盛裝亮相，這是安徽省的又一精品動漫品牌。

（三）安徽省豐富的旅遊文化資源

名稱	簡介
黃山	世界文化與自然雙遺產。位於皖南山區，以三奇、四絕（奇松、怪石、雲海、溫泉）的奇異風采名冠於世。與埃及金字塔、百慕大三角洲同處於神秘的北緯三十度線上。景區內有 36 大峰、36 小峰，其中蓮花峰、天都峰、光明頂三大主峰，海拔均在 1800 米以上。黃山以變取勝，一年四季景各異，山上山下不同天。
九華山	是中國四大佛教名山之一，地藏菩薩道場，首批國家重點風景名勝區。為皖南斜列的三大山系（黃山、九華山、天目山）之一。位於安徽省池州市東南境，風景區面積 120 平方公里，現為國家 5A 級旅遊區、全國文明風景旅遊區示範點，被譽為國際性佛教道場。九華山有名峰 70 餘座，千米以上高峰 30 餘座，最高十王峰海拔 1342 米。素有「東南第一山」、「江南第一山」之譽。
天柱山	自古即為中華歷史文化名山，天柱山又名皖山，安徽省簡稱「皖」由此而來。天柱山屬花崗岩峰叢地貌，面積 135.12 平方公里，是國家首批重點風景名勝區、國家 4A 級旅遊區、全國文明森林公園、中華十大名山等。
西遞宏村	是世界文化遺產。位於安徽省黟縣城西北角，該村始建於北宋，古宏村人開「仿生學」之先河，規劃並建造了堪稱「中華一絕」的牛形村落和人工水系，統看全村，就像一隻昂首奮蹄的大水牛，成為當今「建築史上一大奇觀」。全村現保存完好的明清古民居有 140 餘幢。民間故宮「承志堂」為皖南古民居之最。被譽為「中國畫裏鄉村」。

（四）安徽文化創意產業「百花齊放」

文化項目方面。2008 年徽商大會對外推介 227 個文化產業項目，投資總額 59 億美元；簽約 73 項，投資總額 31.75 億美元，引進資金 27.13 億美元。三年徽商大會文化產業專場簽約項目落實率達 53.7%；中安線上與科大訊飛合作，設計安徽語音報這一新型文化項目，目前正在推向擁有 800 萬固定電話用戶的農村市場；安徽出版集團推出手機動漫、線上教育、學習型漫畫等新媒體項目，搶灘 3G 時代的市場空間；安徽省廣電局開通手機電視，目前已能傳送 5 套電視節目。

出版業方面。在「首屆全國文化企業三十強」評選活動中，安徽發行集團、安徽出版集團雙雙入選；在出版發行類企業入選數量上，安徽省與廣東省並列首位；安徽日報報業集團與南非 MIH 傳媒集團合作組建新安傳媒有限公司，為全國首家黨報集團中外合作項目，綜合實力進入中國報業 20 強；新安晚報、中安線上網站分別獲得 2008 年度「中國十大晚報」、2008 年度「中國十大新聞網站」品牌稱號；安徽出版集團 2008 年實現銷售總額 43 億元，主要經濟指標增幅位居全國出版集團（總社）前列；2007 年，安徽出版集團與中國科技大學聯合組建的時代出版傳媒股份有限公司正式揭牌，成為中國新聞出版領域第一家真正的主業整體上市企業。截至 2008 年底，安徽省已有 143 家文化單位完成轉企改制，成為真正的市場主體；安徽新華發行集團實行連鎖、混業經營，被國家商務部列為「萬村千鄉」市場工程，2008 年集團實現銷售金額 52.94 億元，引入 5 家戰略投資者，組建新華傳媒股份有限公司，有望成為全國圖書發行業第一家上市企業。

　　文化產業園區方面。合肥、蕪湖國家級動漫基地吸引了國內眾多動漫企業進駐;「鋼城」馬鞍山以視聆通遊戲動漫產業基地為載體,聚集動漫人才;銅陵江南文化園將青銅文化、江南民俗文化、生態綠色文化、休閒娛樂文化有機結合,發展銅陵文化特色旅遊業。目前,安徽省 20 多個文化產業園區建設勢頭強勁,文化產業集群發展趨勢日益顯現。

(五) 安徽省的文化精品

　　「江淮情」大型慰問演出引領了安徽文化發展的健康潮流,成為具有品牌效應的文化服務活動;淮南豆腐節、銅陵青銅文化節、馬鞍山國際吟詩節等,引入現代文化產業經營理念,發展成為國內知名文化節慶品牌;宿州電視臺拍攝的《我們手拉手》獲第 11 屆電影華表獎優秀少兒影片獎;淮北市與中央電視臺合作,拍攝了《獨立寒秋》、《父親》、《大哥》、《大姐》、《金色黃昏》五部長篇電視劇,社會反響良好。

　　身處中部的安徽省,不是首批全國文化體制改革試點省份,發展文化產業既無區位優勢,又無政策優勢。然而,安徽人不斷尋求文化產業的創新,迅速邁入全國第一方陣。中宣部 2007 年向全國推薦的文化體制改革案例中,安徽省有 6 例入選,與廣東省並列全國第二;2008 年安徽省入選數量增加至 8 例,再次位居全國前列。雖然目前安徽省文化產業生產、銷售、服務產出的法人單位規模都偏小,但從創造增加值的水準看,基本上與全國水準同步。安徽省應透過制定文化企業兼併、聯合、重組政策,利用外資以及臨近省份資源,實行強強聯合,以實現優勢互補,從而推進文化產業做大做強。伴隨著文化大省向文化強省跨越的步

伐，相信安徽省文化產業必將迎來一個發展的新紀元，創造新的
輝煌。

十八、浙江省文化創意產業

（一）浙江文化創意產業綜述

浙江省地處中國東南沿海長江三角洲南翼，東臨東海，南接福建，西與江西、安徽相連，北與上海、江蘇接壤。占地面積為 10.18 萬平方公里。境內最大的河流錢塘江，因江流曲折，稱之江，又稱浙江，省以江名，簡稱「浙」。省會杭州市。

浙江省目前共有藝術表演團體 79 個，群藝（文化）館、文化站 1634 個，公共圖書館 84 個，博物館 73 個。全省擁有省市級廣播電臺、電視臺各為 12 座，縣級廣播電視臺 66 家，廣播、電視人口覆蓋率分別達到 97.56％和 98.25％。有線廣播電視用戶達到 799.1 萬戶。共有民營文化企業 4 萬多家，投資總規模 230 億元以上，涉及影視、印刷、藝術品經營等 10 餘個行業，年營業總收入 300 億元以上，從業人員 50 餘萬人。目前全省的網路遊戲、網路音樂等企業有 30 家，互聯網服務場所 6000 餘家，從業人員 2 萬多人。

浙江省文化產業發展總體呈現良好態勢。截至 2008 年 5 月 31 日，《浙江手機報》以 90 萬的收費用戶數名列各省市手機報正式用戶數第一位；2009 年一季度浙江省新華書店門市銷售 5.66 億元，比去年同期增長近兩成，省內 77 家連鎖店中有 73 家銷售收入同比增長，增幅最高的達 73.3％；《浙江日報》2009 年發行量絕對數已連續 13 年位居全國省委機關報第二位；2009 年一季度全省廣播影視廣告總收入實現 20.24 億元，同比增長 12.04％；2009 年一季度全省電影觀眾人數 260 萬人次、放映收入 8340 萬

元，同比分別增長 35.5％和 45.9％，票房成績達到歷史同期最高
水準。

（二）杭州打造「全國文化創意產業中心」

　　杭州位於中國東南沿海，浙江省省會，中國八大古都之一，是
浙江省政治、經濟、文化中心，中國東南重要交通樞紐。2007 年，
中國面積最大、配套最完整的創意產業經濟區──浙江省文化創意
產業實驗區在杭州掛牌成立。實驗區一期面積 8 萬平方米，坐落於
杭州蕭山的休博園內，是目前中國規模最大的文化創意園。實驗區
同時囊括了廣告設計、建築設計、藝術和工藝品、時尚設計、影視
傳媒、表演藝術和出版等多種創意產業形態，目前已接納 50 餘家
創意企業和個人工作室入駐。2008 年杭州市文化創意產業實現增
加值 579.86 億元，占全市 GDP 比重達 12.1％，比全市 GDP 增速
高出 6.6 個百分點。

　　杭州的目標是到 2015 年形成產業規模巨大、產業特色鮮
明、創新能力強大、文化品位較高、創業環境一流、專業人才集
聚、知名品牌眾多、產權保護嚴密、公共服務完善的文化創意產
業群，把杭州打造成以文化、創業、環境高度融合為特色的「國
內領先、世界一流」的全國文化創意產業中心，打響「創意杭州」
品牌。到 2010 年的具體目標為，三年內把文化創意產業打造成
為杭州的新興主導產業，產業增加值以年均 20％以上的速度遞
增；初步建成 25 個以上具有區域特色的文化創意產業園區或基
地，建築面積總量超過 100 萬平方米，集聚文化創意企業數量超
千家。

　　圍繞以「城市有機更新」為主導，以生態環境保護為前提，以
文化創意產業為基礎，以提升原住民生活品質為目標，以「和諧創

業」為動力，以「農居 SOHO」為特色，全力打造「白馬湖」模式，以白馬湖生態創意城為主平臺，至 2015 年把杭州打造成「全國文化創意產業中心」的戰略目標，杭州市大力發展文化創意產業，高新區國家動畫基地、西湖區數位娛樂產業園和 LOFT49 創意產業基地，目前已吸納了 100 多家文化企業共同發展。阿里巴巴集團自 1999 年成立以來，已成為中國最大的電子商務公司，擁有阿里巴巴網站、淘寶網、支付寶、阿里軟體、中國雅虎等 7 家子公司，僅前 3 家公司就有註冊用戶 1.07 億；杭州杭印路 LOFT49 內集聚了美國 D1 設計庫、潘天壽環境藝術研究院、江南布衣等 20 多家創意設計公司，涉及日用品設計、建築設計、服裝設計、廣告策劃、商業攝影、景觀設計、美術雕塑、裝飾設計等創意門類；其他如杭州高新區動漫產業園、數位娛樂園、開元 198 等也已逐步發展成為特色鮮明的創意產業集聚區塊。

（三）杭州文化精品──「宋城千古情」

1994 年，以旅遊文化產業為主要經營方向的民營企業杭州宋城集團以《清明上河圖》為摹本，開發建設杭州宋城主題公園。同時投資 6000 萬元在主題公園內建設場館，並編排了大型歌舞《宋城千古情》，作為景區的配套演出項目。《宋城千古情》連續演出 15 年來長盛不衰，累計接待觀眾 1000 多萬人次，2009 年一季度演出場次、觀眾人數、收入分別比去年同期增長 37.65％、24.17％、51.54％，

為輔助景區更好地再現杭州當年作為南宋都城的繁華景象，《宋城千古情》在節目的編排上，特別對地方和民族文化特色進行了表現和強調。如節目中《良渚之光》、《宋宮舞宴》、《金戈鐵馬》、《美麗的西子，美麗的傳說》、《世界在這裏相聚》等固

定部分的內容，均是宋城藝術團自主創意編排的。他們還將白蛇與許仙、梁山伯與祝英台的愛情傳說、悲壯豪情的岳飛抗金故事等眾多杭州歷史典故、民間傳說和西湖人文景觀以及巴黎紅磨坊歌舞劇、美國拉斯維加斯服裝秀、泰國歌舞等國外優秀表演元素融入這臺節目中，滿足了不同人群的審美需求，受到中外遊客的歡迎。

（四）浙江省動漫產業持續走熱

中南集團卡通影視有限公司是浙江動漫產業的龍頭企業，2008年，企業動畫產品出口量居全國第一，海外銷售收入達 170 多萬美元，公司全年收入 4000 多萬元，並首次實現了盈利；杭州時空影視文化傳播公司是中國規模最大的三維原創動畫公司，同樣也是三維動畫產量最大的動漫公司，年產量達到了 5000 多分鐘，在央視少兒頻道連續播放的《嘟嘟寶系列》動畫已經深入中國兒童的心中，2008 年公司收入 3000 多萬元，海外銷售收入達到 600 多萬元，利潤達到 1000 多萬元；而以製作動畫電影見長的輝煌時代文化傳播公司 2008 年公司動畫電影產量全國第一，收入增加了 20%，海外銷售額增加了 60%。

浙江動漫產業的崛起依靠的是高校的優勢。中國美術學院設有影視動畫學院，浙江大學在電腦科學、人工智慧、電腦圖形與網路及電腦動漫軟體方面全國領先，浙江傳媒學院在影視動畫製作上獨樹一幟，這些高校成為眾多文化創意企業的技術儲備。目前，杭州高新開發區、中國美院、浙江大學和浙江傳媒學院已相繼成為國家動漫產業和動漫教學研究基地，初步形成動畫產業鏈；有 50 多家公司入駐的杭州高新區國家動畫產業基地，擁有從業人員 3500 餘

人，生產的動畫片占全省總量的 95％以上，在全國各大基地中居第 3 位。

（五）浙江省創意產業園區初具規模

目前，浙江省創意園區正處於快速發展時期，特別在 2006 年至 2008 年，園區數量呈跨越式增長。杭州市於 2007 年成立了中國面積最大、配套最完整的創意產業經濟區——浙江省文化創意產業實驗區，而目前重點打造的以美院南山校區為依託的西湖創意谷，以美院象山校區為中心的之江文化創意園，以已有的 LOFT49、A8 藝術公社等為依託的運河天地文化創意園，位於高新區的白馬湖生態創意城等已經初具規模。2008 年 7 月，寧波市的首家市級創意產業園「新芝 8 號」也已經開園，是一個集創意、設計、文化為一體的創意產業園區。

據不完全統計，截至 2008 年 6 月，浙江省共有創意園區 18 個，集中分佈在杭州、寧波等城市。園區發展模式呈現出多元化，旅遊景點配套、特色樓宇打造等形式的創意園區紛紛出現，打破了只能由工業遺存改造為創意園區的傳統觀念。

（六）浙江省文化創意產業全面開花

創意產業正在浙江全面開花。杭州已經舉辦了浙江國際文化創意產業高峰論壇、中國國際動漫產業高峰論壇等一系列活動。從 2008 年夏天開始舉行的每月兩次的「西湖創意市集」越來越受到人們的歡迎。這個由杭州文化創意產業辦公室、中國國際動漫節節展辦公室、西湖區政府共同主辦的西湖創意市集，既是一個夜市，又是一個交流的平臺，它為「草根」創意者開闢了一個通道，為創

意者、設計師和企業尋找了更多的合作機會，大大推進了杭州市創意產業的發展。

此外，浙江「2008 中國溫州創意產業博覽會暨動漫嘉年華」緊緊圍繞「創新創意創造」的主題，把溫州創意產業和動漫引向深入。

在與溫州相距不過十幾公里的義烏，文化創意產業也得到了快速的發展。義烏文博會以產品交易為主和國際化為展會定位。2008 年的義烏文博會共有來自 21 個省區市及 28 個國家和地區的 723 家企業參展，經貿展覽洽談成交額 18.6 億元，比上屆增長 6.3%，其中外貿成交額 11.38 億元，占總成交額的 61.2%。目前，義烏市打算成立創意產業園，打造一批創意產業機構為企業服務。

（七）浙江省首個文化產業投資基金——「東方星空」

2009 年 5 月 6 日，由浙江日報報業集團牽頭組建的浙江省首個國有文化產業投資基金——東方星空文化基金在杭州正式啟動，首期註冊資本為 2.5 億元人民幣，為文化產業開闢了投融資管道。這也是中國首個由傳媒集團牽頭組建的文化產業投資基金。東方星空文化基金啟動當日，就與宋城旅遊發展股份有限公司、浙江橫店影視製作有限公司、浙江綠城文化傳媒有限公司分別簽訂專案合作協議，涉及旅遊演藝、電影、電視劇等多個文化行業。該基金將透過資本運作方式，超常規地培育發展文化傳播產業骨幹企業和新興文化產業：立足主板市場，投資培育文化傳媒類骨幹企業，並推動跨地區的行業併購，力爭培育發展若干家細分領域的龍頭企業；立足創業板市場，投資培育新興文化傳媒企業，積極探索新媒體、多媒體的融合發展；參與國內文化傳媒領域的行業併購；參與

國內有影響力的文化影視項目投資等，力爭成為國內第一方陣的文化產業戰略投資者。

（八）浙江文藝演出直通車──「錢江浪花藝術團」

浙江省在全國首創的「錢江浪花藝術團」文藝演出直通車，能迅速地把一輛車變成一個絢麗的大舞臺。2004 年，浙江省委宣傳部、浙江省文化廳、浙江日報報業集團等共同出資組建了錢江浪花藝術團，藝術團建立了一個擁有戲曲、曲藝、歌舞、雜技四大類的「節目庫」，以直通車形式為城鄉基層群眾提供功能表式的文化服務。據統計，成立至今，藝術團已在浙江的 500 餘個鄉、鎮、村演出 700 餘場，觀眾達到 200 餘萬人次，極大地豐富了農民的文化生活。在「錢江浪花」的示範效應下，全省各地紛紛仿效，類似的文藝演出直通車層出不窮。如嵊州的越劇大巴、衢州的文藝大篷車、平陽的流動劇場等。

（九）「西泠印社」──浙江文化產業第一件馳名商標

西泠印社位於浙江省杭州市孤山路 31 號，是中國成立最早的著名全國性印學社團，以「研究印學、保存金石、兼及書畫」為宗旨，以篆刻書畫創作的卓越成就和豐富的藝術收藏享譽海內外，被譽為「印學研究中心」、「天下第一名社」。

2001 年 06 月 25 日，西泠印社作為近現代重要史蹟及代表性建築，被國務院批准列入第五批全國重點文物保護單位名單。國家非常重視非物質文化遺產的保護，2006 年 5 月 20 日，西泠印社的金石篆刻藝術經國務院批准列入第一批國家級非物質文化遺產名錄。2009 年被認定為國家馳名商標，成為浙江省近年來文化服務業收穫的第一件馳名商標。

（十）浙江省——「文物之邦，旅遊之地」

　　浙江文化燦爛，名勝古蹟眾多，素享「文物之邦，旅遊之地」美譽。目前，浙江省擁有國務院部屬科研和開發機構 20 個，省市科研機構 150 多個，向國內外開放的國家重點實驗室 3 個，重點專業實驗室 3 個，以及一批國家行業研究中心，有浙江大學等 37 所高等院校；現有國家級文物保護單位 88 處，省級 321 處，市縣級 1674 處，文物保護點近 4 萬處，全國重點文物保護單位 134 處，省級重點文物保護單位 279 個，有絲綢、茶葉、南宋官窯等博物館；浙江省擁有國家級自然保護區 7 個，國家級風景名勝區 11 處，國家自然保護區 10 處，國家森林公園 20 個，是擁有森林公園最多的省份；有杭州、寧波、紹興、衢州、臨海 5 座國家級歷史文化名城，省級歷史文化名城 12 座；浙江省有重要地貌景觀 800 多處，水域景觀 200 多處，生物景觀 100 多處，人文景觀 100 多處；有西湖、富春江—新安江、雁蕩山、莫干山、普陀山、天臺山、楠溪江、嵊泗列島、雙龍洞、仙都、雪竇山、浣江—五泄、江郎山、仙居等 14 個國家級重點風景名勝區，東錢湖、大佛寺、方岩、爛柯山等 42 個省級風景名勝區。

（十一）浙江省的演藝文化

　　一批精品劇作，如電視劇《海之門》、《至高利益》、《天下糧倉》，電影《村支書鄭九萬》，甬劇《典妻》，音樂劇《五姑娘》，越劇《陸游與唐琬》，昆劇《公孫子都》等曾在全國引起反響。2008 年，由杭州南廣影視製作有限公司生產的電視連續劇《大工匠》、《紅樓夢》（戲曲）獲國家「五個一工程」獎，《五月槐花香》、《紅樓夢》獲「飛天獎」和「金鷹獎」，浙江京劇團的《寶蓮燈》、浙江小百花越

劇團的《梁山伯與祝英台》入選「國家舞臺精品工程」30 臺劇碼。目前，反映浙商創業創新的電視劇《十萬人家》，以及反映浙江省人民抗擊颱風的電影《超強颱風》已基本製作完成。正在製作的《龍脈傳奇──中國古代科學家的故事》系列動畫片被國家廣電總局推薦為 2008 年度首批優秀動畫片。

（十二）亞洲最大的影視拍攝基地──橫店

　　橫店，原是浙中盆地的一個小鎮，2004 年，橫店經國家廣電總局批准成為全國首個影視產業實驗區，這大大激發了橫店發展文化產業的創造力，使其成為目前亞洲最大的影視拍攝基地。作為全國首家影視產業實驗區，浙江橫店影視產業實驗區在民營企業橫店集團的帶領下，短短 5 年已累計集聚 200 餘家民營文化企業入駐，入區企業註冊資金已達 7.5 億元，2007 年實現營業收入 12 億元，稅費收入 6600 萬元。從單一提供影視場景，到搭製場景、設計道具、製作戲裝的一般性服務企業，再到提供拍攝器材，設備租賃，乃至為電視劇後期製作提供三維動畫、特技、剪輯等多項服務。隨著影視產業鏈的完善，實驗區現已形成以拍戲轉場最少、成本最低、服務配套最全的產業化優勢。現在每天全國各地的影視劇組在橫店來來往往，至今已有 300 多部影視劇從這裏產出。借助影視劇的傳播，橫店也成為了家喻戶曉的旅遊勝地，2007 年，接待遊客 500 多萬人次，影視旅遊收入逾 10 億元。橫店與美國時代華納、中影集團共同組建了中外合資電影娛樂公司，參與投資拍攝了電影《瘋狂的石頭》、《投名狀》，取得了2006、2007 年度國產電影票房冠軍的佳績。橫店自行拍攝的《農民代表》等電視劇也在央視一套播出。今年又成立了橫店影視製作公司，參與拍攝了《蘇東坡》、《最後的較量》等電視劇。此外，

橫店還組建了校園電影院線，控股或參股了多條院線，旗下影院達到 112 家。

（十三）江南古鎮——烏鎮

1999 年，烏鎮這個江南水鄉古鎮，開始走向文化旅遊之路。從 2001 年正式對外開放至今 8 年間，烏鎮累計接待遊客 1350 萬人次，其中境外遊客達 139 萬人次，居浙江省單個景點境外遊接待首位。烏鎮透過保護開發共修復古建築 20 多萬平方米，一躍成為目前國內保護面積最大、休閒旅遊設施最全、古鎮旅遊競爭力最強的新型「古鎮旅遊度假區」。烏鎮還名列聯合國世界文化遺產預備清單，獲得了「亞太地區遺產保護傑出成就獎」。

烏鎮最有名的就是東柵的茅盾故居，中國最權威的長篇小說獎「茅盾文學獎」頒獎儀式在烏鎮。從 2000 年起，茅盾文學獎已經在烏鎮頒了三屆；烏鎮還恢復了茅盾在《香市》中描寫的「香市」盛況。「香市」是烏鎮沿襲了幾百年的傳統節日，將「香市」重新加以挖掘，把當地農民請來，重現過去香市的情景；此外，烏鎮旅遊公司還恢復了皮影戲，鄉土花鼓戲以及拳船表演、高杆船表演，並將藍印花布、酒作坊、蠶絲作坊等手工作坊有機組合。

到 2015 年，烏鎮整體要連成 9 平方公里的景區。烏鎮人未來的目標，是要把烏鎮打造成「江南的威尼斯」。

雖然浙江省是文化大省，其文化產業的發展走在全國前列，但與國內文化產業發展較快較好的省市相比，浙江省文化產業總體競爭力不強，目前，浙江經濟總量居全國的第四位，這既有效地刺激了文化消費市場的需求，又成為文化產業發展的有力支撐和豐富的資源優勢。浙江省應該抓住經濟發展和文化資源共生共進、相輔相成的特色，把文化創意產業作為推動經濟發展的新的增長點。

十九、福建省文化創意產業

（一）福建文化創意產業綜述

　　福建地處祖國東南部、東海之濱，東隔臺灣海峽，與臺灣省隔海相望，東北與浙江省毗鄰，西北橫貫武夷山脈與江西省交界，西南與廣東省相連。福建是中國著名僑鄉，旅居世界各地的閩籍華人華僑 1088 萬人。其中，菲律賓、馬來西亞、印尼這三地的閩籍華人華僑最多。福建與臺灣源遠流長，關係最為密切，臺灣同胞中 80％祖籍福建。福建居於中國東海與南海的交通要衝，是中國距東南亞、西亞、東非和大洋洲最近的省份之一。

　　2007 年，福建省文化產業總資產達 1132.56 億元，同比增長 10.25％，實現增加值 238.51 億元，同比增長 13.6％，占福建省 GDP 的 2.6％。2008 年，福建全省文化產業的經濟總量繼續增加，當年實現增加值近 300 億元，占地區生產總值的比重達到近 3％。2008 年，福建省新增影視機構 12 家，投資電視劇創作 7 部 160 集，全年創作動畫片突破 5000 分鐘，首次進入全國國產電視動畫片生產數量排行榜前十，位居第 9。福建省近日出臺的《關於加快發展文化產業的意見》提出，到 2012 年，全省要形成報刊服務、出版印刷發行、廣播影視、演藝娛樂、文化旅遊、文化創意、動漫遊戲、文化會展、廣告、工藝美術等 10 大主導文化產業群，全省文化產業增加值占地區生產總值的比重超過 5％。根據《意見》，福建省將建設文化產業精品工程、國產動漫產業工程、茶文化產業工程、影視基地建設工程、廣告創意基地建設工程等五大文化產業工程。

其中文化產業精品工程以福建人文地理、船政、閩商、閩臺、閩南洋、過臺灣等為內容，重點推進福州三坊七巷、印象大紅袍、媽祖頌、過臺灣等題材的創作，推出一批具有福建特色、國家水準、有一定知名度和影響力的舞臺劇、影視劇、文學作品等精品力作。

（二）廈門市的文化創意產業發展

廈門位於福建東南部，是福建省下轄的一個副省級城市，是首批實行對外開放的經濟特區之一。擁有「國際花園城市」、「國家衛生城市」、「國家園林城市」、「國家環保模範城市」、「中國優秀旅遊城市」和「全國十佳人居城市」、「聯合國人居獎」、「全國文明城市」等殊榮。2008 年，廈門文化及相關產業實現增加值 103 億元，約占全市 GDP 的 6.6％。

廈門的文化名片

名稱	簡介
鼓浪嶼	以 500 米的鷺江與市區相隔，素有「海上花園」的美稱。島上完好地保留著許多具有中外建築風格的建築物，有「萬國建築博覽會」之譽。嶼上居民喜愛音樂，鋼琴擁有密度很高，被讚為琴島。主要旅遊景點有：日光岩、菽莊花園、海濱浴場、鄭成功紀念館等。每年有數以百萬計的中外遊人前去觀光遊覽。在「音樂之島」的基礎上，可以把鼓浪嶼打造成全球十大浪漫之島之一，使之成為世界級的「蜜月之島」。
小白鷺民間舞團	1993 年 10 月成立，是中國第一個專業民間舞藝術表演團體。其表演有濃郁的民間風格和獨特的閩南特色。曾榮獲中國人民對外友協最高榮譽獎章——中俄友誼紀念獎章。有人評價，廈門觀眾看表演的習慣是小白鷺舞團建立後培養的。

「9．8」投洽會	即中國國際投資貿易洽談會，是中國惟一以吸收外資和對外投資為主題的國際性投資促進活動，位列國家主辦的三大交易會之一。現已成為中國打造國際品牌、塑造國家形象的重要平臺，成為海內外客商相互溝通、洽談投資的紐帶和橋樑。廈門在投洽會中成為中國對外開放和中外投資交流的視窗。
廈門愛樂樂團	一支高素質的專業團隊，曾3次走出福建，在6省18市進行了極為成功的巡迴演出。該樂團不僅推廣普及高雅藝術，還用生動的事實宣傳廈門文明建設的成就。該樂團被列為全國9大交響樂團之一。
環島路	環島路西起廈大胡裏山炮臺，東至廈門國際會展中心。於1999年正式貫通，2004年，廈門環島路全線貫通，全長48公里，總投資26億元，集交通、旅遊、人文景觀、娛樂休閒於一體。
廈門大學	由著名愛國華僑領袖陳嘉庚先生於1921年創辦，是中國近代教育史上第一所華僑創辦的大學，是目前中國惟一地處經濟特區的教育部直屬綜合性大學，也是國家「211工程」和「985工程」重點建設的高水準大學之一。

　　相比於北京、上海、深圳等發達城市，廈門的文化創意產業起步較晚，有一定的差距。為了推動廈門文化創意產業的發展，目前廈門市正在推進「十個一」專案。即：一所複合型民辦高校、一個標誌性藝術園區、一個服務型產業協會、一個強勢的會展品牌、一條像樣的產業街區、一檔大型的演藝節目、一個專業門戶網站、一本廈門創意產業期刊、一份決策參考調查報告、一種共同的聲音。其中，一所複合型民辦高校是指，集合廈門市眾多高校的力量，合作創辦一所多學科複合型民辦高校——廈門文化產

業職業學院，培養文化創意產業人才；一個標誌性藝術園區是指，結合白鷺洲原古玩城及周邊建設首個廈門文化創意產業藝術園區，使之成為全國知名的創作環境最好、人文氣息最濃的文化創意產業集聚區；一條像樣的產業街區是指，將 1.7 公里長的福津大街改造成代表廈門市城市競爭力和文化產業發展水準的標誌性區域文化產品流通集散地和文化服務集散中心；一檔大型的演藝節目是指，充分利用廈門愛樂樂團、小白鷺民間舞團、廈門金蓮升高甲戲劇團、廈門歌仔戲團、廈門南樂團等文化品牌的優勢，打造擁有自主知識產權的歌舞娛樂產品，推出一檔體現廈門特色、有影響的綜合性文藝節目；一個強勢的會展品牌是指，廈門擁有亞洲最大的國際會展中心，已經培育了「9‧8」投洽會、「臺交會」等會展品牌。進一步發揮廈門會展場館的功能，引進會展企業來廈門舉辦會展活動，形成一批有實力的會展營業商，爭取更多國內國際重大文化展會在廈門舉辦，打造廈門會展品牌。同時，廈門市還會建設一批具有閩南特色如鼓浪嶼鋼琴文化街、中山路步行街、烏石埔油畫街、翔安閩南民俗街等文化街，發展一批具有國際影響的如廈門國際馬拉松比賽、廈門國際園林藝術博覽會、廈門國際鋼琴比賽、海峽兩岸歌仔戲藝術節等重大文化專案。

（三）福建省的閩南文化

閩南文化是晉、唐時期隨著中原移民傳入閩南地區的河洛文化與原住民文化相融合，不斷吸收在開墾疆域、發展海外交往、反抗外敵入侵過程中的精神成果而逐漸形成的，是以漢文化為主幹的地域文化。

福建省的閩南文化	
中秋博餅	中秋博餅是廈門特有的民俗活動。是在中秋節時用於娛樂的一種遊戲，用六粒骰子投擲結果組合來決定參與者的獎品。傳統的獎品為大小不同的月餅，專有名為會餅，相傳這種遊戲可以預測人未來一年內的運氣。
歌仔戲	歌仔戲，是 20 世紀初葉發源於漳州的傳統戲曲，後傳到臺灣並得到進一步發揚。「歌仔」有小曲、民歌的意思，歌仔戲以摻雜文言的閩南語為主，讓社會大眾也能接觸文雅辭彙或忠孝節義故事，成為早期閩南地區和臺灣社會重要娛樂活動之一。歌仔戲《邵江海》獲首屆中國戲劇獎、曹禺劇本獎，並入選 2006～2007 年度國家舞臺藝術精品工程的劇碼。
高甲戲	高甲戲，又叫「戈甲戲」、「九角戲」、九甲戲，以閩南語為媒介語進行表演，是福建主要劇種之一，流行於閩南地區，臺灣和東南亞閩南人聚居之地。高甲戲形成於清代中葉。高甲戲的劇碼來源比較複雜，絕大部份是從提線木偶戲、梨園戲、徽戲、戈陽腔、京戲吸收過來的。
布袋戲	布袋戲又稱作布袋木偶戲、手操傀儡戲、手袋傀儡戲、掌中戲、小籠、指花戲，是一種用布偶來表演的地方戲劇。起源於 17 世紀中國福建泉州或漳州；主要在福建泉州、漳州、廣東潮州與臺灣等地流傳。

（四）品牌文化提升海西影響力

2009 年，北京奧運會後首度開工的著名導演張藝謀率《印象‧大紅袍》總導演組，專程到武夷山實地考察。正式啟動山水實景演出作品──《印象‧大紅袍》。《印象‧大紅袍》是武夷山為豐富夜

間旅遊而打造的文化旅遊項目，將把大紅袍文化融入武夷山水、民俗旅遊，用藝術形式予以再現，預計 2010 年 10 月與觀眾見面。這將成為福建省又一文化品牌。

　　像運作《印象‧大紅袍》一樣，近年來，福建省不斷透過品牌文化來提升海西文化的影響力。如中國閩臺緣博物館、福建大劇院等。閩臺緣博物館開館以來已接待境內外遊客 144 萬人，其中臺胞 12.6 萬人，已成為海峽兩岸文化交流的重要品牌；福建省還透過舉辦茶博會、媽祖文化節、開漳聖王文化節等一系列節會，提升民間民俗文化成為品牌文化。如漳州透過舉辦開漳聖王文化節、關帝文化節、三平祖師文化節等活動，已形成了獨特的對臺祖地品牌文化；廈門湖裏區江頭街道烏石浦村，近年來由一個郊區農村已發展成為著名的油畫村。目前，擁有畫師近 5000 多名，畫廊近 500 家，相關的生產銷售企業 100 多家，每年創造效益過 10 億元，成為全球三大商品油畫產地之一；作為工藝美術大省的福建省，福州壽山石雕、德化白瓷、惠安石雕等聞名於世。其中，莆田的工藝美術產業發展最為引人注目，莆田目前已擁有工藝美術企業 3700 多家，產值將近 60 億元，占當地 GDP 的 10% 以上，預計到 2010 年莆田將實現工藝品產值 200 億元；此外，福建省重點建設福州、廈門兩個國家級動漫產業基地，建設海西（長樂）動漫產業園區，重點扶持福建網龍等一批動漫遊戲產業龍頭企業，積極推進「數位娛樂產業研發與孵化公共服務平臺」、「福建省動漫遊戲研發公共服務平臺」、「廈門軟體園數位媒體公共技術平臺」建設和系列大型益智健康網路遊戲專案開發；福建省還建立了以安溪、武夷山為中心的閩南、閩北茶文化產業基地，及閩西茶文化產業基地、福州茶文化產業基地和德化茶壺茶具研發中心。這些文化品牌都進一步提升了海西影響力。

　　近幾年來，福建省文化及相關產業增加值一直位居全國前列，但產業結構仍然不夠合理，文化資源未能有效地得到挖掘利用。福建省的文化創意產業主要集中在經濟較為發達的福州、廈門、泉州三市，實現的增加值占全省文化產業增加值的比重約為 77.3％，而閩東、閩西、閩北的文化市場發展水準較低，文化產業相對落後。福建省各地應充分發揮當地文化資源優勢，力爭打造出區域特色明顯的文化創意產業，使各地區文化創意產業均衡發展。

二十、江西省文化創意產業

（一）江西文化創意產業綜述

　　江西省，地處中國東南偏中部長江中下游南岸，東鄰浙江、福建，南連廣東，西靠湖南，北毗湖北、安徽而共接長江。江西為長江三角洲、珠江三角洲和閩南三角洲地區的腹地。省會南昌市，簡稱贛，因其境內最大的河流為贛江而得簡稱。江西省共設 11 個區市，99 個縣（市、區），共 38 個民族。其中漢族人口最多，占總人口的 99％以上。自古以來江西人文薈萃、物產富饒，有「文章節義之邦，白鶴魚米之國」的美譽。

　　2008 年江西省文化系統文化產業總收入 42.9 億元，同比增長 15％。其中文化市場經營單位達到 9343 家，資產 30.2 億元，實現營業總額 21.6 億元，吸納社會就業 44717 人，江西省文化系統產業總收入連續多年以 20％以上的幅度遞增。力爭到 2010 年江西文化產業要占到國民經濟總收入的 12％，從 2008 年開始，江西省財政每年設立 1000 萬元的「文藝創作與繁榮工程」基金，用於資助文學、藝術優秀作品的創作。

　　今年，江西省以舉辦慶祝新中國成立 60 周年文化藝術活動為契機，打造江西地方特色藝術精品。主要包括舉辦「相約春天——2009 新春展演季活動」，舉辦第四屆江西藝術節，創作演出慶祝建國 60 周年文藝晚會，舉辦江西（北京）演出周暨交響音詩畫《鄱湖放歌》演出活動，舉辦大型風情歌舞《江西是個好地方》首演以及組織戲劇、歌曲參加第 11 屆「五個一工程」評選活動等。今後

幾年，江西省將重點發展報刊業、廣播影視業、出版業、演藝業、紅色文化旅遊業、動漫等六大文化創意產業。以重大文化產業項目為龍頭，以文化產業園建設為重點，推進農村文化三項活動、舉辦首屆新農村文藝匯演活動、立項籌建江西文化大廈和江西藝術中心主體工程完工等。

（二）江西省十大重點文化產業項目

項目	簡介
江西「八大山人」文化產業園	江西「八大山人」文化產業園擬在青雲譜區「八大山人」故居與梅湖周邊規劃用地 3000 畝。該產業園將設置江西省文化大市場，擬建設成為全省文化博覽、文化旅遊景區和區域性文化商品交易區。
江西「紅谷灘」文化產業園	江西「紅谷灘」文化產業園擬在紅谷灘新區規劃用地 2600 畝土地。該產業園包括四大項目：南昌世界軍事文化博覽園、江西印刷產業園、南昌國家動漫及網遊產業基地、南昌文化創意產業園。
江西省藝術中心	江西藝術中心占地面積 150 畝，主體建築由劇院、綜合排練場、美術館、音樂廳、電影城、演員公寓（酒店）六大功能組成，建築面積 60,000 餘平方米。擬引資 1000 萬美元建演員公寓。該項目經省人民政府批准，已列入江西「十一五」和「十一五」計畫基本建設實施專案，是目前為止江西建設規模最大，投資最多，功能最全的文化設施重點建設項目。
江西藝術職業學院新校區建設	江西藝術職業學院新校區建設徵地 400 畝，新建音樂樓、舞蹈樓、綜合樓、文化教學樓、辦公樓、圖書樓、

	劇場、室內外體育場館、學生公寓、學生食堂、教工宿舍等，擬投資 1.5 億元人民幣。目前，江西藝術職業學院作為江西省唯一藝術類的國辦藝術類高職院校。
龍虎山「水滸主題公園」	「水滸主題公園」專案位於鷹潭市龍虎山風景區內，擬建造一個占地 300 畝（丘陵水窪）總投資 3500 萬元的主題公園。園內模擬「水滸」場景並設演藝廳、放映廳 6 個，反覆放映《水滸傳》。
曹雪芹祖籍文化大觀園	曹雪芹祖籍文化大觀園位於南昌縣，總規劃面積 250 畝，總投資 7000 萬元。包括「曹雪芹祖籍紀念館」、「曹雪芹祖籍明清館」、「曹雪芹文化交流中心」、「江南大觀園」、「水上遊樂園」五個項目。
江南商氏方國都邑吳城文化博覽園	江南商代方國都邑吳城文化博覽園位於江西樟樹市的吳城遺址，擬總投資 6000 萬元。遺址總面積約 4 平方公里，遺址中心是一座 61.3 萬平方米的商代中晚期都邑古城。擬建設四個園區：商代方國都邑吳城文化保護展示園區，土城內面積 61.3 平方米；吳城遺址博物館展覽區，占地 120 畝；仿古商業區，占地 500 畝；玄女湖水上樂園及鴛鴦島度假村，開發玄女湖水面 6600 畝為水上樂園，同時在湖中鴛鴦島上興建商文化度假村。
吉州窯遺址保護與旅遊開發	吉州窯遺址臨贛江中游，緊靠吉安縣城，吉安市區及京九鐵路、105 國道線。該項目總投資 15000 萬元。以吉州窯古陶瓷文化為核心，分南北兩片佈局：北片為永和鎮民俗街區風貌，南片為吉州窯遺址景觀博覽。預計項目年營業收入 300 萬元左右，年利潤總額 240 萬元，報酬率在 10% 以上，投資回收期 8 年左右。

萬安影視旅遊城	萬安影視旅遊城地處鳳凰路旁示範水庫周圍，在城區中心周邊，占地 350 公頃，總投資 2 億元，將建成集團圓明園、仿古一條街、休閒度假區、生態觀光區、娛樂區、動物園區為一體的電影電視的拍攝勝地。預計專案營業收入 1 億左右，年利潤總額 7500 萬元，報酬率在 16% 以上，投資回收期 5 年左右。
萍鄉市新世紀大劇院	該專案擬投資 8000 萬元，工程占地面積 6217.6 平方米，總建築面積 20,000 平方米。規劃建設用地性質：文化建設用地，用地紅線面積 4000 平方米，容積率 3.5～4，建設密度 70%，建築層高 16 層。預計專案年利潤 1830 萬元，投資回報期 6 年左右。

（三）江西省豐富的文化資源

江西省是文化資源大省。擁有紅色文化、綠色文化、古色文化等多種文化。工人運動策源地安源、人民軍隊誕生地南昌、紅色革命根據地井岡山、蘇維埃共和國首都瑞金，及其眾多的革命遺址、遺物，構成了江西獨特的紅色文化；盧山、井岡山、三清山、龍虎山、武功山、三百山、贛江、鄱陽湖等旅遊勝地保留著眾多近乎原始的自然生態和人文生態景觀；江西儺文化、陶瓷文化、茶文化、書院文化、民居文化、戲劇文化、民俗文化以及區域色彩濃厚的豫章文化、客家文化、盧陵文化、臨川文化等，則構成了具有獨特魅力的贛文化。江西省目前擁有世界文化景觀一處、國家歷史文化名城三處，擁有國家文物保護單位 24 處 95 個點，省級文物保護單位 258 處。豐富的文化資源成為江西發展文化產業得天獨厚的優勢。

（四）江西省豐富的旅遊文化資源

江西省豐富的旅遊文化資源	
國家級風景 名勝區	擁有廬山、井岡山、三清山、龍虎山、三百山、梅嶺－滕王閣風景名勝區、雲居山—柘林湖風景名勝區、龜峰、武功山、仙女湖、高嶺—瑤里風景名勝區、廣豐九仙湖、萬年神農源、婺源鴛鴦湖、婺源文公山、婺源靈岩洞、上饒集中營、婺源江灣、婺源大鄣山、銅鈸山、葛仙山等 20 餘個。其中廬山和三清山先後作為文化遺產和自然遺產被列入「世界遺產名錄」。
國家森林公園	擁有廬山、明月山、梅關、岩泉、雲碧峰、三百山、峰山、清涼山、九嶺山、五指峰、三爪侖、楓樹山、瑤里、九連山、上清等 36 處國家森林公園。
省級風景名勝區	擁有德興市大茅山風景名勝區、上饒縣靈山風景名勝區、高安市華林寨—上游湖風景名勝區、洞山和官山風景名勝區、南昌市象湖、上猶縣陡水湖風景區、雲居山風景區、遂川縣白水仙—泉江風景名勝區、上栗縣楊岐山、萬安風景區等
中國優秀 旅遊城市	南昌市、井岡山市、吉安市、宜春市、上饒市、鷹潭市、景德鎮市、贛州市、九江市
國家級歷史 文化名城	南昌、景德鎮、贛州
國家級候鳥 自然保護區	鄱陽湖國家級候鳥自然保護區

（五）打造文化品牌，重點挖掘紅色資源

　　把潛在而豐富的革命文化、陶瓷文化、青銅文化、客家文化資源轉化為文化品牌優勢，是江西省文化創意產業的一大著力點。榮獲第三屆全國舞劇觀摩演出大獎和 7 個單項獎以及文華新劇碼獎的大型舞劇《瓷魂》，以 400 萬元的價格由南方文化傳播公司作演出代理，標誌著江西省在打造文化品牌方面邁出的成功一步。僅 2003 年一年，該劇在南昌就連續上演 12 場，演出收入達 70 餘萬元，創原創舞劇在城市連續演出場次第一的佳績。獲全國「五個一工程獎」的採茶戲《鄉裏法官》、獲文華新劇碼獎的大型新編贛劇《詹天佑》、革命歷史題材音樂劇《圍屋女人》、革命歷史題材兒童劇《飛呀飛》等均成為演出市場的知名品牌，受到廣大觀眾的青睞。

　　江西是著名的紅土地，是革命戰爭時期全國最重要的革命中心，舊址、故居及紀念建築物數量多、分佈廣，紅色資源在數量和層次上都位居全國前列。從工人運動搖籃安源、到軍隊搖籃南昌、到革命搖籃井岡山、再到共和國搖籃瑞金，江西率先在全國提出「紅色旅遊」，首個推出省一級的紅色旅遊規劃，成功打造了系列紅色文化品牌。為大力弘揚井岡山精神，江西省組織創排了大型情景歌舞《井岡山》和大型實景演出《井岡山》。大型情景歌舞《井岡山》透過《請茶歌》、《八月桂花遍地開》、《十送紅軍》等 18 首紅色歌謠把井岡山革命鬥爭歷史串聯起來，自 2005 年公演以來，演出近 300 場；大型實景演出《井岡山》於 2008 年 10 月 1 日首演，反響強烈，被譽為紅土地又一部藝術經典。它由《印象·劉三姐》的創作班底傾力打造，總投資 1 億元，以井岡山自然景觀為背景，在環山與水庫中建造與自然、人文環境相協調的建築景觀作為舞臺，演

員多達 600 多名，均為井岡山地區普通群眾。《井岡山》共分為序幕〈血〉和〈旗〉、〈燈〉、〈情〉、〈火〉、〈路〉五幕。

　　江西省是經濟發展相對落後的中部省份，文化產業發展水準總體偏低、對國民經濟發展總量貢獻水準不高，文化創意產業缺乏市場競爭力，缺少能叫得響的知名文化品牌。所以，江西文化產業的發展因充分關注個性化戰略，依靠江西獨具特色的豐富的文化資源，打造屬於江西的知名文化品牌，促進文化創意產業的發展。

二十一、湖北省文化創意產業

（一）湖北文化創意產業綜述

　　湖北省位於中國的中部，長江中游的洞庭湖以北，故稱湖北，簡稱鄂。湖北省北接河南省，東連安徽省，東南和南鄰江西、湖南兩省，西靠重慶市，西北與陝西省為鄰。省會城市為武漢市。湖北是中國開發較早的省份之一。在戰國時，楚國曾建都於此達 411 年，是長江流域「楚文化」的中心。

　　湖北省是中國人口數量較多的省區。湖北省總人口為 6031 萬人，其中常住人口為 5710 萬人。湖北省 2008 年第三季度，全省文化產業實現增加值 337.58 億元。全省實現文化產業增加值同比增長 22.2％，比全省第三季度 GDP 增幅高 8％。文化產業增加值占 GDP 總量的 4.28％，文化產業經濟總量持續擴大。從第三季度全省文化產業分層情況看，核心層增加值 115 億元，周邊層 80.16 億元，相關層 141.87 億元。核心層、周邊層、相關層的比例為 34.1％、23.7％、42％。文化產品的生產、流通領域發展較快，增長幅度在第二季度 32.1％的基礎上提高到第三季度的 33％。第三季度全省文化產品的生產與流通領域對文化產業發展的貢獻率達到 41.82％。

　　2007 年，湖北文化產業單位有近 3 萬個，從業人員 55.7 萬人，實現增加值 368.3 億元人民幣，同比增長 27.4％，約占全省同期 GDP 的 4％。湖北省文化（文物）系統基建投資專案共 188 個，比上年增加了 59 個，增幅達 45.74％；建築面積 50.36 萬平

方米;竣工項目 93 個,比上年增加了 64 個,增加了 2.21 倍;本
年完成投資 13.24 億元,比上年增加了 10.5 億元,增加了 3.83
倍。「十一五」期間,湖北省每年投入 2000 萬元建設 100 個鄉鎮
綜合文化站,加上國家補助項目 480 個,到「十一五」期末全省
鄉鎮綜合文化站將全部得到改建或新建。2007 年,全省文化(文
物)系統總投資過億元的項目共有 8 個,包括湖北省藝術館(1.4
億元)、湖北省博物館擴建工程(2.33 億元)、湖北省圖書館新館
建設工程(6.4 億元)、武漢市琴臺大劇院(18.8 億元)、武漢市
中南劇場(1.36 億元)、武漢市藝術學校新校區(2.08 億元)、荊
門體育中心(1.43 億元)、秭歸鳳凰山文物保護工程(2 億元)等。
其中新建專案 7 個,改擴建專案 1 個,文化系統專案 6 個,文物
系統專案 2 個。

　　至 2008 年受各種客觀環境因素影響,湖北省城鎮居民人均文
化娛樂消費支出上半年同比下降 27%,但第三季度同比下降有所
收窄,為 16.9%;顯示湖北省的文化消費市場正在穩步發展中。

(二)武漢市的文化創意產業發展

　　武漢是中國中部地區一個非常重要的城市,其亦是湖北省的省
會。由於中國政府這幾年愈來愈注意文化創意產業的發展,所以武
漢亦沒有例外,其以創建「創意大市」為口號,主動推動有關創意
方面的經濟發展。

　　目前武漢市創意設計機構有近 500 家,年產值逾 100 億元。演
藝業、電影業比較發達,動漫遊戲業、視覺藝術業亦發展迅速。在
創意及科技人才培養方面,武漢擁有 35 座高校,全國第三;各類
獨立科研院所 600 餘個,研發人員 3.1 萬名,居全國第三;擁有大
專以上人才 98.6 萬名,人才密度居全國第二。

　　在多項文化創意產業中，武漢市就以動漫及創意設計作為其發展的核心。武漢是目前中國最重要的動漫人才培養基地之一。武漢大學、華中師範大學、武漢理工大學、湖北美院等 15 所高校均專門開設了動漫專業，培養從專科到研究生各個層次的動漫人才，年招生規模超過千人。武漢東湖高新區與華中師範大學共同建設的武漢數位媒體工程技術中心，為武漢動漫產業提供著有利的技術支撐。目前，武漢市動漫產業從業人員約 1 萬人，動畫片年生產能力達 5000 分鐘以上，年出版發行動漫書報刊約 1000 餘種 500 萬冊，電視媒體年播出動漫節目約 20 萬分鐘。另外武漢市更成立了集動漫研究開發、人才培養、企業孵化、動漫製作和公共技術服務於一體的光谷動漫產業園。如古南都數位、世紀長青動畫、魔素動漫等動畫製作發行企業，以及訊彩科技、盛科網路等動畫遊戲企業均在此落戶，形成了由動漫產品研發、原創、製作、運營和周邊產品開發等組成的產業鏈條。

　　在創意設計方面，武漢具有很多優勢。盤龍古城、琴臺知音、黃鶴名樓、歸元古剎、碧波東湖、百年名校等人文和自然景觀，構成了武漢豐富而獨特的文化資源，是發展創意產業提供了優良的發展背景。武漢理工大學藝術與設計學院，是中國中西部地區最大的設計學院之一，先後為美的、科龍、TCL、海爾、紅金龍等大型集團公司研製開發國際、國內市場所需求的新產品；湖北工業大學是湖北省最早開辦設計專業的院校，其藝術設計學院的師生多次在國際和國內的設計大賽上獲得大獎；湖北美術學院、華中師範大學美術系等，這為武漢提供了創意設計方面的豐富人才。

　　在武漢成立的光谷數位創意產業主要分為 5 大區域：核心區包括國家動漫產業園、國家數位媒體中心、集成電路設計園、工

業設計產業園等；並規劃出「光谷創意城」，預計建設 5 平方公里，其中包括珞珈創意園、華科創意園、華師創意園等；創意產業園的規劃面積 60 萬平方米；創意商業街將沿光谷廣場、光谷步行街、SBI、森林公園的新型創意商業街區，重點發展體驗營銷、時尚展示表演等新型業態，全力打造武漢市成中國的「創意中心」。

（三）荊楚文化與三國文化

湖北歷史文化資源底蘊深厚，主要有「兩鄉兩地」的地方文化特色，即楚文化之鄉、三國文化之鄉、遠古文明發源地和近代革命策源地。

湖北是楚文化的發祥地，楚國作為春秋戰國時期的大國和強國之一，其 800 多年的歷史創造了舉世聞名的輝煌文明成果。湖北境內有楚國最大都城郢都（紀南城）的遺址、楚宮殿遺址；楚莊王、孫叔敖、老子、莊子、屈原、宋玉等一大批政治家、軍事家、思想家、文學家都是世界級的大名人並深刻地影響著後人。

湖北境內是漢末三國時期，魏、蜀、吳三國鼎立相互交叉競爭的中心地帶，政治、經濟、軍事、外交的聯合與鬥爭之地。據統計，《三國演義》120 回其中有 70 回的故事是發生在湖北，小說中所提及的古隆中、赤壁、長阪坡、南漳水鏡山莊、荊州江陵、當陽關陵等著名文化景區，都是三國文化的重要載體。

另外湖北亦是辛亥革命的起源地，中山紀念碑、辛亥革命紀念館、武昌首義舊址等，亦是湖北文化事業發展的寶貴歷史遺產。目前有楚城遺址 5 座，楚文化遺址 73 處，三國歷史遺跡 140 多處，20 個全國文物重點保護單位和 365 個省級文物重點保護單位，歷史文物和革命文物蘊藏豐富。

（四）湖北的電影事業

　　湖北省電影發行放映總公司是中國電影公司的二級機構，不僅負責全省電影的發行放映，指導全省電影的宣傳發行，還負責扶持全省各地、市、州、縣（市）的電影公司，資助他們改造所屬電影院的設施、設備，發展農村電影管理站。在 2002 年，與中國電影集團合資，共同經營湖北劇院銀興影城。至此，湖北省電影公司透過對外引資、合資、合作、獨資等方式先後建立了 10 家直屬影院 30 家簽約影院、100 多塊銀幕組成的「湖北銀興院線」，而且擁有經營電影器材、電影廣告、影片交易、餐飲住宿等 6 個經濟實體。票房收入占全省電影市場份額的 60％左右，年度票房穩居全國前 10 位。在 2006 年全省電影票房收入為 9900 萬元，而湖北銀興院線票房收入已超過 5000 萬元大關。可見其文化改革，已經產生了一定的經濟成果，同時也增強了市場的競爭能力，取得良好的社會效益。

（五）湖北省的表演藝術

　　湖北省僅地方戲曲就有 20 多種，流行於民族、民間的曲藝、歌舞形式更是數不勝數。漢劇、楚劇流行全省。漢劇有 300 年歷史，角色齊全，長於抒情。楚劇語言質樸，有濃厚的鄉土氣息。湖北省京劇院被確定為全國十大重點京劇院團，在 2005 年湖北省京劇院赴美國林肯藝術中心演出，紐約市更將首演的 2 月 19 日定為「中國京劇日」。湖北省排演的京劇《徐九經升官記》、《膏藥章》、楚劇《獄卒平冤》、《葛麻》、黃梅戲《七仙女》、《天仙配》、歌劇《洪湖赤衛隊》、舞劇《編鐘樂舞》、《九歌》、漢派小品《搭白算數》以及湖北大鼓等均深受海內外觀眾的歡迎。另外，《楚水巴山》、《檸檬黃的味道》和《築城記》入選 2006–2007 年度國家舞臺藝術精品

工程初選劇目。2005 年，湖北省表演藝術團體國內演出達 1.6 萬場，觀眾更超過 1694 萬人次。

　　目前，湖北省文化創意產業的發展已經成為提高湖北省經濟增長的要素之一，但還是面臨湖北省文化創意產業的市場性不足及文化消費水準偏低的問題。根據 2004 年統計資料顯示，湖北城市居民消費支出構成中文化娛樂消費所占比重處於較低水準，低於全國6.60%的平均水準，在中國中部六省湖北、安徽、湖南、江西、山西、河南等中僅高於安徽，可見湖北省的文化創意產業的發展還是有很長的路要走。

二十二、湖南省文化創意產業

（一）湖南文化創意產業綜述

　　湖南省地處中國中南部，長江中游，地理上屬於華中地區，省會為長沙；因地處洞庭湖以南得名「湖南」，又因湘江貫穿全境而簡稱「湘」。湖南省是偉大領袖毛澤東的故鄉，是雜交水稻的發祥地，是馬王堆漢墓的出土地，湖南省 2006 年總人口 6768.1 萬人，湖南人口漢族占 89.87％，少數民族 639.09 萬人，占 10.13％。湖南省占地面積 21 萬平方公里；與六個省級行政區相鄰，北接湖北、東接江西，南與廣東為鄰，西和廣西、貴州和重慶接壤。

　　湖南省文化創意產業連續五年保持 20％以上增速，2007 年，湖南文化產業總產出 925.35 億元，增加值 446.22 億元，占 GDP 的比重達 4.9％。2008 年湖南文化產業總產出達到 1090 億元，實現增加值 530 億元，文化產業增加值占 GDP 比重約為 5.1％，文化創意產業現已成為湖南省國民經濟支柱產業。湖南省力爭到 2010 年實現文化產業增加值 700 億元，到 2012 年實破 1000 億元。

　　2007 年湖南文化創意產業的增加值率達到 48.2％，比全省平均增加值率高 4.3 個百分點，文化創意產業生產稅和營業盈餘占其增加值的比重達 60％；文化創意產業從業人員人均創造增加值為 4.67 萬元，為全社會平均水準的近 2 倍。直接提供的就業崗位就達到 95.66 萬個，2004～2007 年，文化創意產業從業人員保持了 5.5％的增長速度，超過全社會從業人員增速 4.3 個百分點。

　　近些年來，湖南省文化創意產業投資額近 300 億元。廣電中心一帶形成了金鷹文化城，湖南新聞出版大廈、湖南圖書城、湖南電子出版大廈、湖南新聞大廈、長沙晚報報業中心均在其中；印刷業購置了目前最先進的雷射排版、高速彩印及全自動書刊無線膠裝聯動線等最先進設備；投資 5 億元、占地 100 畝、總建築面積達 11.5 萬平方米的「長沙出版物交易中心」正在積極籌建中。目前，湖南全省縣以上圖書館有 116 所，藏書 1300 多萬冊，其中有 95 個上等級圖書館，數量居全國第一，包括一級館 13 個，二級館 47 個，三級館 35 個。

　　2008 年，在中國文化產業品牌研究中心發佈的 133 個國內著名文化產業品牌中，「湘」字型大小有 29 個，占 21％。「湘」字型大小文化品牌層出不窮：「奧運向前衝」節目創收視率新高；九大文化產業集團獨樹一幟；藍貓、虹貓、山貓等知名原創動漫品牌走出國門；湘版圖書、體壇週報、娛樂演藝等產業在各行業都是獨佔鰲頭；湖南大劇院、湖南圖書城、湖南廣電中心等標誌性文化工程應運而生。「電視湘軍」、「出版湘軍」、「動漫湘軍」和「演藝湘軍」不斷脫穎而出。

（二）長沙市的文化創意產業發展

　　長沙，湖南省省會，是湖南省的政治、經濟、文化、教育、科技、交通、通信、金融中心，2008 年，長沙因「擁有豐富多樣、群眾喜聞樂見的演藝娛樂產業」而被《瞭望東方週刊》評選為全國「最具娛樂幸福感城市」。

　　2008 年，長沙市文化產業總產值 480 億元，增加值 270 億元，同比增長 17％，占長沙市 GDP 的 9％，占湖南省文化產業的半壁江山，長沙市以湘江兩岸為重點區域，規劃到 2012 年建成 100 個文化專案。2007 年，長沙市財政投資 14 億元投資建設「兩館一廳」

（圖書館、博物館、音樂廳）工程，投資 13 億元建設橘子洲文化景區工程。投資過 2 億元的民營文化專案宏夢卡通城、拓維手機動漫中心 2007 年開工，2008 年已建成使用。2007 年長沙市財政投資 1.5 億元修復的長沙太平街歷史街區，2008 年接待遊客 1000 萬人次。近兩年，長沙新建開業的項目還有湘繡城、錦繡瀟湘文化廣場、雨花文化創意產業基地等 14 個投資過億元、年經營收入過億元的文化項目。此外，長沙市共擁有藝術表演團體 12 個，文化館 10 個，公共圖書館 7 個，博物館 13 個，檔案館 14 個；旅遊區（點）66 處，其中包括國家級風景名勝區 1 處，國家 4A 級旅遊區（點）4 處，國家森林公園 2 處，國家水利風景區 2 處。城內共有 47 處名人墓塚、33 處文化遺址、30 處古墓葬、25 處名人故居、13 處近現代紀念地、6 處古城遺址；長沙歌舞劇院、花鼓劇院、湘劇院 3 個劇院近兩年來經營收入增長 60％以上，其中長沙歌舞劇院 2008 年收入 690 萬元，同比增長 200％。

目前，長沙市已建成了黃花印刷科技產業園、湘繡城、解放路酒吧一條街，聚集了印刷企業 28 家，湘繡生產和經銷單位 41 家、酒吧 117 家。印刷企業入園後迅速做大，金沙利印務年利稅突破 1 億元；湘繡在 2007 年成功申遺，在全國「四大名繡」中地位提升，「金球」牌湘繡 2008 年被評為全國馳名商標；長沙市解放西路擁有規模大、功能齊全的歌廳 10 多家，平均每晚接待觀眾達 4500 人次，總營業額約 35 萬元，年接待觀眾達 170 萬人次，總營業額逾億元，成為火爆全城的「酒吧一條街」。長沙市共擁有大小歌廳、酒吧、演藝吧等演藝場所 4000 多家，每天吸引 40 萬人，每年經濟收入達 20 多億元。此外，長沙動漫原創一直居全國首位，宏夢卡通公司原創動漫量連續 5 年列全國第一位，2007 年長沙市原創動漫占全國總產量 21％，居全國首位，實現銷售額 20 億元。拓維集

團同步推進手機動漫原創與資訊平臺建設，去年手機動漫下載、轉發量 2500 萬條，經營收入 3 億多元，並成功上市。

（三）湖南文化現象之電視湘軍

湖南衛視收視率一直位居全國省級衛視第一，因而贏得電視湘軍的美稱。據百度調查，湖南衛視品牌提及率是衛視平均提及率的 27 倍，在中國品牌 500 強中排第 129 位。2008 年《中國 500 最具價值品牌排行榜》顯示，湖南衛視品牌價值達到 57.52 億元，比 2007 年增長了 11.58 億元。

目前，湖南衛視已覆蓋全國 27 個省會城市，在全國 1 億有線電視用戶中擁有 9000 多萬用戶，覆蓋人口 3.24 億，湖南廣電成功開拓了美國、加拿大及港臺、東南亞市場。湖南衛視先後誕生了《還珠格格》、《走向共和》、《雍正王朝》、《漢武大帝》、《又見一簾幽夢》、《醜女無敵》等膾炙人口的電視劇；《晚間新聞》、《快樂大本營》、《背後的故事》、《超級女聲》、《天下女人》等知名品牌欄目，其中「超女」的影響力不僅輻射全國，甚至吸引了世界的眼球。2005 年的《超級女聲》，直接經濟效益達到 7.66 億元，間接經濟效益達 20 億元。此外，湖南電視臺還創辦了「快樂購」頻道，成為湖南省廣電集團旗下的國內第一家全國連鎖、電視直播的購物公司，據有關資料統計，開播 10 個月就實現銷售收入 2.65 億元。最近，《天天向上》、《金牌魔術團》、《挑戰麥克風》等新節目更是吸引眾多國內外觀眾的目光。

（四）湖南文化現象之動漫湘軍

湖南動漫產業已佔據全國動漫市場的五分之一。湖南原創動漫總產量連續排名全國第一，宏夢卡通公司位居全國十大動漫企業第

一位；湖南省擁有國內第一個卡通原創馳名商標「藍貓」，以及「虹貓」、「山貓」等一系列原創卡通形象，擁有動畫研發、製作、出版、發行、教育和傳媒機構共 18 家，年產動畫片 1.5 萬分鐘，年產值 13 億元。湖南卡通產業擁有原創、先發、人才、科技和品牌五大優勢，已基本形成從動畫原創、製作、出版、發行，到衍生產品生產、動畫教育、媒體播出等較為完整的動畫產業體系，並先後與境內外 21 家單位展開了合資合作，成為全國最大的動畫原創基地，動畫從業人員占全國一半以上，動畫生產和播出占全國總量的 60％以上。

目前，湖南動漫產品走進了亞、歐、美三大洲的 36 個國家和地區。2008 年大型魔幻娛樂教育動畫故事片《山貓吉咪字母世界歷險記》、超級搞笑動畫片《倒楣鬼德寶》、《山貓 9000 原創 MTV》等優秀動漫節目出口到美國，累計出口創匯超過 1500 萬美元，使「山貓吉咪」著名品牌在國際上叫響了自己的名號。美國迪士尼頻道已經連續兩年在亞洲播出中文版的《藍貓淘氣 3000 問》系列節目。截至目前，藍貓系列品牌已先後向韓國、美國、印尼等 15 個國家和地區輸出了版權。由湖南宏夢卡通創作的《虹貓藍兔七俠傳》播出後，配套圖書和音像製品輸出海外，銷售數字達 1.5 億元，創造了中國少兒圖書發行史上的最高紀錄。

（五）湖南文化現象之出版湘軍

湖南出版是中國地方出版實力三強之一，2007 年湖南出版投資控股集團實現銷售收入 68.9 億元，利潤 4.12 億元；2008 年湖南出版集團輸出版權 78 項，成品書 26 種，如法國墨藍出版社購買中華文化叢書 12 個品種的法文版版權，與英國東方藝術中心簽約，成功輸出《吳冠中全集》等 5 種成品圖書，與韓方合作推出韓文版

《愛城》、《恰同學少年》等；湖南《體壇週報》佔據了全國體育類報紙 60％以上的發行和廣告份額，北京奧運會期間出版日報，日發行量達 100 萬份。

此外，2008 年湖南省科普、古典名著保持全國第一，新開心作文列全國第二，音樂品牌穩居全國前三強，有 5 種圖書《紅袖》、《青瓷》、《命運》、《世界是平的（3.0 版）》、《喬治開啟宇宙的秘密鑰匙》進入開卷暢銷書排行榜。《抗冰圖》、《抗震救災讀本》等時政圖書的出版，受到中央和省委領導的高度評價。《湖湘文庫》重大工程有力推進，實現出書 144 種。

近年來，湖南省還利用豐富的湖湘文化資源，出版了《齊白石全集》、《曾國藩全集》、《魏源全集》、《左宗棠全集》等。投資 50多萬元推出了 CD《湘音湘韻》，總共銷售了三千萬，一千多萬片。湖南省出版集團，目前已在歐洲、美國設立了海外工作站，與美、俄、英、法等國家和地區的 100 多家出版機構建立了貿易關係。

湖南，無論從地理位置還是經濟環境來看，既非政治文化中心，亦非沿海經濟大省，然而憑藉湖湘文化中蘊含的「心憂天下，敢為人先」的文化內核，在全國範圍內刮起了「湖南文化現象」的旋風，形成了在全國有很大影響的「電視湘軍」、「出版湘軍」、「電影湘軍」、「文藝湘軍」，使文化產業成了湖南有活力、有競爭力、有湖湘文化底蘊、有國際化風格的特色產業。目前，湖南省文化創意產業正穩步走在全國文化產業發展、繁榮的前列，成為全國各省文化創意產業發展的一面旗幟。

二十三、廣東省文化創意產業

（一）廣東文化創意產業綜述

　　廣東省，簡稱粵，是中國大陸南端沿海的一個省份。廣東位於南嶺以南，南海之濱。與香港、澳門、廣西、湖南、江西和福建接壤，與海南隔海相望。省會廣州。廣東籍華僑華人、港澳臺同胞人數近 3000 萬人，遍及世界 100 多個國家和地區。廣東在語言風俗、歷史文化等方面都有著獨特的一面，與中國北方地區有很大的不同，近年來廣東成為中國經濟最發達的省份之一。

　　經濟的發展帶動了文化創意產業的發展，廣東省也成為中國文化產品製造和出口大省。廣東省已基本形成了省、市、縣（市、區）、鄉鎮（街道）四級公共文化設施網路。目前，廣東省有公共圖書館 128 個、博物館 143 個、市群眾藝術館 22 個、縣文化館 119 個，鄉鎮（街道）文化站 1601 個、村級文體活動室 6139 個，已有 18 個縣（市、區）邁進了國家級文化先進縣（市、區）行列；廣東廣電事業總資產、淨資產、經營收入和有線電視用戶數等主要指標連續 5 年排名全國第一，截至 2008 年 12 月，廣東共有廣播電視製作經營機構 590 餘家，約占全國總量的五分之一；2008 年創作生產電影 5 部，電視劇 53 部 1722 集，動畫片 24 部 1698 集。無論節目製作數量和品質在全國均有較大影響，其中每年電視劇製作數量約占全國十分之一，廣東堪稱電視劇製作大省，而動畫片的數量更是在全國排名第二；廣東報紙的種類、印數、總收入、報刊進口銷售總額等主要指標均名列全國第一，廣東出版社數量、出版圖書種類及圖書

銷售量均居全國前列，2007 年廣東省省新聞出版產業生產總值為
1504.33 億元；音像業的規模與效益在全國遙遙領先，錄音製品發行
總量占全國十分之一，錄影製品品種數和發行量在全國列第一位，
光碟生產能力和市場佔有率占全國的一半；廣東還是影視動漫生產
基地之一，現已成為國內電子遊藝設備最大的生產基地，由廣東省
內企業自主研發製造的電子遊藝設備占全國總量的 60％。

　　2007 年，廣東省文化產業增加值為 1921 億元，占 GDP 的比
重為 6.2％，文化服務業增加值達 703.4 億元，比上年增長 14％，
相關文化服務增加值 1217 億元，比上年增長 14.2％。2008 年的統
計資料還沒出來，但預計文化產業的增加值將達到 2200 億元。根
據《廣東省文化產業發展「十一五」規劃》，在「十一五」期間，
廣東省文化產業增加值力爭實現年均增長 15％以上，到 2010 年達
到 3000 億元，占本省 GDP 的比重達到 8％左右；文化服務業增加
值年均增長超過 20％，到 2010 年達到 800 億元，占文化產業增加
值的比重超過 25％。

（二）深圳市的文化創意產業發展

　　深圳市位於廣東省南部，毗鄰香港，是中國與世界交往的主
要門戶之一，2008 年被聯合國教科文組織全球創意城市網路認定
為「設計之都」。文化創意產業現已成為深圳「第四大支柱產業」。
目前，深圳市塑造了「大劇院藝術節」、「國際水墨畫雙年展」、「國
際雙年鋼琴比賽」、「中外藝術精品演出季」、「深圳沙灘音樂節」、
「鵬城金秋」藝術節、「深圳國際旅遊文化節」、「青春之星電視大
賽」等文化節慶品牌；舉辦了中國（深圳）國際文化產業博覽交
易會、深圳讀書月、市民文化大講堂、深圳外來青工文化節、深
圳社科文化普及週等精品文化活動；開展了「國際文化交流博覽

會」、「深圳大劇院藝術節」、「深圳國際民間藝術節」、「深圳國際水墨畫雙年展」、「歡樂谷國際魔術節」、「亞洲兒童藝術節」等國際文化交流活動。

　　深圳市在動漫產業、影視劇製作、出版印刷、旅遊娛樂等諸多行業表現突出。據統計，深圳現有影視劇製作經營機構約 120 家，年製作影視劇產量超過 20 部，發行範圍遍及全國各省市。影視動漫產業年生產能力逾兩萬分鐘，並創作出全國首部三維動畫電影《魔比斯環》。深圳市還成立了報業、廣電、發行三大集團，出版業年出版圖書逾 700 種，年增幅達 25％，音像出版單位出版的音像製品數量年增幅達 20％。近些年，深圳市獲得了多個「五個一」工程獎、魯迅文學獎、蕭邦鋼琴比賽獎等各種獎項。歌曲《春天的故事》、《走進新時代》、《又見西柏坡》；電視劇《鋼鐵是怎樣煉成的》；粵劇《駝哥的旗》；現代歌舞劇《深圳故事‧追求》；小說《花季‧雨季》；報告文學《瘟疫，人類的影子》等知名文化精品都是深圳市文化創意產業的產物。

　　「中國油畫第一村」就坐落於深圳市龍崗區布吉鎮大芬村，它是目前深圳市文化創意產業最耀眼的一張名片：雲集 3000 多名畫工畫師、300 多家畫廊、700 多家油畫個人工作室和油畫作坊；每年生產和銷售 100 多萬張油畫；2006 年油畫出口 3000 多萬美元，世界市場上 40％的油畫來自大芬村。據說，以 1 億多美元刷新書畫拍賣史天價的畢卡索油畫《拿煙斗的男孩》，大芬村一個普通畫師 3 天時間就可以摹繪複製完成，售價為 1000 元人民幣左右。深圳集藝源油畫公司的 200 多名畫工每年可以畫出 20 萬幅這樣的世界名畫，年銷售額超過 800 萬元人民幣。目前大芬村已經聚集了 200 多名創作型畫家，其中有 60 多名畫家是省級以上美協的會員，每天都有 2 萬多件繪畫作品源源不斷地運往海外。

（三）廣東省文化創意產業集群化發展

廣東文化創意產業主要集中在廣州、深圳、佛山、東莞等珠三角地區，具有全國領先水準的「廣深佛莞文化創意產業圈」已經初步形成。

	文化創意產業	主要集中地
1	媒體產業	廣州和深圳。2007 年末，廣州市有廣播電臺 2 座，節目 16 套；電視臺 3 座，節目 26 套。全年共出版報紙 28.38 億份、雜誌 1.81 億冊、圖書 2.48 億冊；深圳市擁有廣播電臺 1 座，電視臺 2 座，廣播電視中心 3 座，有線廣播電視站 20 座，廣播電視人口覆蓋率達 100％。公開發行報紙 14 家，公開發行期刊 38 家。全年出版圖書 709 種。
2	印刷業	廣州、深圳、東莞。2006 年廣州市印刷企業總數為 2403 家，深圳 1375 家，東莞 2188 家，其中深圳產值超過億元的有 20 多家。
3	廣告業	廣州和深圳。2007 年廣東廣告經營單位將近 15000 戶，80％集中在廣州和深圳。
4	動漫產業	廣州和深圳。2007 年廣州從事網路遊戲、動漫業務的企業有 70 家，從業人員 1.2 萬人左右，網遊動漫產業產值超過 100 億元；深圳是全國最早的動畫製作基地之一，目前有相關企業 500 多家，從業人員近萬名，每年創造產值數億元。
5	數位出版業	珠江三角洲地區。2007 年，廣東省 63 家光碟複製企業有 526 條各類光碟生產線，投資總額達 62.32 億元，

| | | 年生產能力 32.6 億片，光碟生產能力和市場佔有率約占全國的 60%以上，形成了粵東全國可錄光碟生產基地和珠三角唯讀類光碟複製產業帶。截至 2007 年底，全省涉足互聯網出版的經營機構已近 100 家，主要集中在珠江三角洲地區。 |

（四）廣東省豐富的文化資源

歷史文化名城	廣州、佛山、潮州、梅州、肇慶、雷州等
民間音樂	廣東音樂、客家山歌等
傳統手工技藝	廣彩、廣繡、陶塑等
地方戲曲	廣東木偶戲、粵劇、潮劇等
民間曲藝	龍舟歌等
民間傳統美術	剪紙、年畫等

（五）廣東省各地產業園區建設

廣東省各地產業園區建設	
類型	舉例
在已有一定企業集聚和產業基礎上設立的文化產業園區	荔灣文化創意產業聚集區、肇慶端硯文化村、雲浮國際石藝城、深圳怡景動漫畫產業基地、伊泰蓮娜首飾文化產業園、陽美玉雕文化（創意）產業基地等
利用歷史文化資源和原有老工業建築等舊建築改建擴建改造成的文化產業園區	深圳田面創意設計之都、廣州信義‧國際會館、佛山創意產業園、深圳世紀工藝品文化廣場

在政府的導向下重新建設的 新文化產業園區	文化星城—廣東文化（創意）產業園、南方文化產業園、深圳漢玉雕塑產業園、TCL（廣州）文化產業基地、中國原創宇航鼠（潮州）動漫文化產業園等

（六）廣東省文化創意產業發展的領軍力量

　　2006 年廣州被國家商務部授予「國家軟體出口創新基地」稱號，成為中國軟體和動漫產業的四大基地之一；以廣州番禺長隆集團和深圳華僑城為代表的主題文化創意公園，是全國同類文化創意公園中的成功案例；以互聯網和軟體發展為主業的騰迅公司，QQ軟體已有註冊用戶 7 億多，年收入 30 多億元人民幣，排名世界第二、亞洲第一，騰迅網流覽量排名中國綜合類門戶網站第一名，騰迅 QQ 和中國遊戲中心的網路遊戲在全國網路休閒遊戲市場中的份額分別位居第一和第三位；以文化傳媒服務產業為主業的深圳華視傳媒，已發展成為擁有中國乃至全球最大的戶外數位移動電視廣告聯播網路企業，網路覆蓋全國 26 個經濟發達的城市；以原創音樂產業為主業的深圳 A8 音樂集團，已成為華語世界領先的專注於原創音樂的新媒體數位音樂公司；以動畫電影產業為主業的環球數碼，榮獲「2006 中國創意產業領軍企業」稱號，其投資製作的全三維動畫電影《魔比斯環》開創了中國全三維動畫電影新起點，成為中國動畫電影發展的里程碑。

（七）廣東省產業園「一區一品」的發展模式

　　廣州市越秀區以黃花崗資訊產業園和合潤創意產業園為核心，發展基於數位技術（數位動漫遊戲、數位媒體出版、數位廣播

影視、軟體與資訊服務業）的文化創意產業群；荔灣區利用古民居、老廠房、舊倉庫，形成了「北港、南灣、西島、中園」（廣州設計港、嶺南廣告灣、廣佛時尚島、荔灣現代藝術創意園）的發展格局；海珠區著重在新港路發展影視製作、時裝設計、婚慶攝影、會展策劃、美術創作展示與培訓等創意產業。深圳市羅湖區重點開發珠寶首飾和工藝禮品市場交易平臺，聚集了大量的珠寶加工企業，成為全國飾品文化潮流的重要基地；南山區重點開發數位娛樂、動漫遊戲等行業，聚集了一大批現代高新技術為龍頭的文化企業，成為深圳發展前景看好的數位娛樂產業基地；寶安區重點打造工業設計和工藝美術創意產業聚集區；鹽田重點打造海濱主題公園和休閒娛樂場所聚集區。

　　廣東省文化創意產業雖然是居全國總量第一，但自主創新能力弱，文化產業內部發展不均衡、集約化程度低。因此應全面整合廣東省的文化資源，提高自主創新能力，引導高新技術進入文化產業，著力形成文化產業規模效應。相信廣東省文化創意產業一定能帶領全國各省份的文化創意產業共同發展。

二十四、海南省文化創意產業

（一）海南文化創意產業綜述

海南省是中國陸地面積最小，海洋面積最大的省。位於中國最南端，北以瓊州海峽與廣東省劃界，西臨北部灣與越南民主共和國相對，東瀕南海與臺灣省相望，東南和南邊在南海中與菲律賓、汶萊和馬來西亞為鄰。海南省的行政區域包括海南島和西沙群島、中沙群島、南沙群島的島礁及其海域。全省陸地（包括海南島和西沙、中沙、南沙群島）總面積 3.5 萬平方公里，海域面積約 200 萬平方公里。其中海南島形似一個呈東北至西南向的橢圓形大雪梨，總面積（不包括衛星島）3.39 萬平方公里，是中國僅次於臺灣島的第二大島。

2008 年海南電影票房突破了 2200 萬元，比 2007 年同比增長46％左右，高於全國電影票房增長幅度，創下了歷年來最佳成績；2008 年，海南省服務業重點行業企業實現營業收入 56.78 億元，同比增長 12％，全部從業人員為 4.94 萬人，同比增長 24.0％，新增了 1.2 萬個就業崗位。2008 年 9 月，海南日報與國內時尚娛樂傳媒巨頭星光國際傳媒正式簽訂戰略合作夥伴關係協議，雙方明確了共同為海南省的文化建設、國際旅遊島建設、傳媒娛樂產業發展、國際大型會議及賽事交流等方面的發展做出積極貢獻和努力的戰略目標；2008 年，國家文化部命名海南省海口市大致坡鎮瓊劇文化產業群為第三批國家文化產業示範基地，這也是海南省首個國家級文化產業示範基地；2009 年，海南出臺 3 項措施支持文化企業的

發展，包括放寬文化企業集團註冊登記條件、經營範圍限制和出資條件，支持文化企業以股權出質、出資，拓寬融資管道等，進一步促進文化產業發展，爭取到 2010 年，全省文化產業增加值占 GDP 的 5%左右；到 2020 年，文化產業增加值占 GDP 的 10%左右。

「十一五」期間，文化產業要成為海南國民經濟新的增長點和重要產業，到 2010 年，文化產業增加值要達到全省 GDP 的 3％。海南省將建成海南博物館、省文化藝術中心和市民文化廣場等項目；利用國有經營資本全面完成全省有線電視節目高品質傳輸的「海南有線數位電視專案」；建成省幹部健身中心、省全民健身中心運動場看臺和海南國家級體育訓練基地建設等，完成省體育中心的建設前期準備工作，並建設省體育場；實現縣縣有圖書館、文化館；20 戶以上的已通電自然村全部通廣播電視、全省農村一村一月放映一場電影；海南省 80%的鄉鎮有一個籃（排）球場、一條健身路徑、一個體育指導員；構建環島高爾夫球場旅遊鏈，球場總數達到 30 個左右，年接待能力達 200 萬球客，促進相關產業發展。

（二）三亞市的文化創意產業發展

三亞市地處海南島最南端，中國東南沿海對外開放黃金海岸線上最南端的對外貿易重要口岸，是中國通向世界的門戶之一。三亞依託重大文化旅遊活動，正在著力塑造三亞國際旅遊名城的文化品牌，近年舉辦了 70 餘項次大型活動。中國三亞天涯海角國際婚慶節，香港—三亞國際帆船賽，環海南島公路自行賽，中國南山長壽文化節，新絲路中國模特大賽連續八年的總決賽，中國海南島歡樂節，國際鐵人三項賽，TCL 國際性高爾夫球賽，第 53、54、55、57 屆世界小姐總決賽，三亞國際熱帶蘭花展，南山海上觀音聖像

開光大典，第 14 屆中國金雞百花電影節暨中國電影百年慶典等已響譽海內外。

　　此外，三亞，魯能集團投資 3.2 億元興建會展業和高端演藝中心的「美麗城」、瀚星實業投資 12 億元興建的「南中國海影視文化生態園」、椰風海韻文化傳媒公司投資 8 億元興建「瑪祖文化生態園」、雲南吉鑫園集團投資近億元，製作「美麗三亞、浪漫天崖」大型旅遊演藝、深圳中興國際投資公司計畫籌建「三亞創意新城」等項目正在快速建設中，杭州宋城集團也有意向投資 8 億元在三亞興建「演藝夢幻城」和國際影視休閒園。海棠灣奧林匹克國際度假村則有 8 億美金的投入。這些大型的項目與活動，將會帶動三亞文化產業的大發展。

（三）海南省 11 個重點文化專案

11 個重點文化專案		
1	海口大致坡鎮瓊劇文化產業群	國家文化產業示範基地。大致坡鎮地處海口和文昌兩市交界地帶，人文資源豐富，從上世紀九十年代初期開始，陸續有民營瓊劇進駐大致坡。至目前，常駐該鎮的民營瓊劇團已有 10 家，另有掛牌設立聯絡點的 20 家。專職、兼職從事瓊劇業的人員近千人，累計每年經營演出近萬場次。大致坡鎮成了海南民營瓊劇團的聚集地和最活躍的演出市場。
2	海口長流創意產業園	位於海口市西海岸新區，總投資規模初步匡算約 80 億元人民幣。創意產業園規劃面積約 3000 畝，分三期建設，將規劃建設「創新研發基地、現代傳媒與互聯網產業園、健康養生旅遊產業園和設計創意產業園」四個產業子園。

3	「印象・海南島」大型實景演出	是以海島文化為依託，藝術表演海南印象的當代海南代表性大型實景演出。位於海南省海口市西海岸原水世界及其周邊沙灘海域。面朝大海半開放式的演出劇場外形採取了海膽仿生型建築設計，可同時容納 1700 餘人觀看演出。項目總體投資額為 1.5 億人民幣，演出項目由山水實景演出鐵三角團隊：張藝謀、王潮歌、樊躍擔綱執導。
4	三亞創意新城	位於三亞市西南部崖城鎮崖洲灣。海南省電子資訊產業基地落戶在創意新城內，將以微電子產業為核心，打造積體電路設計、製造、封裝和測試的產業鏈，大力發展汽車電子、移動通訊研發及生產基地、下一代互聯網試驗及應用示範、太陽能光伏產業等電子資訊產業專案。海南省動漫產業基地於 2008 年 5 月正式落戶三亞。動漫基地總占地面積 460 畝，基地的主要專案有：海南省資訊產業重點建設專案──海南省動漫產業基地公共技術服務平臺；三亞動漫城──高科技生態園區。
5	南中國海影視文化生態園	是集影視拍攝製作、影視休閒娛樂、影視活動接待、影視人才培養、主題公園於一體的多功能大型影視文化生態項目。項目建設於海棠灣鎮林旺區石姆龍水庫周邊，總用地面積約為 3450 畝，總投資金額約為 12 億人民幣。
6	三亞南山文化旅遊區	位於三亞市西南 20 公里處，規劃面積 50 平方公里，其中海域面積 10 平方公里，已建成面積 3 平方公里。計畫投資 60 億元，已投資 30 億元，2007 年接待 200 萬人次，其中境外遊客 15 萬人次。年

7	三亞南山大小洞天旅遊區	經營收入 2.5 億元。南山文化旅遊區是融熱帶海洋風光、中國佛教文化、福壽文化、歷史古蹟於一體，集生態旅遊、休閒度假於一身的大型主題園區。南山文化旅遊區是國家首批 5A 級景區，是「三亞熱帶海濱國家重點風景名勝區」的組成部分。 位於海南省三亞市以西 40 公里處的南山山麓，是國家首批 5A 級旅遊景區。大小洞天旅遊區於西元 1187 年開發，摩崖石刻眾多，至今已有 800 餘年。景區體現天人合一的發展理念，融合熱帶濱海自然景觀和道教人文景觀。2007 年 9 月新建開張的三亞自然博物館更是填補了三亞文化旅遊的空白。
8	三亞天涯海角遊覽區	國家重點風景名勝區、首批國家 4A 級景區和海南旅遊標誌性景區。位於海南省三亞市西南 23 公里處，是國家重點風景名勝區和首批國家 4A 級景區。「天涯」與「海角」四個大字，使天涯海角遊覽區成為「天涯文化情結」的地理落腳點和特定載體。
9	海南航太主題公園	航太主題公園是文昌航太發射場配套區專案的主要部分，主要有科普展示類專案、主題娛樂類專案、發射觀禮類專案、主題商業類專案四大項目。
10	海南文筆峰道家文化苑	坐落於海南省定安縣龍湖鎮丁湖路，是集旅遊、觀光、休閒、道家道教文化為一體的大型文化主題景區。由海南中野旅遊產業發展有限公司斥資 3 億元興建，占地面積近千畝。以南宋建築風格

		為基調，環文筆峰而建。眾多仿古建築閣殿錯落有致地分佈於山巒周圍，苑內玉蟾宮是目前全國最大最完整的仿宋古建築群。
11	海南呀諾達熱帶雨林景區	集休閒、觀光、體驗、教育為一體的、可持續發展的綜合性生態文化主題景區。同時也是海南省第一個充分展示和表現海南熱帶雨林「綠色生態文化」的綜合性主題景區。地處海南保亭黎族苗族自治縣三道地區，距三亞市區僅 35 公里，是名符其實的三亞後花園。景區位於大三亞旅遊規劃中的生態景觀軸上，是一個綠色生態型觀光旅遊項目，是「三亞旅遊圈」的一顆「綠色明珠」。項目總投資額 39 億元人民幣，項目總體規劃面積 45 平方公里。開業一年，即獲得「中國最具影響力旅遊景區」、「遊客喜愛的海南島特色品牌景區」的稱號。

（四）海南文化創意產業「百花齊放」

　　民間藝術方面。近年來，瓊劇這一古老戲種在大致坡鎮廣大農村復興，瓊劇團 2005 年演出總數達 4000 多場，約占海南全省瓊劇演出場次的 60％以上。據不完全統計，海南省每年瓊劇需求量在 7000 場左右。而目前大致坡鎮有 14 個常駐劇團，500 多名瓊劇演員，還有 10 多個劇團在此掛牌聯繫。這些劇團平均每個每年的演出場次都在 250 場以上，最多的能達到 300 場。海南每年在演的瓊劇中，有超過一半出自大致坡的劇團。除了瓊劇文化，海南的民族歌舞也是成績斐然。海南首部大型民族舞劇《黃道婆》曾在北京保利劇院上演，受到業內人士和觀眾的高度評價。在《黃

道婆》之前，還有以黎族舞蹈《三月三》、《草笠舞》、《喜送糧》、《摸螺》、《種山蘭的女人》，海南人偶劇《鹿回頭》，黎族歌舞詩《達達瑟》，大型黎族舞劇《五朵紅雲》、《甘工鳥》等為代表的一批優秀劇（節）目。

文化活動方面。如海南黎族的「三月三」、儋州的「調聲節」、苗家的「花山節」、府城的「換花節」、「冼夫人文化節」、「保亭七仙嶺嬉水節」等民俗傳統節日，挖掘海南特色的民俗文化遺產。

會展業方面。有博鰲亞洲論壇、三亞世界小姐總決賽、新絲路中國模特大賽、金雞百花電影節等。自從 2000 年博鰲亞洲論壇落戶海南後，數千個大小會議落戶海南，各種年會、訂貨會、交流會、研討會紛紛選擇在海南召開。

出版業方面。南海出版社是全國最早的出版企業，其推出的作品，如莫言的《紅高粱》、安妮寶貝的《告別薇安》、周海嬰的《魯迅與我七十年》、水均益的《前沿故事》等，都是社會效應與市場效應雙優的品牌圖書。此外，海南出版社近年來率先與優秀作者及海外出版界進行合作，以引進版權的形式陸續引進了千餘種來自美、法、德、英、俄、日等海外優秀圖書，被認為是國內最具創意和活力的出版社之一。

網路業方面。海南和北京、廣東、浙江、上海、江蘇和湖南等這些省市一起構成了中國互聯網的 7 個重點地區。天涯虛擬社區和海南線上、凱迪網路在全球互聯網世界裏屬於高排位網站。目前天涯虛擬社區是全球中文網路社區的第二大社區，而凱迪網路的「貓眼看人」論壇在海外論壇的綜合排名甚至超過了人民網的強國論壇。

曾幾何時，說到海南，總會有人套上「文化沙漠」這個名詞。但過去幾年來，生活在海南的人，都能慢慢感受到身邊越來越濃厚

二十五、貴州省文化創意產業

（一）貴州文化創意產業綜述

　　貴州省地處雲貴高原，簡稱「黔」或「貴」。東靠湖南，南鄰廣西，西毗雲南，北連四川和重慶，東西長約 595 千米，南北相距約 509 千米。全省國土總面積 176,167 平方千米，占全國總面積的 1.8%。，，是一個山川秀麗、氣候宜人、資源富集、民族眾多的中國內陸山區省。貴州是一個多民族的省份。全省有 49 個民族成份，少數民族成份個數僅次於雲南和新疆，居全國第三位。世居少數民族有苗族、布依族、侗族、土家族、彝族、仡佬族、水族、回族、白族、瑤族、壯族、蒙古族、仫佬族、羌族、滿族等 18 個。少數民族人口占全省總人口的 37.9%。

　　2008 年，貴州省積極推進文化資訊資源分享、農村電影放映和鄉鎮綜合文化站建設「三大工程」。完成了 23 個縣級支中心建設和 18,369 個村級點的設備採購任務；新建 4 條農村數位電影院線公司，全省 5 條農村電影院線公司的 152 套數位電影放映設備全部投入使用，全年共放映電影 30 餘萬場；省「流動圖書館」建設項目在惠水、白雲、施秉、錦屏、福泉 5 個縣（市、區）開展試點工作，效果良好；「兩館」建設專案繼續開展，叢江、望謨等 5 個縣級「兩館」建設如期動工。

　　全省已建有國家級風景名勝區 8 個，國家級自然保護區 5 個，具有「公園省」之美譽。而據不完全統計，全省少數民族的傳統節日有 1000 多個，規模較大的有 400 多個，可以說貴州是一個民族

歌舞的海洋。全省列入國家級非物質文化遺產名錄的項目 8 類 31 項 40 處，其中傳統戲劇類 7 項、傳統手工技藝類 7 項、民俗類 7 項、民間音樂類 3 項、民間文學類 2 項、民間舞蹈類 2 項、民間美術類 2 項、曲藝類 1 項。主要分佈在黔東南苗族侗族自治州、黔西南布依族苗族自治州、銅仁地區、黔南布依族苗族自治州、安順市、畢節地區、貴陽市、遵義市等地區。而全國重點文物保護單位有 39 處。2007 年 5 月，又公佈了第二批省級非物質文化遺產名錄共有 202 項。

（二）貴州省打造文化精品

2008 年貴州省順利完成了苗族舞蹈《踩鼓》等節目在北京奧運會前後的展演及交流活動。如苗族舞蹈《踩鼓》繼在鳥巢成功演出後，又應邀參加了第六屆「北京·2008 奧林匹克文化節」和「中國西部博覽會」演出，侗族大歌應邀參加了「中國農民藝術節」開幕式演出。此外，貴州省在 2008 年推出了系列抗災創作演出活動，如成功組織了「春暖貴州——2008 年抗災重建慰問」大型演出活動；舉行了「情系汶川」大型賑災義演，募集款項達 30 餘萬元；以「抗凝凍、保民生、抓重建」為題材，創作了大型話劇《就是這樣的人》；以青少年教育為主題，創作了《頭》、《特殊長話》等；以建設社會主義新農村為背景，以「四在農家」為題材，創作了相聲《垃圾桶變奏曲》、小品《只談牛的事》、花燈小戲《村長醉酒》，以及黔劇《大學生村官》、花燈劇《征人行》、話劇《犧牲》、《風雨文通》、歌舞劇《仰阿莎》、川劇《婁山關月》等。特別是由貴州省承辦並組織實施的貴州紀念改革開放 30 周年大型主題晚會《歲月如歌》取得了空前的成功。2008 年，侗族大歌、以茅臺酒釀造技藝為首的中國白酒和以貴州儺戲為首的中國

儺戲成功入圍「世界非物質文化遺產保護名錄」候選項目；奧運期間以展示我省國家級非物質文化遺產為主的貴州「祥雲小屋」在奧林匹克公園連續展演 40 天，獲「最受歡迎獎」；非物質文化遺產歌舞專場晚會《山花爛漫》在北京民族文化宮連演 4 場，受到奧組委及首都觀眾的一致好評。

（三）保護傳統民族文化

　　貴州多山、多水、多民族，世居民族就有 18 個，民俗風情、藝術形式千姿百態。為了保護這些珍貴的民族文化，上世紀 80 年代中期，貴州省動員了上千人的普查隊伍，積累了上千萬字的資料，編纂成《中國十大文藝集成——貴州卷》。而貴州省人大更立法，為民族民間文化保護提供了法律依據，2003 年 1 月 1 日起實施的《貴州省民族民間文化保護條例》，成為繼雲南之後全國第二部省級民族民間文化地方性保護法規；另外制定了《貴州省民族民間文化保護規劃綱要》以及分類實施綱要，使保護工作更加規範和科學。

　　貴州省政府為有效推進保護工作，建立了省、市（州、地）、縣三級非物質文化遺產保護名錄。另外，又再成立了保護民族民間文化專門機構——貴州省非物質文化遺產保護委員會，以此來協調各職能部門的保護工作。設立了民族民間文化保護專項資金，為保護工作提供了資金上的保障。

　　貴州文化遺產保護工作注重突出貴州特色，在民族文化遺產、紅色文化遺產、大遺址和傳統工業遺產保護和合理利用等方面，不斷的進行資源整合及加大力度。例如以黔東南民族村寨保護為突破，保護民族地區文化遺產，為當地經濟發展和新農村建設服務。又如以赫章可樂遺址、遵義海龍屯為研究對象，探索貴州大遺址保護和城鎮建設、旅遊事業協調等。

（四）民族節日慶貴州

貴州有「千節之省」的美稱，在一年 365 天內，全省境內大小民族節日、集會有 1400 多個（處）；例如有水族的借額節、卯節和端節；苗族的跳花節、姊妹節；布依族的水龍節、牛王節；另外還有凱裏舟溪蘆笙會、侗族傳統花炮節、土家族的嗩吶節、黔東南州的吃新節，還有貴州的情人節——秋千情人節等等。在民族節日時，那些古老的民族服飾，獨特的節日飲食，古樸的音樂舞蹈，虔誠的祖宗祭祀，神秘的地戲、儺戲，處處都代表了貴州省民族的特色，這些民族節日、集會可說是貴州民族民間文化多樣性的博覽會。目前貴州省在這方面的宣傳並不是十分足夠，由於民族節日的時間，地點，特色等都不被中國或世界其他地區的民眾所認識及瞭解，所以白白浪費了貴州省那麼優良的文化資產；但同時亦代表了這個極具潛力的市場正等待人們去開發。

（五）多彩貴州風

貴州有 1.8 萬個擁有 600 年歷史的民族村寨，作為少數民族文化的重要載體有許多專業的民族文化藝術表演團體在其中，例如黔劇是貴州家鄉劇，黔劇中的《秦娘美》、《奢香夫人〉、大型歌舞劇《蔓蘿花》等均曾被拍成戲曲影片；此外還有花燈劇《七妹與蛇郎》等也享譽省內外。目前貴州省各地活躍著 4000 多個業餘藝術表演團體，但在發展上卻缺乏品牌，經營上也沒有跟上市場的腳步。

在 2005 年 3 月貴州成功舉辦了「黃果樹首屆多彩貴州歌唱大賽」。歷時 5 個多月，共有 10 萬多人報名，現場觀眾達 340 萬人。八場決賽頒獎晚會共有 8820 萬人的電視觀眾，證明了貴州的文化演出是廣受歡迎的。

　　貴州省另推出「多彩貴州風」，由貴州日報社、省電臺、省電視臺、省歌舞團和省外一家民營公司共同投資，組建了多彩貴州文化藝術有限公司，演員來自多年沒有一場商業演出的幾個省級專業劇團。彙集全省民族民間優秀藝術形式，其中有被譽為「東方迪斯可」的苗族反排木鼓舞，有被讚為「天籟之音」的無伴奏多聲部合唱的侗族大歌，有「戲劇活化石」屯堡地戲，有流傳了 1000 多年的布依族八音坐唱，這些藏在深山的民族民間優秀文化藝術透過舞臺傳到了山外。

　　「多彩貴州風」以舞臺版為基礎，該節目還演化出巡演版和廣場版，目前已與多家國內外演出公司和劇場簽訂了演出合同。公司還採 BOT 方式投資 5000 萬元，改造貴陽北京路影劇院，作為長期演出場地，並成為文化部確定的文化產業基地。而境外投資商已與貴州省政府達成協議，投資 11 億元，在省黔劇團、省雜技團、河濱劇場地址上修建集貴州民間藝術展演、民族風情體驗、民族服飾工藝品製作銷售等多功能於一體的貴州民族文化廣場。在前兩版《多彩貴州風》取得巨大成功的基礎上，2008 年 3 月份貴州省又打造了第三版《多彩貴州風‧山裏的日子》。

（六）發揚貴州的民族藝術及工藝產業化

　　在民族服裝、銀飾方面，貴州的少數民族服裝、銀飾就有幾百種。苗族的刺繡藝術，是苗族歷史文化中特有的表現形式之一；苗繡以五色彩線織成，圖形主要是規則的若干基本幾何圖形組成，花草圖案極少。幾何圖案的基本圖形多為方形、棱形、螺形、十字形、之字形等。例如擺貝苗族百鳥羽毛服是榕江月亮山地區苗族服飾的代表者之一。此類服飾以家織土布與紅、黃、綠、藍等錦緞絲綢拼製縫合而成，其胸兜、圍腰等部件上繡著精美的蜘蛛、雞、鳥、蝴

蝶、蟲、魚、花等紋案，色彩艷麗，圖案奇特，上半部為齊膝長裙，下半部為綴連在袍擺的刺繡飄帶，飄帶底部以白色羽毛為綴飾，因此被稱作「百鳥衣」。可是現時苗繡藝人的數量日漸減少，可以說，現代文化越是發達，苗繡的傳統技藝流失也越快。所以在 2006 年 5 月 20 日，苗繡經國務院批准列入第一批國家級非物質文化遺產名錄，希望能藉此保護這種傳統藝術。

苗族銀飾是苗族服飾藝術中誕生最晚的一個藝術品種。苗族銀飾工藝精湛，富麗堂皇。主要採取鏤、刻、錘、纏等基本製銀技藝，各地區式樣圖案和花紋的差別，取決於他們所居住的環境、生活習俗、服飾等方面。其主要有銀角、銀冠、銀花、銀簪、銀梳、插針、耳環、耳柱、耳墜、項圈等。其式樣有空心的，實心的，泡花的，六角形的等。

目前貴州省內不少的村落均建立了民族民間文化遺產保護小組，負責該地區文化遺產的保護工作，同時開發民族民間傳統的工藝產品，增加村民的收入，使傳統的手工藝得到傳承和創新。如花溪鎮山布依村寨等 20 個省級民族文化保護村先後確立；又如臺江縣辦起了苗族刺繡藝術學校，施秉縣辦起了民族刺繡廠，為當地農民增收又找到了一條新路子。一些具貴州民族特色的產品，手織布面料及服裝、手織布床上用品、手繡工藝品、蠟染壁掛、桌布、民族盛裝、演出服飾等，還遠銷廣東、上海、浙江、北京、西安等地及美、加、韓、臺等國家和地區。

（七）歌舞飛揚在貴州

貴州少數民族眾多，而且能歌善舞，傳統音樂舞蹈豐富多彩。貴州各民族音樂不僅類別多，而且各具特色。有苗族高亢昂揚、熱情奔放的「飛歌」，低迴委婉、優美抒情的「遊方歌」，質樸莊重的

「古歌」等等，其調式不一，各具韻味，感情細膩，震撼力強。此外，布依族、彝族、水族、土家族、仡佬族等，都有自己豐富多彩的歌舞。僅布依族的舞蹈就有幾十種，歌有大調小調和大歌小歌等，且注意押韻。而土家族的歌唱藝術有「砍柴歌」、「薅秧歌」、「獻茶歌」等，具有濃郁的民族風格。土家族的舞蹈則多體現在生活習俗中，尤為儺舞較為典型，跳法古樸，動作有力，節奏清晰。目前全省已有千餘個民族村寨開展了以民族文化為載體的鄉村遊活動，形成了歌舞表演、農業勞作、民族節慶、民俗尋蹤、民族工藝製作等形式多樣的鄉村旅遊產品。2006 年，全省接待鄉村遊客近1100 萬人次，鄉村旅遊收入達 21 億元，可見如果貴州省能善用其民族資源，那不但能有效的吸引外地遊客，而且還能夠達到走出去的目的。

　　貴州是一個多民族的省份，所以貴州的文化創意產業的重點，就是在於「民族資源」這一項上，努力的目標在於建立品牌化與市場化，在合理利用非物質文化遺產時，要正確處理好保護和利用之間的關係，提高了各民族的自尊心和自豪感，樹立了少數民族對自己所創造的文化價值的認同感，利用科技建立貴州的民族資料資訊庫，使優秀的文化得到廣泛傳播和弘揚，並由此產生更大的經濟效益。

二十六、雲南省文化創意產業

（一）雲南文化創意產業綜述

　　雲南省，簡稱滇，位於中國西南邊陲。雲南是世界罕見的文化資源富礦，也是全國最早提出要建設「文化大省」的省份之一。省會是昆明市。總面積 38 萬多平方公里，占全國面積 4.11％，在全國各省級行政區中面積排名第 8 名。總人口 4450 萬（2005 年底），占全國人口 3.36％，人口排名為第 12 名。與其相鄰的省區有四川、貴州、廣西、西藏，與其相鄰的鄰國有緬甸、老撾和越南。北回歸線從雲南省南部橫穿而過。雲南是全國民族最多的省份，全省共有 51 個民族，其中人口 5000 以上並有固定分佈範圍的有 26 個。其中 15 個是雲南的特有民族。在長期的生產生活實踐中，26 個少數民族都創造了極具民族個性的文化樣式。如白族的本主文化，納西族的東巴文化，傣族的貝葉文化等。

　　因此，雲南是一個世所罕見的「民族文化聚寶盆」，其民族文化的發展在國內外掀起了一股強勁的「雲南文化旋風」。2007 年雲南省文化產業增加值達 262.9 億元，比上年增長 21.3％，占 GDP 比重為 5.55％，截止到 2008 年，雲南共有 300 多個文化產業專案簽約，協定投資額超過 520 億元，實際到位資金超過 100 億元。可以說目前文化產業已基本成為雲南經濟社會發展新的支柱產業。具體可以表現在：

　　雲南新聞出版業的長足發展。《雲南印象》、《鳳氏彝蘭》等 50 多個文藝精品力作，以及《鄭和史詩》等精品出版物，曾在國際國內獲得 100 多個重要獎項。

　　雲南文化產業人才的不斷湧現。雲南在第十二屆ＣＣＴＶ電視歌手大獎賽大放異彩，一舉奪得一金二銀三銅，分別占各類獎項的六分之一，使李懷秀、王紅星等雲南優秀歌手為全國觀眾所熟知；雲南選手熊汝霖在CCTV「夢想中國」比賽中榮獲冠軍金碟獎；茸芭莘那榮獲CCTV「星光大道」年度總冠軍，被譽為雲南在中國樂壇上的「三連冠」。

　　雲南文化活動的系列開展。先後組織了「雲南赴京文化宣傳系列活動」、「雲南文化產業上海推介周」、「上海國際藝術節『感受雲南』演展系列活動」、「雲南電影香港宣傳推介系列活動」等大型文化宣傳推介活動。2003～2005 年，雲南有 300 多個藝術團次、一萬餘人次演員，到世界 30 多個國家或地區演出 1000 餘場。由著名舞蹈表演藝術家楊麗萍精心打造、由民營文化企業家荊林運作推廣的，被譽為「優秀民族文化保護與開發完美結合的典範」的大型原生態歌舞集《雲南映象》，與德國、荷蘭、比利時、法國、西班牙等 8 個國家的 30 多個城市簽署了 200 多場商演合同，已經拉開了世界巡演的序幕，預計演出收入將達 1700 萬美元。雲南攝製完成的電影、電視片《好大一對羊》、《姆瑪的十七歲》、《花腰新娘》、《高原女人》等也頻頻在國際上獲取大獎。近 4 年來，共有 200 多個影視劇組到雲南取景拍攝；共有 400 餘位全國各文藝門類最頂級的專家學者蒞臨雲南，指點江山、激揚文字。

（二）麗江市的文化創意產業發展

　　麗江自古就是一個多民族聚居的地方，共有 12 個世居少數民族，麗江民族文化產業首先是民間自發興起的。1986 年，納西族的宣科先生用現代商業手段使納西古樂成為世界知名的麗

江民族文化品牌。「九五」期間，麗江市民族文化產業的財政收入達到地方財政收人的三分之一。1996 年「2．3」地震後，麗江市政府籌資 5860 多萬元（其中世界銀行貸款 3360 萬元），恢復了明代麗江木氏土司衙署，並將其作為「麗江古城博物院」對外開放。

　　隨著麗江旅遊規模的不斷擴大和民族文化產業效益的日漸顯著，許多有識之士先後透過不同方式參與民族文化產業開發。「東巴宮股份有限公司」的成立，把東巴樂舞和納西族歌舞推向市場；由「麗江地區民族歌舞團」與「深圳能量實業有限公司昆明分公司」合作組建的「雪山演藝有限責任公司」，投資近 800 萬元編排上演了大型民族服飾、民族舞蹈詩畫《麗水金沙》，累計演出 360 場，觀眾達 8 萬多人；由張藝謀導演的大型實景演出《印象．麗江》也是投資巨大，好評如潮，全篇分《古道馬幫》、《對酒雪山》、《天上人間》、《打跳組歌》、《鼓舞祭天》和《祈福儀式》六大部分。整個演出以雪山為背景，以民俗文化為載體、由 500 名來自納西族、彝族、普米族、藏族、苗族等 10 個少數民族的演員出演。這 500 名普通的農民是《印象．麗江》雪山篇的主角，他們的家鄉就是雲南的麗江、大理等地的 16 個村莊；此外，麗江家庭作坊或傳統的「前店後家」式的民族文化工藝品市場（不含飲食業），年營業收入高於 5000 萬元。

　　目前，麗江市以開發民族文化資源為主、已成規模的民族文化產業企業有十多家，形成了以演藝業為主，兼有圖書出版、音像製作、飲食、手工藝、博物展覽、風情領略的民族文化產業群體。麗江市已經打造出麗江古城、東巴文化、納西古樂、《麗水金沙》、摩梭風情、茶馬古道、《印象麗江》等民族文化精品，民族文化產業建設基本形成規模。此外，麗江市已形成藝術演出市場、電影市場、文物市場、藝術品市場、文化娛樂市場、音像製品市場、圖書報刊

市場、藝術培訓市場、對外文化交流市場、網路文化市場以及印刷
十一大市場，20 多個經營專案，6000 多名從業人員的大文化市場，
有文化經營單位 1697 家。1997 年 12 月 4 日被聯合國世界文化遺
產組織列為《世界文化遺產名錄》。

（三）雲南蓬勃發展的旅遊文化事業

　　2007 年，雲南省文化產業增加值和旅遊產業產值超 800 億元，
達到 822.1 億元，占 GDP 比重達到 12.35％。旅遊產業方面，雲南
省共接待海內外遊客 9121.9 萬人次，實現旅遊總收入 559.2 億元，
旅遊產業增加值占全省 GDP 的比重已達到 6.8％，成為最具雲南特
色的重要支柱產業之一。目前，雲南全省 128 個縣市已全部對外開
放，共有國家級口岸 11 個，省級口岸 9 個，邊民互市通道近百條。
國際大通道建設已全面展開，雲南已初步形成了「公路、鐵路、水
運、航空並舉，東、中、西三路連接東南亞」的立體通道格局。一
個以大西南為依託，以昆明為中心，以東南亞為重點，面向世界全
方位開放的對外開放旅遊新格局已初步形成。旅遊業已被列為雲南
經濟社會發展的五大支柱產業之一。其樹立的是「文化是旅遊的靈
魂，旅遊是文化的載體」的發展理念。每年到雲南邊境緊靠中、老、
緬、泰 4 國「金三角」旅遊的外國遊客已有 300 萬人次之多。2003
年 9 月，中國與湄公河 5 國簽訂了共同開發瀾滄江—湄公河黃金旅
遊線和跨國旅遊帶、在區域內形成統一旅遊經濟圈的協議。現在，
中國與湄公河 5 國的公民持一本護照，在湄公河次區域 6 國內實行
免簽，對他國旅遊者也給予落地簽證，簡化入境手續。由於「瀾滄
江－湄公河水上國際旅遊項目」的實施，昆明—曼谷高等級公路的
全線貫通，以及泛亞鐵路東、中、西 3 線的建設，每年都有大批國
際遊客透過次區域各國進入雲南。現在，雲南已成為全球最具吸引

力的旅遊目的地之一，近幾年來，來滇遊客每年以 500 萬人數增加，去年遊客總數超過 8700 萬人次。

（四）雲南發展民族文化產業的優勢

雲南發展民族文化產業的優勢		
1	地理位置優勢	雲南地處中華文華圈、印度文化圈與東南亞文化圈的交匯點
2	文化遺產優勢	有世界級文化遺產——澄江動物化石群、有人類和猿類共同的祖先——臘瑪古猿的化石基地、有中國人最早的祖先——元謀人遺址，有「侏羅紀公園」祿平、有南詔故址，有世界自然遺產三江並流
3	民族文化資源優勢	雲南有 26 個民族，已收集到的各民族民歌民曲有 2 萬多首，舞蹈 6718 套，戲劇 200 多個，器樂 200 多種，敘事長詩 50 多部
4	旅遊資源優勢	雲南具有蒼山洱海、三江並流、玉龍雪山、中甸草原等秀美的自然風光

（五）令人矚目的「雲南模式」

文化產業發展的事實證明，雲南模式已經成為繁榮文化產業的先進模式。「音樂舞蹈的海洋、美術攝影的殿堂、影視拍攝的基地、文學創作的富礦、民族文化的金礦」已然成為雲南的代名詞。音樂舞蹈方面，湧現出了《雲南印象》、《麗水金沙》、《支花籃》、《一窩雀》、《打秧鼓》、《心靈的陽光》、《太陽火》、《蝴蝶之夢》等一批舞臺精品，《雲南映象》是其中最突出的代表，曾創下一場演出收入 60 多萬元的記錄，用了 9 個民族 60 多個舞蹈元素把雲南民族民間

舞蹈推向全國乃至全世界；美術攝影方面，出現了《高原春秋》、《烏蒙礦工》等美術獲獎作品；影視拍攝方面，以雲南作為影視拍攝基地的《德拉姆》、《諾瑪的十七歲》、《心中的香格里拉》摘金奪冠；《天龍八部》、《倩女幽魂》、《福星高照》、《茶馬古道》、《一米陽光》、《千里走單騎》等電影電視劇受到了觀眾的熱捧；文學創作方面，小說《水乳大地》、《好大一對羊》，劇本《鳳氏彝蘭》、《打工棚》的創作獲全國性大獎，得到了巨大的肯定。同時雲南還有許多在中國歷史乃至世界歷史上都留下濃墨重彩的故事，如駝峰航線、史迪威公路、陸軍講武堂、西南聯大等，這些都是最好的電影創作元素和基地，也是小說文藝創作的天堂。

眾所周知，雲南地處中國西南邊陲，是一個經濟社會發展相對滯後的省份，但它憑藉豐厚的民族文化資源，成就了一片魅力四射的文化熱土，創造了豐富燦爛、獨特璀璨、神韻無窮的民族文化，形成了雲南這座民族文化的金礦，這都表明雲南文化產業具有巨大的潛力和廣闊的發展前景。

二十七、四川省文化創意產業

（一）四川文化創意產業綜述

四川省簡稱川或蜀。位於中國西南地區、長江上游。春秋戰國時為蜀國地。秦代置蜀郡。截至 2007 年底，四川省轄 18 個地級市、3 個自治州；43 個市轄區、14 個縣級市、120 個縣、4 個自治縣；4544 個鄉鎮、239 個街道辦事處。省會成都。全省總面積是 48.5 萬多平方公里。

2008 年，四川文化產業實現增加值 255.1 億元，增長 9.9%，占 GDP 的 2.04%，高於 GDP 增幅 0.4 個百分點，較上年低 6.7 個百分點。從四川省文化產業的結構的分層情況看，文化產業的「核心層」包括新聞服務、出版發行和版權服務、廣播電影電視服務以及文化藝術服務等類別，共有從業人員 9.95 萬人，擁有資產 182.88 億元，全年營業收入 115.79 億元，實現增加值 45.71 億元。「週邊層」包括以互聯網資訊為主的網路文化服務，以旅遊、娛樂為主的文化休閒娛樂服務和以廣告、會展、文化商務代理為主要內容的其他文化服務等類別，共有從業人員 6.68 萬人，擁有資產 183.84 億元，全年營業收入 66.17 億元，實現增加值 22.49 億元。「相關層」包括文化用品、設備及相關文化產品的生產和銷售活動，共有從業人員 20.34 萬人，擁有資產 362.77 億元，全年營業收入 302.55 億元，實現增加值 17.17 億元。

　　從四川省在文化產業單位註冊類型情況看，有內資單位 17,750 個，占 99.5%；港澳臺商投資單位 45 個，外商投資單位 51 個。內資單位有從業人員 25.7 萬人，占 97.7%；港澳臺商投資單位 0.35 萬人，外商投資單位 0.25 萬人。內資單位擁有資產 663.0 億元，占全部文化產業單位元資產的 95.3%，港澳臺商投資單位 18.5 億，外商投資單位 14.5 億元。內資單位實現增加值 59.5 億元，占全部文化產業單位元增加值的 94.5%，港澳臺商投資單位 1.7 億元，外商投資單位 1.7 億元。內資單位全年營業收入 410.5 億元，占全部文化產業單位元營業收入的 95.1%，港澳臺商投資單位 9.4 億元，外商投資單位 11.6 億元。

　　從四川省各地區文化產業發展情況看，四川文化產業增加值前 5 位的市州分別是成都市、樂山市、宜賓市、德陽市和南充市；從業人員前 5 位的市州依次為成都市、綿陽市、宜賓市、德陽市、樂山市；擁有資產前 5 位的市州依次為成都市、綿陽市、樂山市、宜賓市、德陽市。四川文化產業從業人員主要集中在成都、綿陽、宜賓、德陽和樂山市五市；文化產業營業收入主要集中在成都和綿陽兩市；文化產業增加值主要集中在成都、樂山、宜賓和德陽四市。

　　「5‧12」地震後，四川省有序推進四川省錦城藝術宮、四川人民藝術劇院、四川省藝術職業學院、成都「5‧12」地震公園、成都博物館、成都天府大劇院、成都現代藝術館（成都音樂廳）、成都藝術劇院劇場、成都永陵錦水‧花間、成都川劇藝術中心三期工程、成都新聲劇場、成都南方絲綢之路邛窯文化產業園、都江堰實景演出、青城山‧中國當代美術館群、成都武侯祠博物館錦裏二期工程，綿陽市藝術劇院、藝術中心、綿州大劇院、民俗博物館、嫘祖文化博物館、李白文化主題廣場、

羌族民俗博物館、廣元市文化服務中心等重點文化產業專案。
據不完全統計，2008 年 9 至 12 月期間，僅成都、綿陽、自貢、
攀枝花等部分市州開工專案 32 個，項目總投資 94.939 億元。四
川已有國家級文化產業示範基地 11 個，省級文化產業示範基地
13 個。

（二）成都市的文化創意產業發展

　　成都是四川省省會，也是副省級城市之一。2007 年成功協辦
了首屆「非物質文化遺產節」。8 個市屬專業表演團體共演出 1978
場，觀眾達 193.3 萬人次。截止到 2007 年底，全市有群眾藝術館 3
個，博物館 14 個，文化館 17 個，公共圖書館 21 個，館藏圖書 915.1
萬冊。擁有廣播電臺 2 座，製作節目 14 套；電視臺 2 座，製作節
目 29 套。

　　目前，成都的文化創意產業在各方面都結出了碩果。演藝事業
方面。組建了成都演藝（集團）公司，著力打造成都演藝事業新品
牌，成功推出了《金沙》音樂劇。該劇自駐成都演出至今，已連續
上演了近 500 場，觀眾超過 15 萬人，票房收入突破千萬元；另外，
依託川劇藝術打造了《芙蓉國粹》、《欲海狂潮》、《野鶴灘》等多臺
優秀劇碼，其中僅《芙蓉國粹》近兩年就連續上演了 700 餘場，吸
引境外遊客 20 餘萬人。

　　文化項目方面。以杜甫草堂博物館為核心，初步建成了中國詩
歌文化中心項目。該項目占地 800 餘畝，由杜甫草堂、詩聖文化園、
唐風街、詩歌公園（浣花公園）四大板塊組成。2005 年，成都被
授予「詩歌公園」的稱號；此外，依託成都武侯祠而打造的一個蜀
地民俗文化「博物館」──「錦裏」古街的建成，自開放至今，已
接待國內外遊客 600 餘萬人，實現銷售收入近億元，拉動周邊經濟

2 億元以上，為社會提供近千個就業崗位，形成了成都民俗旅遊休閒文化的一個知名品牌。2004 年 11 月，「錦裏」古街被文化部命名為「國家文化產業示範基地」。

特色模式方面。成都市在其錦江區三聖鄉打造新型農村文化產業運行模式——「五朵金花」。將全鄉 5 個區分別建設成為「幸福梅林」、「東籬菊園」、「荷塘月色」、「江家菜地」、「花鄉農居」等 5 個各具特質的農業文化旅遊觀光區，2004～2006 年，共接待遊客 2200 餘萬人次，實現經濟收入 5.29 億元，村民年人均純收入從 2003 年的 4426 元增長到 2006 年的 7306 元。2006 年 5 月，三聖鄉被命名為「國家文化產業示範基地」。

娛樂軟體方面。已建成「成都數位娛樂軟體園」，有網路遊戲、手機遊戲研發企業近 60 家，從事數位娛樂產業的教育、科研機構 20 餘家，研發了優秀遊戲如《海天英雄傳》、《魔幻之旅》等。有遊戲運營企業 10 餘家，天府熱線資料中心架設使用了 2000 多臺遊戲伺服器，代理了國內外近 50 款數位娛樂產品。2006 年 9 月，盛大、金山、騰訊、智樂、GGL 等大企業先後入駐成都數位娛樂軟體園。截至目前，成都數位娛樂軟體園擁有錦天科技、夢工廠、掌通網、恆風、掌中科技、斯普等 30 餘家數位娛樂企業。其中，錦天科技自主研發的大型網路遊戲《風雲》月收入達千萬元，平均線上人數 15 萬人。預計未來 3 至 5 年，成都以遊戲動漫產業為主的數位娛樂產業將帶動 100 個億以上的產值。

（三）四川文化產業的集團化格局

四川文化產業現已形成了集團化的格局。大集團帶大產業，目前四川省組建的 8 個文化集團總資產近 200 億元，都市類報業

進入全國同行業綜合競爭力前 5 強。四川省擁有兩家上市文化企業，6 條電影院線，8 個文化部命名的產業示範基地，1 個「國家動漫遊戲產業振興基地」，文化會展辦展數居全國第五位，年拉動消費超百億元。四川省八大文化集團分別是：四川日報報業集團、四川廣播電視集團、四川新華發行集團、四川出版集團、峨眉電影集團、四川黨建期刊集團、成都日報報業集團、四川博文集團。8 個集團資產總計、年總收入超過 100 億元，其中四川日報報業集團、四川廣播電視集團、四川新華發行集團、四川出版集團、成都日報報業集團等 5 個集團資產超過 10 億元，四川新華發行集團、四川出版集團、成都日報報業集團等 3 個集團年納稅額超過億元。

以八大集團為龍頭，四川已形成以新聞出版、廣播影視和文化演藝為主的格局。目前，四川省共有 11 家音像出版社，16 家圖書出版社，39 家電子出版物批發單位，112 家音像製作單位，134 種報紙，214 家圖書批發單位，335 種期刊，3539 家印刷企業，5384 個圖書零售企業；共有 20 家廣播電臺，22 家電視臺，56 個廣播影視節目製作機構，28.5 萬 KM 有線廣播電視傳輸幹線，968.84 萬戶有線電視用戶，廣播綜合覆蓋率 95.34％，電視綜合覆蓋率 96.39％。

（四）獨具特色的蜀文化

蜀文化從距今四、五千年前的新石器時代晚期興起，在距今 2500 前的東周時期，由於巴文化的興起，逐漸融匯為巴蜀文化，擴大為巴蜀大文化體。蜀文化分佈的中心是以成都平原為中心，包括岷江、嘉陵江上游在內的川西地區。獨具特色的蜀文化可以用以下三個圖表顯示：

豐富的文化資源

文化資源	代表
古蜀文化	三星堆出土文物
三國文化	蜀漢政權在川遺址
盛唐文化	杜甫、李白在川遺蹤詩文
宗教文化	佛教、道教、藏傳佛教
少數民族文化	康巴、納西、白馬、彝家歌舞
酒文化	五糧液、瀘州老窖、文君酒
茶文化	蒙頂茶等名優川茶及其製作工藝、茶館
戲劇文化	川劇清音、諧劇、四川評書、四川揚琴
民俗文化	各種少數民族的風俗、語言、民居、飲食和服飾
革命戰爭文化	甘孜、瀘定橋、涼山彝漢結盟和老一代革命家紀念館
飲食文化	麻辣燙火鍋、四川泡菜、川菜
城市景觀文化	府南河、沙河工程

各層次的歷史文化名城

芙蓉之城	成都
南國燈城	自貢
名酒之鄉	宜賓
閬苑仙境	閬中
海棠香國	樂山
酒城藥鄉	瀘州
千年古堰	都江堰

蜀道咽喉	綿陽
洞天福地	綿竹
月亮之城	西昌
三蘇故里	眉山
太白故里	江油
萬擔茶鄉	邛崍

蜀文化現狀

世界級文化遺產	峨眉山、樂山大佛、都江堰、三星堆、棘人懸棺、紫竹城遺城
燦爛瑰寶	蜀繡、蜀錦、川劇和蜀宣
民間藝術	安岳涼席、成都漆器、綿竹木版年畫、青城絲毯、四川珙縣僰人懸棺崖畫、皮影、千年「邛三彩」、自貢紮染、崇慶竹編
多種地方活動	自貢恐龍燈會、涼山彝族火把節、成都花會、黃龍寺廟會、廣元女兒節、峨眉山朝山會、南充絲綢節、阿壩草原賽馬會、都江堰放水節
各種民俗	潑水節、彝族火把節、羌族與棧道、傣家竹樓、土家風情吊腳樓、苗族婚俗風情
多位歷史文化名人	世紀偉人鄧小平、文學巨匠巴金、國畫大師張大千、臥龍先生諸葛亮、千載名女卓文君、東坡居士蘇軾、漢昭烈帝劉備、開國將帥張愛萍、特級英雄黃繼光、變臉大王王正道、吟鳳求凰司馬相如、天文學家落下閎、一代文豪郭沫若

現存的蜀文化資源主要有：世界自然與文化遺產 6 處，國家級歷史文化名城 7 座，國家重點風景名勝區 9 處，省級歷史文化名城 24 座，省級歷史文化名鎮 22 座，省級風景名勝區 44 處，全國重點文物保護單位 82 處，省、市、縣重點文物保護單位 3000 餘處，各種博物館、紀念館、陳列館 64 所，國家森林公園 11 處、自然保護區 40 處，其他人文景點 200 多個。

（五）四川省災後文化重建行動

2009 年 5 月四川省公佈了災後一周年的文化重建計畫，去年都江堰、北川、汶川等 13 個市、縣受災特別嚴重，70 個縣文化館、圖書館和 836 個鄉鎮綜合文化站或全部垮塌或嚴重受損；包括 83 處全國重點文物保護單位在內的 1060 處不可移動文物、1839 件可移動文物遭受不同程度損毀，1110 件珍貴非物質文化遺產實物、上萬份珍貴文字和圖片音像資料被毀，北川、汶川、茂縣和理縣 4 個羌文化核心區的非物質文化遺產實物和資料大部被掩埋；全省 150 多家重點文化產業單位和 27 個縣的 1.1 萬多個文化經營場所受到不同程度破壞。據文化部門統計，在已公佈的四川 105 項國家級非物質文化遺產名錄中有 20 項嚴重毀損、省級 189 項非物質文化遺產名錄中 88 項受損嚴重，4 萬多件珍貴實物、圖片、音像資料和上千萬字的珍貴文字資料被掩埋或嚴重受損，66 個非物質文化遺產專題博物館和一大批民俗博物館、傳習所受到損毀。

面對災情，四川省先後完成了《四川文化恢復重建總體規劃》、《公共文化服務設施恢復重建大綱》、《文物搶救保護修復規劃大綱》以及《非物質文化遺產恢復重建大綱》等一系列規劃，重建規模將達到 84 億多元。按照上述規劃，到 2010 年，四川地震災區公

共文化設施建設將達到和超過震前水準。四川全省文化系統納入規劃的 3778 個重建專案，到去年底已有 800 多個啟動。

　　四川文化部門在地震發生後不久就緊急啟動了文化遺產災後恢復重建規劃編制工作，完成了 88 處不可移動文物搶救保護方案編制工作，啟動了世界文化遺產都江堰和青城山古建築群及羌族村寨與碉樓搶救保護工程，開展了平武報恩寺、江油雲岩寺、綿陽平陽府君闕、成都杜甫草堂等 30 多處文物保護單位清理、搶險、支護。根據規劃，四川省災後非物質文化遺產搶救保護與恢復重建專案共 101 個、不可移動文物搶救保護專案 153 項，可移動文物修復 2700 多件，以及 45 項博物館、文管所加固、修繕、重建項目和 23 項少數民族物質文化遺產保護項目，總資金達數十億元；四川在重建的公共文化設施「四級文化圈層」中，將重建 106 個圖書館、文化館和 1177 個鄉鎮綜合文化站，使受災地市、縣、鄉、村公共文化服務網路基本形成。據四川省文化廳介紹，今年全省災區文化重建要完成 54 個文化館、圖書館和 558 個鄉鎮綜合文化站、103 個文化資訊資源縣級支中心和 2080 個基層站點的建設，納入規劃的 3097 個鄉鎮綜合文化站將全面開工建設。

　　四川省擁有豐富的文化資源，承載著深厚的文化底蘊，是一個名副其實的文化資源大省。然而，文化資源大省並不等於文化產業大省。2004 年四川文化產業增加值占 GDP 比重的 1.34％，低於全國 2.15％的平均水準，雖然是西部榜首，初步實現了西部文化強省的雛形，但與全國文化大省相比差距甚遠。但是憑藉四川豐富的文化資源與歷史的文化底蘊和積澱，相信其文化創意產業大省目標的實現指日可待。

二十八、廣西壯族自治區文化創意產業

（一）廣西文化創意產業綜述

廣西壯族自治區是一個沿海的省級行政區，位於中國南部邊疆，簡稱桂。南瀕北部灣；北、東、西三面分別與貴州、湖南、廣東、雲南等省相鄰。西南與越南毗鄰，陸界國境線 637 公里。大陸海岸線長 1595 公里，島嶼 697 座，島嶼海岸線長 604.5 公里。全區陸地面積 23.666 萬平方公里，轄 8 地區、5 地級市、7 縣級市、63 縣、13 自治縣。是中國 5 個少數民族自治區之一。南邊沿中國南海的北部灣，西南與越南交接。陸地面積 23.67 萬平方公里，是中國西南內陸連接沿海地區的樞紐。廣西還是中國唯一具有沿海、沿江、沿邊優勢的少數民族自治區。

廣西總人口 4857 萬人，居各省區市第 10 位，人口密度為每平方公里 205 人，比全國平均多 70 人。在總人口中，城鎮人口 1411 萬人，占 29.1％；農村人口占 70.9％。

廣西是中國 5 個民族自治區之一。世居有壯族、漢族、瑤族、苗族、侗族、仫佬族、毛南族、回族、京族、彝族、水族、仡佬族等 12 個主要民族，另有 25 個其他少數民族成分。漢族人口約 3000 萬人，占全區總人口的 61.6％；少數民族人口 1800 多萬人，占 38.4％。其中壯族人口 1500 多萬人，占全區少數民族人口的 85.7％。

廣西目前有四個國家級文化產業示範基地，即大型山水實景演出項目《印象‧劉三姐》、桂林愚自樂園、百色舊州繡球村以及以「三皮畫」產業（牛皮、豬皮、樹皮）為主打的「文化（美術）產

業示範基地」。2008 年，大型山水實景演出項目《印象‧劉三姐》
吸引了 105 萬觀眾，票房收入 9000 多萬元；廣西電影市場消費強
勁，2008 年四條電影院線實現票房總收入 5000 多萬元，比 2007
年增長 43％；2008 年廣西全年旅遊總收入 533.7 億元；廣西新聞
出版產業持續穩定發展，全區報刊發行和廣告實現收入 13 億元，
圖書出版銷售實現收入 8.07 億元，全區新華書店發行系統實現銷
售收入 25.64 億元。

　　悠久的歷史，形成了廣西絢麗多彩、獨具特色的民族文化。春
秋戰國時期廣西先民在左江沿岸創作的崖壁畫，漢代前創造的大銅
鼓以及古樸曲雅、可避濕熱、防蛇獸侵害的干欄建築等，成為廣西
當時的文化代表；明代的真武閣及三江侗族程陽風雨橋均具有很高
的科學、藝術價值。廣西素有「歌海」之稱，主要有壯族的三月三
歌墟、瑤族的達努節、苗族的踩花山和蘆笙節、仫佬族的走坡節、
侗族的花炮節以及別具風味的打油茶等，其中農曆三月三的壯族傳
統歌節，最為隆重。

　　第二屆中國（北京）國際文化創意產業博覽會開展期間，廣西
以「風生水起北部灣八桂文化更璀璨」為展場主題的廣西展廳格外
引人注目。其文化創意產業以「天下民歌眷戀的地方，演繹文化創
意產業的經典」主題，分別從「爭芳鬥艷，精品紛呈，八桂文化競
風流」、「山水更俊秀、社會更和諧、文化更發展」「風生水起，科
學發展，文化之舟正揚帆」三方面展示了廣西文化產業。

　　近年來，廣西的文化工作的確取得了豐碩成果。廣西文化創意
產業的發展主要體現在以下七個方面：

（二）自主創新，打造民族版權精品

　　文化創意產業的重點在於項目，而項目的核心在於版權。知識經濟盛行的時代，只有自主創新的版權精品才能創造較大價值，使產業的發展有紮實的項目基礎，從而才能在激烈的市場競爭中開闢疆土，打開新的局面。

　　創造和開發版權精品，資源的優勢及其利用所產生的獨特創意是關鍵和核心。而廣西的資源優勢則在其民族特色。

　　廣西是中國 5 個民族自治區之一，是中國唯一具有沿海、沿江、沿邊優勢的少數民族自治區。多樣的民族，悠久的歷史，形成了廣西絢麗多彩的民族文化，同時也提供了廣西獨有的民族資源優勢：一是具有獨特的民族地域文化優勢。廣西素有「歌海」之稱，12 個能歌善舞的少數民族自成格局。民族民間音樂舞蹈各具特色，民族傳統文化節日各展風采，民族邊境邊寨風情濃郁，足見其獨具一格的民族地域文化。二是具有獨占的民族地方戲劇精品優勢。廣西擁有悠久獨特的地方劇種和少數民族戲劇，如壯劇、桂劇、彩調劇、邕劇、苗劇、毛南劇以及師公戲、侗戲、牛娘戲等。三是具有獨創的民族藝術文化品牌優勢。從歷史悠久的「劉三姐歌圩」到桂林山水旅遊文化節，再到現代的南寧國際民歌藝術節等，品牌眾多，遠近聞名。

　　縱觀廣西這三大民族文化資源優勢，只有將其轉化成項目優勢，並進一步演繹為市場化優勢，才能在國內和國際文化產業市場上占據一席之地。

第一，迭出不窮的舞臺藝術精品。

2004 年到 2006 年，柳州的民族音畫劇《八桂大歌》、南寧的壯族舞劇《媽勒訪天邊》和桂林的桂劇《大儒還鄉》在中國文藝大舞臺上連續三年獲精品大獎。廣西三個中心城市舞臺劇目連續三屆入選國家舞臺藝術精品工程「十大精品劇目」。此外，《大儒還鄉》還獲得 2003 年至 2006 年度國家舞臺藝術精品工程優秀劇本獎、第九屆中國戲劇節中國戲劇獎、全國精神文明建設「五個一工程」優秀作品獎。《媽勒訪天邊》也相繼榮獲中國第二屆舞劇「荷花金獎」、「第六屆中國藝術節優秀劇目獎」等各類國家級大獎。

獲獎的舞臺藝術精品積極投入市場運作。據不完全統計，近幾年，廣西僅文化系統統籌推進的產業重點發展精品項目就有 90 個，各地有一定規模和特色的項目約 200 多個，這些項目直接帶動了相關產業的發展，形成廣西經濟增長的新亮點。

第二，不斷創新的民族傳統工藝文化精品。

靖西舊州繡球、臨桂五通「三皮畫」、陽朔福利畫扇等獨具廣西鮮明民族地域特色的民間傳統工藝產品，利用現代化資訊技術和銷售網絡對其進行了創新性開發。注入創新元素的傳統民族工藝產品，形成產量和批量，整體進入國際市場，形成競爭力。

被中國文化部命名為「繡球之鄉」的靖西縣舊州村，全村繡球年產值 180 萬元，僅繡球一項年收入就達 300 萬元；被中國美術家協會和文化部文化產業司命名為「文化（美術）產業示範基地」的臨桂縣的五通鎮，當地的「三皮畫」產業年銷售收入 8000 多萬元，被譽為「中國民間油畫之鄉」；被中國國家文化部授予「全國民間

藝術之鄉」稱號的陽朔福利鄉，有 316 家生態型的農戶手工畫坊，年產值達到 2275 萬元。

另外，欽州坭興陶瓷，博白芒編都已形成規模的生產基地，產品暢銷國內外。

第三，走向世界的園林文化精品。

桂林樂滿地度假世界是廣西目前最大的外商投資旅遊項目，接待了將近 500 多萬中外遊客，已成為旅桂遊客，尤其是外國遊客必遊的地標。

桂林的愚自樂園是以當代雕塑和洞窟藝術為主的世界最大的時尚藝術公園，世界各地的藝術家和藝術愛好者在這裏匯聚交流、激情創作，已成為世界三大雕塑創意基地之一。2003 年被評為國家級 AAAA 景區；2004 年被中央文化部授予「全國文化產業示範基地」稱號。

還有桂林歷史文化公園、桂林影視藝術文化城，都建設成為了文化與經濟相結合、相交融、相輝映的園林精品。

（三）因地制宜，開發利用旅遊資源

廣西擁有豐富的民族和歷史文化旅遊資源。主要發展方向和思路有以下四種：

第一，整合策劃包裝的綜合模式。

將廣西特有的民族文化精品資源和相關文化、旅遊元素進行有機組合和集約包裝，設計包裝成具有深厚內涵、具極強的震撼力、衝擊力和感染力，操作性好的文化藝術項目。如在利用舞臺或山水劇場集中展示民族文化精華給觀眾的同時，配套安排特色民族餐

飲，展示特色民間工藝，穿插特色民俗活動，讓遊客能在短時間內集中感受和體驗廣西豐富多彩的民族文化。而對於涉及的行業部門多、所需的資金量大的文化旅遊項目，要將其整合成一個按現代企業制度運營的股份合作制企業，形成多方聯盟、共贏發展的格局。在文化旅遊商品的開發方面，則需要打造拳頭產品，即各個旅遊商品設計開發企業集中設計開發和生產銷售某一種特色旅遊商品，使其成為具有壟斷性和極高市場美譽度的品牌商品和企業的形象與名片。且能適應旅遊商品需求市場變化，有效引導和開拓旅遊商品需求市場。

第二，利用空間建築的地理模式。

其中又包括三種具體方向：一是打造主題公園。以一個或幾個特色鮮明、具有品牌發展前景和區域獨特性特定文化主題為主線，將與主題相關形式多樣的配套項目加以有機組合，形成集文化性、知識性、娛樂性的完整的旅遊功能區域。二是以文化旅遊帶動房地產。房地產的開發經營或資本化運作以文化和旅遊打造品牌，樹立形象，提升市場影響力，由此抬升市值，獲得高額利潤，從而實現良好的綜合效益。三是開發文化旅遊村鎮與生態民族村寨。對於歷史文化沉澱豐厚的古村鎮和傳統民族文化特色鮮明的民族村寨，透過有計劃的規劃，以保護和傳承原生態民族文化、民族習俗為重點，在不影響當地居民傳統生活環境前提下，合理適度開發旅遊，既促進地方經濟發展，又促進歷史文化的保護和民族文化的傳承。

第三，特色品牌文化的主題模式。

包括文化遺產品牌、紅色文化旅遊開發（「紅色旅遊」是指以中國共產黨成立以後、新中國成立以前，包括紅軍長征時期、抗日

戰爭時期、解放戰爭時期等重要的革命紀念地、紀念物為旅遊核心；組織接待旅遊者進行參觀遊覽，實現學習中共革命歷史知識、放鬆身心、增加閱歷的旅遊活動。）、文化旅遊節慶活動三個主題。世界文化遺產已在國內外旅遊市場擁有巨大的旅遊品牌吸引力和品牌價值，如果廣西的特色文化遺產成功申報進入世界文化遺產名錄，必將促進廣西旅遊質量的提升和旅遊格局的優化；將廣西重要的革命歷史遺跡、遺址，重大歷史事件、人物精心策劃包裝與規劃建設，透過設計組合科學的旅遊線路，使其成為主題鮮明、內涵豐富的特色旅遊景區，以此實現紅色歷史文化資源向特色文化旅遊產品和文化旅遊產業效益的轉變；將廣西豐富多彩的歷史文化、民族藝術和民族絕技、民族工藝以旅遊節慶為載體，透過市場化運作，推向旅遊市場，實現其經濟價值和社會綜合效益。

（四）獨領風騷，文藝桂軍嶄露鋒芒

　　人才是創意產業財富創造最重要、最根本的因素。近幾年，經濟相對落後的廣西在文學、影視、音樂、美術等方面卻都取得一定的成果，正是「文藝桂軍」團隊出擊的結果。一批文學藝術領域的精英嶄露鋒芒，一批文化創意作品獨領風騷。廣西文學藝術人才整體崛起，成為中華文壇上一支別具風格的生力軍。

　　文學——北京大學教授、知名作家曹文軒感嘆說：遠離中心的廣西，它的文學竟然是先鋒的。東西的中篇小說《沒有語言的生活》獲得首屆魯迅文學獎，鬼子中篇小說《被雨淋濕的河》獲第二屆魯迅文學獎，結束了廣西連續多年無人獲得全國文學獎的狀況。馮藝散文集《朱紅色的沉思》、《桂海蒼茫》分獲第四屆、第八屆全國少數民族文學獎。國家一級編劇常劍鈞，主要作品獲「五個一工程獎」、「文華新劇目獎」、「中國曹禺戲劇文學獎」等

多項全國獎。廣西的知名作家已是盛名遠揚，顯示出廣西文學薪火相傳的勃勃生機。

影視——廣西的影視作品創作也因為文學名家名作輩出而得到繁榮和發展。廣西電視劇從無到有，其中《苦楝樹開花的季節》獲得中宣部「五個一工程」獎，《真情三人行》獲「童牛獎」。優秀影片開始全國熱播，廣西作家創作的影視作品《英雄》、《十面埋伏》等在國內外熱映。

音樂——廣西民歌迅速推向全國，廣西知名歌詞作家傅磬、胡紅一、麥展穗等創作的歌曲為大眾所傳唱。〈大地飛歌〉、〈愛我中華〉等廣西歌曲唱紅大江南北；南寧國際民歌藝術節的舞臺將廣西新歌及一批年輕的廣西歌手推向中國全國。

美術——灕江畫派橫空出世。灕江畫派將是以廣西畫家特別是中青年畫家為主體；關注現實，關注生活，以寫生創作為主要手段；以秀美的廣西風光和豐富的廣西風情為主要表現對象；以傳統中國畫為主體涵蓋油畫、版畫、雕塑等其他畫種的一個畫派。灕江畫派將作為廣西美術創作思路和形象代表獨立於全國美術流派之林。

得天獨厚的廣西山水養育出一批八桂精英才子。一是有規劃、有目標、有實效地實施培養行業領軍人才的「213 工程」，即在理論、新聞、出版、影視、文藝等相關專業領域各培養 20 名有較大建樹、在全國有影響的學術代表人物；培養 100 名成績突出、在廣西有較高知名度的學術帶頭人；培養 300 名專業有較大發展潛力的優秀年輕骨幹。

二是在中國全國率先推行作家簽約制度。中國政府為簽約作家提供經濟補助和工作條件，作家要在簽約創作期間完成有質量和數量規定的作品。如今，簽約制度從文學創作擴展到歌詞創作、歌曲演唱等領域。

　　三是實施文藝創作精品工程，強化作者的精品意識和品牌意識，加強策劃和組織，集中優秀人才、財力和物力，激勵作者每年創造出一批思想精深、藝術精湛、製作精良的文化精品。

（五）把握機遇，文化產業對接東盟

　　廣西與東盟山水相連，文化相通，地處中國－東盟自由貿易區的交通要道，與東盟國家文化淵源很深，有著天然便利的交流合作條件，把文化產業作為中國和東盟國家相同的利益點和融合點，容易產生合作的共鳴。自 2004 年起每年在廣西南寧舉辦的中國－東盟博覽會也為廣西文化創意產業的大發展、大繁榮創造了共同合作的機遇。

　　廣西要捉緊機遇，將潛在的區位優勢和文化資源優勢轉化為經濟優勢，促進廣西文化產業的發展和整個經濟的騰飛。一要實現優勢互補，推動廣西與東盟文化產業合作項目的開展。二要積極探索，培育文化產業品牌，建設文化產業項目，尤其是以中國－東盟博覽會為代表的會展品牌。三要加大文化產業創新力度，實行政企分開，充分發揮企業文化創新的潛能，創造促進民營文化企業成長的良好環境；又創新文化產業思路，更加注重文化原創潛力，發揮地域特色優勢，發揮典型示範作用。四要緊抓機遇，把引進來與走出去有機地結合起來，開展深入的文化交流與合作，加快推進廣西文化產業融入東盟。

（六）綜合運作，高效拉動區域經濟

　　以單向垂直的產業鏈為主的傳統單一生產方式已不適合文化創意產業的發展要求，只有形成環狀綜合性產業鏈，加強產業化綜合運作，才能產生綜合性的效益功能，直接高效地拉動區域經濟的增長。

　　桂林的山水實景劇《印象‧劉三姐》獲得中國演出家協會評出的十大演出盛事獎和文化部首屆創新獎，進入了文化部編纂的《全國文化產業典型案例》，入選文化部命名的全國首批文化產業示範基地。該項目在透過演出吸引各地遊客、獲得良好票房的同時，帶動了當地交通、賓館、餐飲、娛樂、購物等行業的升值，推動了相關產業的快速發展，形成了良性循環。其產業化運作帶來了巨大的經濟貢獻，成為區域經濟發展的先鋒。

　　1999 年首次舉辦的南寧國際民歌藝術節於 2002 年改變傳統節慶文化的思路，注重提升節慶創意文化的品味，大大提高資金和項目的組織、運籌、管理和經營能力，擴大節慶文化對經濟的影響，實現文化品牌向產業品牌的轉化。在此期間，南寧市的對外經貿洽談簽約額已實現從 1999 年的 70 億元左右到 2007 年超過 800 億元的大突破。民歌節還被中國節慶協會評為最具影響力的十大節慶活動，獲得了 2005 年度國際節慶綜合大獎。民歌節辦節期間已成為廣西第 4 個「旅遊黃金週」，對廣西的旅遊、投資、城建、產業來說都是一股強而有力的衝擊波。

（七）政策扶持，企業改制優勢顯現

　　廣西黨委、政府於 2007 年下發了《廣西「十一五」時期文化發展規劃綱要》的通知，目的明確，即積極推進國有文化事業單位轉企改制，建立現代企業制度，讓企業真正成為自主經營、自負盈虧、自我發展、自我約束的文化產業主體，全面進入市場競爭，創造效益。

　　廣西文化體制改革的試點單位如接力出版社、廣西電影製片廠、廣西廣電網絡股份有限公司和廣西師範大學出版社等，已經完成轉企改制，目前還在改革中努力。

已有 17 年歷史的接力出版社，已連續 13 年實現發貨金額過億元，至今共有 15 種圖書榮獲中宣部「五個一工程」獎、國家圖書獎和中國圖書獎。2006 年底該社轉制改企，成立接力出版社有限公司，有 6 個全資或控股、參股的子公司，致力於占據中國青少年兒童出版物及新媒體消費市場的主導地位，成為中國青少年兒童文化創意產業主力內容集成商。

廣西最大、最權威的新聞媒體廣西日報社也正在加快組建報業集團，在改革中逐步實現了平面媒體向跨媒體的轉變。

此外，在廣西文化創意產業的改革發展中，借助政府的引導和政策的扶持，非公有資本積極參與，民營文化企業展現活力。在統籌推進的 22 個重點文化產業項目中，民營項目佔有率達 2/3。

（八）政府引導，廉政文化建設創新

廣西龍州縣是一個歷史文化名城，文化底蘊深厚，文化建設氛圍濃厚，推出了「天琴」等民族文化精品。針對豐富的文化資源，該縣廉政文化建設領導小組決定把自發的群眾文化活動納入廉政文化建設範疇，作為創建「文化龍州」一項重要工作內容。從 2006 年 7 月開始，龍州縣廉政文化建設領導小組以崇左市在龍州召開廉政文化建設現場經驗交流會為契機，精心策劃「月末激情廣場大家樂」文藝演出活動，以縣城宣傳文化中心為載體，開展豐富多彩的群眾文化活動。每月末一場的群眾性文藝精品晚會已在邊陲古鎮龍州紅紅火火、熱熱鬧鬧地展開。

同時，該縣還充分發揮宣傳文化中心的作用，免費開放公共文化設施，面向群眾；免費舉辦音樂、美術、書法、健美、舞蹈、盆景根雕等興趣班，積極組織群眾報名；經常組織群眾在宣傳文化中心開展交誼舞、健身舞，民樂、電子樂器演奏等各種健康向上的文體活動。

　　以上七方面是廣西在近年來文化創意產業發展中的主要體
現，也是其未來發展的主要方向。在第二次文博會展覽期間，廣西
代表團還在北京舉行招商引資懇談會和廣西文化創意產業項目推
介會，會上推介 32 個項目，簽約總額達 5 億 9 千多萬元。這也充
分顯示出文化創意對廣西經濟文化發展的巨大推動力。而在今後的
發展中，廣西要始終加大對文化創意產業的重視，積極發揮自身獨
特優勢，促進文化經濟社會的全面協調發展。

二十九、寧夏回族自治區文化創意產業

（一）寧夏文化創意產業綜述

寧夏自治區是中國目前五個自治區之一，總面積 66,000 平方公里，513 萬，回族人口占總人口的三分之一；位於中國西北部的黃河中游地區，地勢南高北低，南部為黃土高原，海拔 1000～1200 米。寧夏東鄰陝西省，西部、北部接內蒙古自治區，南部與甘肅省相連。自古以來就是內接中原，西通西域，北連大漠，各民族南來北往頻繁的地區。西元 1038 年，黨項族的首領元昊在此建立了西夏王朝，並形成了獨特的西夏文化；現在由於寧夏是回族自治區，回族人口占總人口的三分之一，是中國的穆斯林省，區內共有 3000 多座清真寺，所以營造出濃郁的伊斯蘭文化氛圍。

寧夏的文化創意產業主要由演出業、文博旅遊業、圖書文獻資訊業、藝術教育業為核心。2006 年，寧夏文化產業增加值達 12.65 億元，占全區國民生產總值的 4.24％，低於全國平均水準，文化產業與發達地區相比，還處於培育發展的初級階段，但相較 2005 年時的 2.89％，已經有了很大的增長。據統計，截止 2006 年底寧夏文化經營單位 281 家，從業人員 1.3 萬餘人，總產業 4.2 億元，上交稅金 3230.3 萬元，實現利潤 4411 萬元。全區共有中國國家所辦的文化事業單位 293 個（其中藝術演出業 14 個，群眾文化館 25 個，文化站 215 個，博物館 6 個，圖書館 20 個，總藏書量 410 多萬冊，展覽館 1 個，影劇院 11 座，藝術教育學校 1 所）。從業人員

4102 人，全區文化產業事業單位全年經費總收入 17682 萬元，其中財政補助收入 14245 萬元。力爭到 2010 年，寧夏文化產業增加值占 GDP 比重達到或超過 3％，到 2015 年，文化產業增加值占 GDP 比重達到或超過 5％左右。為支持文化產業發展，寧夏自治區出臺了《關於推動文化大發展大繁榮的意見》，意見指出從 2008 年到 2010 年，寧夏自治區財政每年統籌安排 1000 萬元專項資金支援文化產業發展。「十一五」期間，寧夏地區將大力實施「5815」文化精品工程，到「十一五」末，打造 5 場舞臺藝術精品、推出 8 部優秀影視劇、出版 100 部寧版暢銷圖書、唱響 10 首寧夏特色原創歌曲；積極發展文化產業，做強 10 家有實力、有活力的文化產業骨幹企業；鼓勵發展「專、精、特、新」的中小文化企業，發展 50 個重點文化產業專案。

　　2007 年以來，寧夏有關部門先後將具有寧夏地方特色的民間剪紙藝術、踏腳舞蹈、「花兒」等，分別引入大、中、小學的課堂及課本之中，保證了民族傳統文化的代代相傳。推出各種文化廣場、社區文化、校園文化、企業文化等，文化產業突飛猛進。寧夏創造了文化資訊資源分享工程建設的「寧夏模式」，成為國家確定的首個「全覆蓋」試點省區。近年來，寧夏自治區投入 3000 多萬元，新建、翻建、維修了 100 多個農村鄉鎮文化中心，35 個文化館、圖書館，重點扶持農村文化活動示範點、文化中心戶，培育農民藝術團隊，為自治區的文藝團體配備 13 臺流動舞臺車。全自治區 15 個專業藝術表演團體及群眾業餘演出團隊常年到基層演出，每年舉辦各類廣場文化活動 800 場。今後，還將把全自治區 187 個鄉鎮中的 100 個鄉鎮文化站列入到國家建設規劃，透過文化資訊資源分享工程網路的建設，讓城鄉群眾可以在同一個網路平臺上共用文化資訊、文化成果。

2008 年，寧夏大力發展公益文化事業，加快建設 11 個現代化、多功能的重點文化設施；完成 20 個縣（區）文化館、圖書館、影劇院的新建和維修改造；完成 47 個鄉鎮綜合文化站的新建、擴建；扶持及建設 400 個農村文化活動示範點和農民藝術團隊項目。

（二）打造穆斯林文化基地

寧夏是回族自治區，穆斯林是寧夏社會構成的主要核心，所以其在促進穆斯林文化發展上具有很大的優勢。而寧夏在這方面主要基地是在吳忠市，該市在 2006 年出臺了《關於加快清真食品和穆斯林用品產業發展的決定》，成立產業辦公室，為產業發展提供政策支持及服務；建立清真食品和穆斯林用品展示廳，利用節慶及重大活動展示龍頭企業及其產品，擴大影響，提高知名度；規劃建設產業工業園區，成立清真食品和穆斯林用品研發中心，推動產業上擴大規模、開創特色、提升檔次；積極開展國際穆斯林產品認證，將吳忠清真食品推向國際市場。並積極打造「中國清真食品基地」、「中國清真食品穆斯林用品產業基地」、「中國回族建築文化之鄉」和「中國清真美食之鄉」，這四大穆斯林文化品牌。

（三）發展沙漠特色旅遊

由於中國的西部地區，經濟及地理條件為限，所以有無煙工業的之稱的旅遊業，成為了他們主要發展的重心。寧夏回族自治區的沙湖旅遊景區和沙坡頭旅遊景區，是中國國內僅有的兩個 5A 級沙漠旅遊景區，如果利用寧夏的天然沙漠資源，則成了寧夏的旅遊業能否發展起飛的重要因素。

沙漠不是寧夏獨有的，而中國國內壟斷性的沙漠旅遊資源卻是寧夏旅遊的優勢所在，毛烏素、烏蘭布和、騰格裏三個沙漠從東、

北、西三面環繞寧夏，尤其騰格裏沙漠是全中國唯一靠近區域中心城市的沙漠，也是全中國唯一同時靠近鐵路幹線（樞紐）和公路國道的沙漠。目前已經開發或潛在開發的生態多樣化沙漠旅遊區，如沙湖、沙坡頭、通湖草原、金沙古渡、金水園、金沙灣等景區（點）以及正在開發的中衛沙漠濕地、沙漠風情牧場、沙漠邊關長城、沙漠博物館等景區項目，全都是充分利用「沙漠」作為資源，打做沙漠旅遊品牌，跟中國其他地區作明確的市場區隔。

（四）利用天然資源發展影城

　　目前寧夏最有名的影城為鎮北堡西部影城，其原址為明清時代的邊防城堡。著名作家張賢亮發現了它，並在 80 年代初期將它介紹給了電影界。迄今為止，這裏已拍攝了獲得國際大獎的《牧馬人》、《紅高粱》、《黃河謠》、《黃河絕戀》以及《大話西遊》、《新龍門客棧》、《絕地蒼狼》、《嘎達梅林》、《書劍恩仇錄》等 60 多部影視劇。有一點難以置信的是，其當初的資金成本不過是人民幣 78 萬而已，而它卻是目前中國國內 70％影視城處於虧損情況下能盈利的三大影視城之一。現時鎮北堡西部影城的門票價格是每張 40 元，這幾年間每年來鎮北堡參觀旅遊的中外遊客達 20 多萬人次，最高的一年接待了 30 多萬遊客，僅門票方面就為其帶來過千萬的收入。以張賢亮自己的話來說就是：「一片荒涼，有文化妝點成奇觀；兩座廢墟，經藝術加工變瑰寶。」

（五）推廣回族文化演出

　　寧夏文化發展以突出回族文化為特色。舞劇《月上賀蘭》、《花兒》等大型劇目的完成，這不僅填補了寧夏回族歷史文化表現形式的空白，而且結束了寧夏沒有大型原創舞劇的歷史。另外還有現代

京劇《海上升明月》、話劇《讓真情永在》、現代兒童京劇《巍巍六盤山》、秦劇《回回人的洗禮》、獨幕話劇《榮譽》、課本劇《神筆馬良》等 11 部具有寧夏特色的文藝作品。單是寧夏話劇團近 20 年來，行程 80 多萬公里，演出 6000 餘場，觀眾達到 1000 萬人次左右，自治區境內所有的鄉鎮已經平均演過 6 次以上，還演遍自治區 1005 所中學、中專學校和 80％以上的小學校。四次進行寧夏話劇團大篷車萬里行全國農村巡演活動，堅持「送戲下鄉」，為基層觀眾作文化交流及教育。

並進行文化藝術團體的體制改革，加強市場化運作。銀川劇院、寧夏文化物資公司、文化服務公司、自治區文化廳招待所等單位退出事業體制，組建寧夏文化實業總公司；完成寧夏歌舞團的改革試點工作，將歌舞團改為寧夏回族歌舞劇院，劇院內部分設歌舞團、交響樂團、舞美製作管理中心、行政事務管理中心，代管寧夏合唱藝術團、寧夏軍樂團。

（六）寧夏特色文化景區——「回鄉文化園」

回鄉文化園是 2002 年由寧夏回鄉文化實業公司籌資在永寧縣古老的回族社區，開工創建的一處富有地方民族特色的文化景區，也是目前國內、區內唯一一處中國回族文化習俗的陳列展示場所，它是一次創辦新興文化旅遊產業的有益嘗試。園區一期工程占地 300 畝，依照中國回族伊斯蘭建築的傳統格局進行規劃建設，在坐西面東的中軸線上建有大團結廣場、主體大門樓、聖潔廣場、回族博物館、民俗村；軸線南北兩側建有水塘、禮儀大殿、演藝廳（阿依莎宮）、穆斯林風味餐廳、穆斯林藝品購物街等多功能的服務設施，建築總面積約 3 萬餘平方米，這些單體建築，可同時接納數萬人。遊客在這裏可以瞭解中國回族的建築文化和伊斯蘭教禮儀文

化，感悟穆斯林虔誠的信念，飽覽清真寺文化的藝術魅力。也可以觀賞回族的婚禮、宴席曲，欣賞回族工藝絕活，學習製作和演奏回族非物質文化遺產的技藝。還可以欣賞回族與阿拉伯歌舞。回鄉文化園歷時六年，先後注資一億六千萬，現已實現全園區整體開放，該園自回族博物館試運營三年來，接待各類遊客與參觀學習 30 餘萬人次，門票等各項收入近五百餘萬元，並被文化部命名為「國家文化產業示範基地」、國家旅遊局評定為「國家 4A 級旅遊景區」。

（七）法律及政策上的鼓勵

文化創意產業的發展，必須有相應的法律法規來規範，但是現時寧夏地區在文化法律領域方僅有《寧夏回族自治區實施〈中華人民共和國文物保護法〉辦法》、《寧夏回族自治區非物質文化遺產保護條例》、《寧夏回族自治區文化市場管理條例》，其餘多是部門規章、條例。所以目前寧夏自治區政府正研究制定《關於貫徹落實國務院有關事業和文化產業發展若干經濟政策的意見》、《關於文化體制改革中支持文化產業發展若干財政稅收政策實施的意見》、《寧夏文化產業專項資金管理辦法》，規範文化行政部門的管理職能和各類文化企業的經營行為。為鼓勵民營企業投身文化產業，考慮在增值稅返回、土地使用，規費減免等方面給予特別的優惠。

（八）寧夏三大文化產業帶

寧夏自治區將規劃建設以寧夏平原為核心的創意文化產業帶，以中部乾旱帶為主的回鄉特色文化產業帶以及以衛南山區為中心的大六盤生態文化產業帶。

銀川市將重點發展以出版發行、印刷複製、電子音像、文體娛樂、演藝、文化傳媒、影視拍攝基地、動漫遊戲等為主的現代文化

服務業；石嘴山市將重點發展以軍旅故地、工礦體驗、探險、園林奇石及湖泊等為主的文化旅遊業和文體娛樂、休閒、演藝業；吳忠市將研究開發清真食品、穆斯林用品、回族服飾、回族藝術、革命題材的影視劇、民俗表演等特色文化產業；固原市將依託深厚的歷史文化底蘊，叫響人類生存精神高地、生態文化建設奇觀等品牌，做大做強傳統文化產業；中衛市將依託黃河、大漠、杞鄉、硒砂瓜、花兒等知名品牌，做強西部風情旅遊服務業。

（九）文化創意產業發展上的挑戰

　　現時寧夏的文化創意產業發展，還是處於一個初級階段，從整體上看，尚未形成能夠自我增長的產業系統。其主要問題有：

1、　文化產業佔寧夏地區國民經濟中的比重太小。2006 年寧夏地區城鎮居民人均文化娛樂消費支出 236 元，比 2005 年增長 45.6％，僅占其消費性支出的 6％，這種狀況不僅遠低於發達省市，也低於中國西部各省。

2、　目前寧夏的主要文化藝術團體還是依靠政府在經濟上的支持，大部份文化單位缺乏市場意識，認為文化行業不能賺錢，不能成為產業。

3、　文化企事業單位規模小，集約化程度低、產業鏈不長，過多過濫的經營單位搶占有限的市場份額。

4、　發展文化產業的優惠經濟政策相對落後，尤其是在土地、規劃，金融稅收等方面給予的優惠政策不明確，不能吸引民間資本投資文化產業。據銀川市統計，文化企業要求承擔的各種稅收名目達 8 種，費用 10 種，娛樂稅達 28％，這在比中國其他發達地區還要高 7～8％，文化企業不堪負重。

5、　傳統文化產業的比重過高，現代新興文化產業發展較慢，科技含量低，競爭能力弱。

6、　政府政策混亂，多頭管理嚴重。目前在寧夏申辦一家文化經營單位要經過上下層層審批，政出多門，多頭管理的現象依然嚴重，重複處罰現象屢見不鮮，10 多個行政部門可以隨時檢查文化經營單位，使民間資本一般不敢進入文化產業。

　　寧夏地區在文化創意產業發展上，對比東部地區而言是相對落後的；可以說在產業意識上、發展信心上、政策推動上、經濟條件上和人材培養上，均是有所欠缺及不足，雖然目前當地政府實施《寧夏文化產業發展規劃》，以推進演出業、娛樂業、文化會展業、藝術培訓業、網絡文化業、文化旅遊業等文化產業項目，不過現時還沒有看到明顯的收效，所以如果要加強寧夏地區在文化創意產業方面的發展，最快的方法是透過異地交流來進行，目前寧夏積極跟上海進行文化產業交流計劃正是一個良好的開始。

三十、內蒙古自治區文化創意產業

（一）內蒙文化創意產業綜述

內蒙古自治區簡稱內蒙古。位於中國北部邊疆，西北緊鄰蒙古和俄羅斯。面積 118.3 萬平方公里，占全國總面積 12.3％，為中國全國第 3 位僅次於新疆和西藏，人口 2384.35 萬，以蒙古族和漢族數量最多，此外，還有滿族、回族、達斡爾族、鄂溫克族、鄂倫春族、朝鮮族等 49 個民族組成，其中蒙古族 397.26 萬人，漢族 1874.65 萬人，其他少數民族 90.01 萬人。在總人口中鄉村人口 1378 萬人，其中，農村 1187 萬人，牧區 191 萬人。全區分設 7 個盟，轄 5 地級市；其下又轄 15 縣級市、17 縣、49 旗、3 自治旗。首府呼和浩特市。

內蒙古天然草場遼闊而寬廣，總面積位居中國全國五大草原之首，是中國重要的畜牧業生產基地。草原總面積達 8666.7 萬公頃，其中可利用草場面積達 6800 萬公頃，占全國草場總面積的 1/4。內蒙古現有呼倫貝爾、錫林郭勒、科爾沁、烏蘭察布、鄂爾多斯和烏拉特 6 個著名大草原。

截止到 2008 年，內蒙古已發現各類文化不可移動文物 2 萬餘處，其中全國重點文物保護單位 79 處，全區重點文物保護單位 316 處，館藏文物 50 餘萬件套，一級文物 1500 多件。中華第一龍、華夏第一村、草原第一都等文化遺產堪稱全國或亞洲之最；內蒙古的長城遺存居全國之首；陰山岩畫和賀蘭山岩畫的數量和藝術價值也屬全國之最；內蒙古非物質文化遺產中蒙古族長調藝術已被聯合國

教科文組織評為「人類口頭和非物質遺產代表作」，49 個專案入選
國家級「非遺」名錄。

（二）文化創意產業投入增加

內蒙古在各方面的投入力度正在不斷加大。在 2005 年一年
中，內蒙古投資 500 萬元以上的文化設施建設項目近 50 項，僅盟
市一級就先後建成紅山先民聚落園、契丹遼文化民俗園、漠南長廊
文化帶、赤峰國際會展中心、錫林浩特蒙元文化城、烏海影劇院、
書畫院等。與此同時，社會資本尤其是民營資本的投入也不斷增
長，鄂爾多斯東聯集團投資 2.3 億元建設的成吉思汗旅遊區、包頭
神華集團投資 2000 餘萬元興建的阿爾丁會堂，通遼環哲書店在區
內外投資開設的 24 家分店的產業集團等，表明文化創意產業投資
主體已走向多元化發展。

（三）推廣蒙古的樂舞風格及特色

在 13 世紀，成吉思汗統一蒙古，忽必烈建立元朝以來，蒙古
高原上的諸多蒙古部落，最終形成了一個民族共同體，所以亦逐漸
形成了融合多種草原文化的音樂及舞蹈體系。例如呼麥及好來寶就
是其中最具特色的兩種；呼麥是一種喉音演唱的方法，它是能使人
們發出超低沉的基音和超高亮的泛音，或是同時發出這些聲音的一
種氣功。關於這種神奇的唱法，在中國的很多古籍中都有記載。可
追溯到大約 2300 年前，北方的草原民族的一種歌唱藝術方法，記
載為「嘯」，這可能就是呼麥的原始形態。呼麥的表現方法是多樣
化的，一招一式都展現了圖瓦和蒙古民歌特有的風味。所以蒙古人
稱呼麥為「人聲馬頭琴」，在很多歌曲裏呼麥和馬頭琴此呼彼應，

當呼麥的高音區和馬頭琴漫長憂傷的旋律交織在一起，人體好像在和土地、空氣共鳴，整個空間都飄著泛音，像是一個很自然和聲。

好來寶，又稱「好力寶」。是一種由一個人或者多人以四胡等樂器自行伴奏，坐著用蒙古族語言進行「說唱」表演的曲藝形式。大約形成於西元十二世紀前後。「好來寶」的蒙古族語意為「連起來唱」或「串起來唱」。唱詞為四句一節，押頭韻。或四句一押韻，或兩句一押韻，也有幾十句唱詞一韻到底的情形。表演的節目，篇幅可長可短，藝人們往往即興現場編詞演唱。節目內容既可敘事、又可抒情，有讚頌，也有諷刺。修辭手法包括比喻、誇張、排比、反覆等的運用十分普遍。從而使其表演具有風趣幽默，節奏明快，又酣暢淋漓的特點。

而內蒙古民歌亦是中外馳名：〈嘎達梅林〉、〈達那巴拉〉、〈那木斯來〉、〈勞工之歌〉等；讚美故鄉、思念親人、懷念故土的歌，如〈諾恩吉雅〉、〈母親的恩情〉、〈金姐〉等；哀歌、格言歌、搖籃曲、諷刺歌，如〈波茹萊〉、〈都吉婭〉、〈丁格爾大喇嘛〉等，儀式歌包括祭祀歌、安代歌、婚禮歌、宴歌、酒歌等，如〈四季〉、〈金珠爾瑪〉、〈篝火歌〉等；反映婦女生活的歌，如〈萬梨〉、〈高小姐〉、〈德力格爾瑪〉等；情歌，如〈韓秀英〉、〈達古拉〉、〈金葉瑪〉、〈北京喇嘛〉等。

在舞蹈方面則以安代舞最具特色。安代流行內蒙古，起源於庫倫旗。傳統安代以唱為主，伴以舞蹈動作，是科爾沁「博」治病的一種方式，帶有迷信色彩。1949 年以後，逐漸變為自娛性民間舞蹈，經過不斷完善與發展，由民間進入劇場。

在內蒙古豐富的樂舞資源下，如何一方面好好保全；另一方面加以推廣正是值得深思的問題，例如在春晚上深受歡迎的「吉祥三

寶」，成了很多人的手機鈴聲及 KTV 上的熱門歌曲，就足以證明蒙古的音舞具有很高的市場價值。

（四）發展鄂爾多斯的地區文化資源

鄂爾多斯是中國新興的國家級能源、重化工基地，具有全國最為豐富的煤炭和天然氣資源，2006 年城市 GDP 達到 800 億元，人均 GDP 達到了 6 萬元／人，城市經濟水準達到了沿海發達城市的水準。同時鄂爾多斯也是成吉思汗長眠的地方，是蒙元文化的故鄉，是蒙古族文化遺存最為豐富的地方。

鄂爾多斯這幾年來，伴隨著經濟每年 40％的高增長，城市文化、現代跟草原文化的結合也慢慢的發展起來。全國各地的規劃師、景觀建築師和雕塑家很多都來到了這個新興城市，城市各個角落城市雕塑、城市小品的建設都在努力從符號、色彩等方面顯現著蒙古族文化的底蘊，城市周邊旅遊地草原搖滾音樂節、國際沙雕節等各類城市文化活動的組織，新城創意文化產業園的建設，無不體現著鄂爾多斯人的對提升城市文化的期望。

而流傳在鄂爾多斯草原上的蒙古族婚禮，有著悠久的歷史；它以其獨特的民族特色，濃郁的生活氣息，悠揚的歌舞形式和熱烈隆重的場面；表達出勤勞、勇敢、智慧的鄂爾多斯蒙古族人民對美好生活的熱情追求和粗獷、豪爽、善良的性格。因此，鄂爾多斯婚禮廣為傳頌，馳名中外，它的許多健康的內容，優美的情節，至今還保留沿用著。

（五）加深文化企業改革

內蒙古已經初步推進了政企分離。對出版發行業、報業、廣播影視業等有關部門的行政管理職能做了調整歸併，資源整

合。如出版業在編、印、發、供四個部分推進了體制改革，組建了內蒙古出版社集團公司和內蒙古新華發行集團股份有限公司；同時亦加強了國有文化資產的經營管理。如內蒙古外文書店下屬 7 個營業部門制定並推行了「績效管理制度」；內蒙古民族歌劇院以項目為中心推行聘任制，與市場接軌進行的內部管理機制改革。

（六）蒙古特色的電視廣播

內蒙電視廣播事業發展迅速。現已建成橫貫東西部 12 個盟市、90 多個旗縣市區、全長近一萬公里的光纜幹線網，形成以呼和浩特彩電大樓為中心，以發射臺、轉播臺、差轉臺、衛星地面接受站為輻射的集發射、傳輸、接受多種功能綜合運用的廣播電視覆蓋網。2005 年廣播、電視綜合覆蓋率分別達到 92.64％和 90.15％，漢語廣播電視節目透過衛星傳輸，已覆蓋了全國及亞太 53 個國家和地區，蒙古語衛視每天播出 18 個小時，讓更多地區的民眾瞭解內蒙的情況及文化，對草原文化的普及起了重要的作用。

而內蒙古影視劇產業在題材、景觀、人才和國內市場佔有率都有不錯的優勢，是內蒙古文化產業發展中最具活力、發展速度最快、經濟效益最好的文化創意產業之一。近幾年來拍攝的《東歸英雄傳》、《一代天驕》、《東方商人》、《燕子李三》、《黨員二楞媽》、《鐵道游擊隊》等多部優秀的影視劇，公演後獲得了國內外觀眾的一致好評，取得了不俗的經濟效益。而百集大型電視劇《大盛魁商號》更同時籌建集旅遊、商業、影視拍攝為一體的大盛魁影視城，內設旅蒙商博物館、呼和浩特歷史博物館等五個館，這將使呼和浩特的歷史文化內涵得到一定的彰顯。

（七）內蒙古文化優勢資源及建議

內蒙古文化優勢資源及建議			
1	內蒙古是世界上出版蒙文圖書最多的地區，現已成為最大的國際蒙文圖書出版中心。	文字是人類的文明的一種表演，保存及發展蒙文的文化，內蒙古是最具有實力及資格的。
2	內蒙古是世界上最大的蒙醫蒙藥研究中心	隨著中醫逐漸被人們的認識及接受，蒙醫蒙藥在研究上應該系統化，而政府應該給予支持及肯定，並作出良好的市場規範，增加人們對蒙醫蒙藥的瞭解，加強其公信性。
3	內蒙古赤峰市長城地毯總廠生產的「長城藝術掛毯」，是中國生產最早、聲譽最高的藝術掛毯，被周恩來總理譽為「國寶」，多次參加國際博覽會，並被作為世界藝術珍品懸掛在聯合國總部。	由此可見，內蒙的地毯具有很高的對品質及藝術性，所以應該將其重新打做一個「國寶級」的民族品牌並進一步作市場推廣。
4	內蒙古有中國最大的草場和天然牧場。草原面積 8666.7 萬公頃，其中有效天然牧場 6800 萬公頃，占全國草場面積的 27%。	人們在觀念上常將內蒙跟「草原」畫上了一個等號，所以內蒙應該多多利用草原方面的優勢，進一步推廣草原文化。
5	內蒙古鄂爾多斯集團是中國最大的羊絨衫生產廠家，連續多年保持羊絨紡織業市場佔有率、市場競爭力、市場影響力第一名。	內蒙的羊絨衫在國內享有極高的知名度，它亦是一種優質的象徵，不過在海外其知名度及品牌的凝聚力還是有所不足，在這方面可以利用公關手法加以提升及改善。

6	內蒙古是中國發現岩畫最豐富的地區。陰山山脈、烏蘭察布山岩及賀蘭山脈號稱「三大岩畫寶」。	岩畫是一個很好的文化資源，一方式可以利用其發展旅遊；另一方面亦可以此為核心，發展其衍生性商品，增加其商業價值。
7	內蒙古呼和浩特賽馬場是亞洲最大的國際標準賽馬場，其場地總面積為 3.2 萬平方米。	賽馬是蒙古的傳統運動，特別是中國現在的運動市場逐漸形成及擴大，所以擁有良好的發展潛力。
8	內蒙古伊利集團是全國最大的霜淇淋、雪糕生產企業，年產冷飲產品 6 萬多噸。	奶品上的優勢是內蒙的一項特色，所以可以推動內蒙的「霜淇淋節」，構成優良的旅遊資源。
9	內蒙古是中國古長城遺址保存最多、里程最長的省區。其中在包頭市區至石拐的公路 17 公里處，保留有最完整的一段趙長城；在巴彥淖爾盟烏拉特前旗小餘太鄉和包頭固陽縣境內有中國秦長城保存最為完整的段落，前者長 200 多公里，後者長近百公里。	內蒙擁有非常豐富的「長城資源」不過可惜的是一直以來並沒有好好的加以利用，所以如何推廣及優化這項資源，是當地地方政府應該努力的方向。

（八）內蒙古文化創意產業發展的問題

內蒙古文化創意產業發展的問題
1　內蒙古地區內不少盟市旗縣的文化產業結構雷同，各自為戰，同一產品同一項目重複生產重複建設，大家均同是草原旅遊，又或均同是弄節慶活動，所以產品均大同小異；小而全小而散，質量沒有保證，沒

	有著力發展地區獨特的文化產品項目，難以形成互通有無的文化產業鏈，造成總體資源浪費及落後。
2	國有一些文化單位及建設，因歷史上欠帳太多，有些陳舊落後的文化設施不能及時更新和改善，公益性文化事業發展緩慢，有近 200 萬人口其中包括部分少數民族群眾聽不到廣播、看不到電視。平時舉辦高品位的文藝演出沒有合適的舞臺，節慶日邀請高水準的交響樂團、歌舞團演出，或舉辦大型的演唱會都沒有合適的場地等的問題嚴重。
3	地域發展並不平衡。凡是經濟發展較快的盟市旗縣，思想觀念越解放，文化產業也較發達；而經濟發展緩慢的地區，則思想觀念就比較保守，文化產業也不受重視。如呼和浩特、包頭、鄂爾多斯三市，由於物質技術裝備比較發達，措施得力，市場發展很快。而像阿盟、興安盟等經濟比較落後，各種文化資源雖然豐富，但沒有實力擇機合理開發乘勢而上，以致坐失良機。

三十一、西藏自治區文化創意產業

（一）西藏文化創意產業綜述

西藏指中華人民共和國的西藏自治區，地處世界上最大最高的青藏高原，平均海拔 4 千米以上，南隔喜馬拉雅山脈與印度、尼泊爾、錫金、不丹、緬甸等國接壤。北部和東部與新疆、青海、四川、雲南等省區為鄰，面積為 120 多萬平方公里，約占全中國總面積的12.8％。全區總人口為 281 萬人（2006 年末數字），西藏人口分佈也很不均衡，多數人口集中在南部和東部。平均預期壽命已由 1951年的 35.5 歲提高到目前的 67 歲。

西藏既有獨特的高原雪域風光，又有獨特的宗教及生活文化，而兩者的結合，也使西藏在旅行者眼中具獨特的魅力。至今，還有許多藏族人的生活習俗與高原之外的現代人有著很大的距離，也正由於距離的產生，才使西藏的一切具有了觀賞價值。

截止 2008 年底，西藏全區有各類文化經營項目達 20 多件，文化娛樂場點近 3000 家，從業人員 1.5 萬餘人，已初步形成了多主體、多層次、多門類的文化產業格局。目前，西藏全區有各類文物點 2300 餘處，其中全國重點文物保護單位 35 處，自治區級文物保護單位 112 處，市縣級文物保護單位 182 處，國家歷史文化名城 3座。布達拉宮被列入世界文化遺產名錄，大昭寺、羅布林卡被列入其擴展項目；全區有 10 個專業文藝團體，19 個縣級民間藝術團，160 支基層業餘文藝演出隊和藏戲演出隊。全區各類文藝工作者約

4000 餘人，其中藏族占 90％以上，以歌唱家才旦卓瑪為代表的藏
民族藝術家蜚聲海內外。

　　目前，西藏全區已有各類文化娛樂場所近 3000 家，從業人
員近 2 萬人。全區有現代圖書館 12 座，博物館 2 座，各類多功
能群眾藝術館 6 座，縣級綜合文化活動中心 46 座，文化資訊資
源分享工程衛星三級站 62 個，鄉級文化站 205 座，村級文化室
550 餘個。初步形成了以各地（市）群藝館為龍頭，以縣綜合文
化活動中心為紐帶，以鄉（鎮）、村文化站、室為基礎的基層文
化網路格局。到 2010 年，西藏將全面實現「縣縣有綜合文化活
動中心，鄉鄉有綜合文化站」。到 2012 年，「全面實現行政村有
文化活動室的目標」。

（二）以旅遊為發展核心

　　西藏的文化部門還是以發展旅遊經濟為西藏最核心及最重要
的文化政策方向。1990～2002 年，西藏旅遊業總收入占西藏全區
GDP 的比重由 1.5％上升至 6.2％，實現旅遊總收入 98777 萬元。
但至 2006 年青藏鐵路通車後，西藏的旅遊業卻有了跳躍式的發
展，2007 年 1 月至 9 月進藏遊客突破 320 萬人次，比 2006 年同期
增長 67％。2007 年前 11 個月，布達拉宮接待總人數 101.3 萬人次，
就比 06 年同期增長 56％；羅布林卡接待總人數 48.3 萬人次同比增
長 30％；博物館接待總人數 9.5 萬人次，同比增長 46％。西藏的
文化場所和從業人員也在大幅增加中，2002 年有文化場所 910 處，
2007 年卻已超過 3000 處，文化市場從業人員從 2002 年的 3000 人
到 2007 年的 18350 人。而依《西藏自治區旅遊發展總體規劃》描
繪的遠景是，到 2020 年，旅遊業將成為西藏自治區的主導產業，
旅遊業產值相當於西藏全區 GDP 的 18％，總收入達 228 億元。

（三）藏族工藝品市場是一個金礦

西藏民族手工藝藝術已經具有非常古老的歷史，其一方面以西藏高原的獨特文化為基本，更吸收了印度、尼泊爾及漢族的文化，在色彩、圖案、造型都充滿了濃郁的民族風格和地方特色，形成了一個具有全新文化藝術魅力的手工藝藝術。例如有拉孜的藏刀、紮囊的氆氌、定日的石雕、江孜的地毯和仁布的玉器等，無不表現出藏族的民族特色及優良的工藝。

自從青藏鐵路開通以來，西藏的文化藝術品也進一步被人認識及接受，全中國各地的大小城市，都有小地攤或商店在販賣藏族色樣的工藝品，並深受市場的歡迎。但可惜的是一方面西藏很多民間藝術已經面臨到失傳的困境，例如很多西藏唐卡畫派中的很多技法，顏料的配方等，都已經失傳；有一些顏色所使用的礦物及植物目前已經絕種及枯竭。而另一方面，藏族民族手工藝品市場魚龍混雜，其他非西藏地區的一些小作坊模仿藏族宗教和民俗特點生產的法器、佛像、天珠以及印度、尼泊爾生產的「藏族工藝品」大量混雜其中。據統計，西藏旅遊產品大約只有 20% 左右是當地企業或當地工匠生產的，其餘近 80%的產品都是外地生產。而西藏民族手工業企業中，資產規模超過 1000 萬的僅兩家，職工超過 500 人的僅只有一家。而在西藏民間的小工作坊眾多，但款式單一，價格昂貴及缺乏品牌，所以在市場上競爭能力較弱。

為瞭解決這方面的問題西藏自治區婦聯同聯合國開發計劃署、芬蘭政府簽定了「西藏民族手工藝發展項目」，以提高手工工匠及手工藝企業家的綜合素質，提升產品的設計水準和質量，保護和發展西藏的民間文化藝術，使之適應市場的需求，從而達到提高

貧困農牧民婦女和家庭收入，最終擺脫貧困的目的。例如向西藏農牧民進行「創造力培訓」、「皮革製作培訓」、「肥皂製造培訓」、「染色培訓」、「銀器加工培訓」等，目前取得不錯的成績，應該在西藏地區加大加深的推廣。

（四）進一步發展西藏文化演出

由於文化演出的製作成本高昂，如果只依靠西藏本地的市場，實在難以得到發展，所以在這方面，西藏一直推行「引進來、走出去」的戰略。在引進來方面，與內地聯合拍攝的《西藏風雲》、《文成公主》、《拉薩往事》等電視連續劇和與內地企業聯合推出的大型樂舞《珠穆朗瑪》，取得不錯的成果。

走出去方面進行文化演出團體的改革，以市場機制為導向，實行「自主經營、自負盈虧、自擔風險、自我發展」，讓文化團體瞭解市場的重要及透過自我改革，跟市場進一步靠近。目前拉薩市城關區娘熱鄉民間藝術團已擁有固定資產300多萬元，年均演出700餘場，觀眾近百萬人次，2006年營業額達87萬元，而拉薩雪巴拉姆演出團、堆龍德慶馬鄉民間演出團亦在改革當中。據不完全統計，山南文化系統文化演藝產業純收入達300多萬元，單是在湖北舉行了22場的「西藏風」大型歌舞，就創收了60萬元；而拉薩雪社區藏戲演出團演出收入達40多萬遠，可以證明藏族演出還有很大的市場空間。

（五）各方面保護西藏文化資源

西藏是中國文物大區之一，自治區級文物保護單位就有112處，國家級文物保護單位35處；從上個世紀50年代開始，西藏的傳統音樂、舞蹈、民間故事、諺語、民謠等民族民間文化遺產就開

始得到收集、整理、研究、編輯和出版。中國政府近幾年來對西藏文物保護事業的日常經費投入約 400 萬～500 萬元；從 1989 年到 1994 年，中國政府撥款 5500 萬元和大量的黃金、白銀等物資維修布達拉宮，使布達拉宮得見昨日的輝煌景象；2001 年，中國政府再次撥款 3.3 億元，啟動布達拉宮二期維修工程和羅布林卡、薩迦寺的維修三大工程，現已經基本上完全完成。此外，《格薩爾王》是西藏最著名的民族故事，在 1979 年，西藏自治區成立專門整理《格薩爾王傳》的機構，經過 20 年的努力，共收集藏文手抄本、木刻本近 300 部，現已經正式出版藏文本 70 餘部，總印數達 300 餘萬冊，使這史詩式的故事得以完整的承傳下來。此外，還出版了《中國戲曲志·西藏卷》、《中國民間歌謠集成·西藏卷》、《中國民間舞蹈集成·西藏卷》、《中國諺語集成·西藏卷》等。這些文化資源具有巨大的開發利用的潛力和發展空間，是推動西藏地區文化產業發展的優勢所在。

（六）西藏文化發展的幾個問題

1、　跟其他中國中西部地區一樣，西藏地區有關文化方面在保護及市場化的觀念上是很不足夠的，這亦引致了西藏的文化資源並未能獲得充分的利用，浪費了西藏在文化方面的先天性優勢。

2、　由於在西藏地區金融業並不大發達，所以很多西藏文化產業單位對於融資操作的管理及認識並不深，這使西藏的文化項目經常缺乏資金方面的支持，難以做大做強。

3、　西藏雖然擁有了優越的文化素材及資源，可是卻缺乏經營管理及營銷的人才，所以需要擁有好的產品，卻無法得到更好的效益，亦構成了市場化的重要障礙。

三十二、新疆自治區文化創意產業

（一）新疆文化創意產業綜述

新疆自治區首府為烏魯木齊市。其位於中國西北部，地處歐亞大陸中心。面積 166 多萬平方公里，約占中國全國面積的 1/6，是中國面積最大的一個省區。除東南聯接甘肅、青海，南部聯接西藏外，其餘與 8 個國家為鄰，邊境線長達 5400 多公里，是中國邊境線最長、對外口岸最多的一個省區，這使新疆地區成為多國文化交流的一個大熔爐。

新疆人口為約 2000 萬人，其中少數民族人口約占 60.5％。各民族中，維吾爾族 897.67 萬人，占總人口的 45.73％；漢族 780.25 萬人，占 39.75％；哈薩克族 138.16 萬人，占 7.04％；回族 87.63 萬人，占 4.46％；柯爾克孜族 17.12 萬人，占 0.87％；蒙古族 16.96 萬人，占 0.86％；塔吉克族 4.35 萬人，錫伯族 4.08 萬人，滿族 2.41 萬人，烏孜別克族 1.42 萬人，俄羅斯族 1.13 萬人，達斡爾族 0.67 萬人，塔塔爾族 0.47 萬人，其他少數民族共 10.79 萬人。所以新疆亦成為了多民族文化的交匯中心，再發展出其獨特的文化創意產業體系。

但新疆是中國西部文化創業經濟欠缺發達的省區，從中國全國 31 個省市文化產業取得的經濟效益來看，新疆僅排名 23 位，尚處於初級階段。至 2006 年底，文化、文娛產業機構有 11776 個，從業人員 33997 人，有 91 個藝術表演團體，5723 個文化娛樂機構，2161 個網吧，文化產業總產值達 10.6 億元，實際增加值 6.7 億元。

現有藝術科研機構 2 個，藝術創作機構 7 個，公共圖書館 92 個，群眾藝術館 16 個，文化館 92 個，文化站 1132 個；而現在新疆地區擁有廣播電臺 6 座，電視臺 10 座，廣播和電視人口覆蓋率均已超過 90%。

　　在 2007 年新疆組團參加第三屆中國（深）國際文化產業博覽交易會，文化產品交易和推介的 18 個合作項目簽約總金額達 1.145 億元。而在呼和浩特市舉辦的第三屆中國西部文化產業博覽會上，現場簽訂了 4 個大型合作項目，簽約總金額達 8600 萬元，占西部 11 省區簽約總額的 46.7%，成為該屆西博會上的亮點，足可證明新疆地區的文化創意的市場發展還是看好的。

（二）保存絲路文化

　　絲綢之路是新疆最著名的旅遊資源，亦是新疆的文化搖籃，所以如何將其保護及利用，是新疆在文化創意產業發展上的重要關鍵。在 2005 年中國政府啟動「絲綢之路（新疆段）重點文物搶救保護工程」，五年計劃投資 4 億多元，對新疆 20 餘處全國重點文物保護單位進行搶救維修。全區 14 個地州市博物館文物庫房和自治區直屬文物單位 3 個文物庫房的建設項目，已列入中國國家發改委、國家文物局聯合制定的《國家「十一五」搶救性文物保護設施建設專項規劃》。而 2006 年「中國絲綢之路跨國申報世界文化遺產」項目正式啟動，交河故城等 11 處文化遺產已列入中國申報世界文化遺產的預備名單。為彌補文物保護經費的不足，自治區財政已從 2007 年起將年度文物保護專項經費由 230 萬元增加到 500 萬元，增幅達到 117.4%。同時，新疆部分地區還為民間藝人發放低保金和生活補貼，保障民族民間文化的傳承工作。

（三）民族樂器的提升

　　由於新疆是多個國家及民族的交匯點，而且又位在絲綢之路上，所以新疆地區可說是民族樂器的聖地。其中以維吾爾族和哈薩克族民間樂器品種多、製作美、著色好、音質悅耳。例如有「都塔爾」，其是維吾爾族民間唯一的指彈弦樂器。這種樂器音色柔美，可獨奏，也可與手鼓一起為歌舞伴奏。另外還有「達甫」，漢語稱手鼓，是維吾爾族民間廣泛使用的古老的打擊樂。為合奏和伴奏不可缺少的樂器，它聲音脆亮，在樂隊中起著統一節奏和速度的作用。其亦是波斯阿拉伯文化東傳的產物之一。另外還有「彈布爾」，其聲鏗鏘、悅耳，十分獨特。彈布爾常用作獨奏樂器，在家慶宴樂中與熱瓦甫、手鼓等樂器組臺，為歌舞伴奏。

　　新疆地區樂器的特色及其擁有眾多的樂師技匠，如果能夠善用這方面的文化資源，例如樂器品牌化、樂器美術化等多加利用及推廣，即可成為一個極具潛質的文化產業市場。

（四）不解之謎的文化價值

　　新疆地區自古以來都是一個充滿神秘的地方，其中不解之謎及傳說更是多不勝數，如果能夠善加利用，以小說或漫畫貫穿及把這些傳說結合起來，就像《哈利波特》或《達文西密碼》一樣，均可以開發旅遊景點及增加其文化價值。

新疆地區不解之謎		
1	雪人之謎	世界很多地方均有雪人傳說，新疆亦不例外。據說 50 年代在烏拉泊水庫工地，有人見過「雪人」；60 年代在昆侖山，中國解放軍曾見過幾個「雪人」在一起走動，並向它

		們開了槍，但它們似乎是刀槍不入；1984 年的《烏魯木齊晚報》報導：有人在東昆侖山上見過「雪人」的足跡。新疆是否真有「雪人」？真實情況目前還不為人知，但卻成為人們津津樂道又懸而未決的問題。
2	龍城之謎	西元 4 世紀北魏人酈道元撰寫的《水經注》一書中，記載羅布泊畔有一座規模很大的古城，稱作「龍城」。從記載看，龍城是古代少數民族建立的一個小國，後來因為羅布泊洪水氾濫，淹沒了它，導致龍城被毀，國家破亡。但這樣一座大城，它的遺址今在何處？城破國亡後，居民又遷往何地？至今仍然是一個不解之謎。
3	石人之謎	在新疆廣闊的草原上，人們常常可以看到屹立著的一尊尊石雕人像。這些石人都是用整塊岩石鑿雕而成的。從外形看，它們大都是全身像，頭部、臉型、身軀都雕得生動逼真。如今在博爾塔拉蒙古自治州溫泉縣境內阿爾卡特草原上發現的阿爾卡特石人，就是用一整塊白沙岩石雕鑿成的。它頭部雕鑿出一個寬圓的臉龐，上唇有兩撇八字鬍鬚。腰部束一根寬腰帶，右手拿一隻杯盞舉至胸前，左手扶一把垂掛在腰部的長劍。雙腳刻鑿出一雙皮靴。古代靈巧的石匠還在它的腰帶上刻出一個垂掛的小口袋和一把小匕首，石人臉部表情凝重深沉，儼然是草原上威武的將士。這些石人是誰雕鑿的？屬於哪一個民族部落的文化遺產？學術界至今還無一致的意見，仍是一個尚待揭開的謎。
4	高昌王陵墓之謎	古高昌國建立於西元 5 世紀中葉，其都城即是火焰山下的高昌故城。在高昌國先後稱王的有闞氏、張氏、馬氏、麴氏，其中麴氏稱王時間最長，傳十代，歷時 140 餘年，直到西元 640 年唐朝統一高昌地區設西州時，高昌國才

		亡。使人感到奇怪的是，在這兩片墓區中，當年高昌國宮廷中的王親國戚大墓均有發現，但迄至今日卻未發現一座高昌王的陵墓。尋找高昌王陵墓仍然是新疆考古工作中一個有待解決的課題。
5	巨幅岩畫之謎	1987～1988 年在新疆呼圖壁縣西南天山中的康家石門子發現了一巨幅岩畫。那是深山荒野，人跡罕至的地區，山勢陡兀，岩壁平直，就在這巨大的砂礫岩壁的平面上，雕鑿出了一巨幅壁畫，畫面東西長約 14 米，上下高約 9 米，其面積達 120 多平方米。巨幅岩畫由二、三百人物組成，人物有男有女，或站或臥，或衣或裸，有的作舞蹈動作，如一組 9 人裸體女性舞蹈像，作風粗獷，形象逼真，其中有不少男像明顯地顯示出其生殖器官，表示男女交媾的動作。這樣一幅表現原始生殖崇拜的岩畫，其畫面篇幅之大，主題之集中，不僅在國內為首見，就是在世界原始文化藝術中也屬罕見。古老的原始崇拜深刻地反映當時原始社會思想意識和文化藝術的發展，但長期以來人們還是無法瞭解這巨幅岩畫究竟是哪支古老原始部落人民所作？當年它又是怎樣能鑿刻到這麼高的岩壁上去？這也是新疆原始文化研究中一個未解之謎。
6	樓蘭美女之謎	在孔雀河下游的鐵板河三角洲，曾發現了一片墓地，建立在河道中距今地面約七、八米的一處高臺地上。墓中出土有一具中年女性乾屍，體膚指甲均保存完好。她有一張瘦削的臉龐，尖尖的鼻子、深凹的眼眶，褐色的頭髮披肩。她上身裹一塊粗毛織的毯子，胸前的毯邊用削尖的樹枝別住，下身裹一塊羊皮，腳上穿一雙翻毛皮制的鞋子，頭上戴氈帽，帽上還插了兩根雁翎，被世人稱為「樓蘭美女」。

| | | 經用她身上裹的羊皮殘片作碳 14 測定，表明是一具距今
3800 年的古屍。她到底是誰？又為什麼會埋在這荒無人
煙的地方？她生前又屬於哪一個民族部落的呢？ |

（五）推動新疆地區的電影傳播

新疆地區的電影院主要分成三個部份，初步走向市場的是烏魯木齊的 5 家影劇院；第二是新疆人民劇場的 11 個電影廳，2007 年票房可達 1100 萬；第三是烏魯木齊影劇院 2007 年票房超過 700 萬。烏市票房占新疆自治區電影市場份額 90％以上。但各州縣市場處於停滯；農村地區還是很難可以看到電影。所以推動「電影下鄉」就成了當地政府的一個責任，小型的電影播放隊，露天的流行播放場地，將是解決這個問題的有效方法。

（六）發揚龜茲歌舞文化

龜茲，是唐代的流行音樂之都，就是今天的庫車。龜茲樂由西域傳入中原，在隋唐時期廣泛流傳，龜茲石窟壁畫中就有龜茲樂舞的內容。龜茲樂音域寬廣，音色嘹亮，給予人一種極強的震撼力。旋律優美的庫車民間歌曲舞蹈，仍承襲古龜茲樂的遺風，在新疆歌舞中享有盛譽，庫車樂舞最富代表性的是《庫車賽乃姆》。「賽乃姆」是維吾爾族帶有表演性的舞蹈形式，其形式是自由進場，互相邀請，即興發揮，充分保留及滿足了盛唐時期的胡漢交融的文化特色，如此美妙的歌舞，應該積極推廣，創做更好的市場效益。

目前新疆地區的文化創意產業跟其他中國西部地區一樣，雖然擁有非常豐富的文化資源，但沒有形成一定的產業體系；文化產業化的觀念薄弱，對文化產業的投入也嚴重不足，小規模分散式經營

較多，缺乏品牌的打造和提升，所以培養新疆地區的文化創意產業
意識，是最重要的工作。

國家圖書館出版品預行編目

中國文化創意產業研究 / 徐中孟著.
　-- 一版. -- 臺北市：秀威資訊科技, 2009.10
　　面；　　公分. -- (社會科學類；PF0042)
BOD 版
ISBN 978-986-221-297-4(平裝)

1. 文化產業　2. 創意　3. 中國

541.292　　　　　　　　　　　　98017165

 社會科學類　PF0042

中國文化創意產業研究

作　　者 / 徐中孟
發 行 人 / 宋政坤
執行編輯 / 黃姣潔
圖文排版 / 鄭鉅旻
封面設計 / 陳佩蓉
數位轉譯 / 徐真玉　沈裕閔
圖書銷售 / 林怡君
法律顧問 / 毛國樑　律師
出版印製 / 秀威資訊科技股份有限公司
　　　　　台北市內湖區瑞光路 583 巷 25 號 1 樓
　　　　　電話：02-2657-9211　　　傳真：02-2657-9106
　　　　　E-mail：service@showwe.com.tw
經 銷 商 / 紅螞蟻圖書有限公司
　　　　　台北市內湖區舊宗路二段 121 巷 28、32 號 4 樓
　　　　　電話：02-2795-3656　　　傳真：02-2795-4100
　　　　　http://www.e-redant.com

2009 年 10 月 BOD 一版
定價：340 元

讀　者　回　函　卡

感謝您購買本書，為提升服務品質，煩請填寫以下問卷，收到您的寶貴意見後，我們會仔細收藏記錄並回贈紀念品，謝謝！

1.您購買的書名：_____

2.您從何得知本書的消息？

　　□網路書店　□部落格　□資料庫搜尋　□書訊　□電子報　□書店

　　□平面媒體　□ 朋友推薦　□網站推薦 □其他_____

3.您對本書的評價：(請填代號　1.非常滿意 2.滿意 3.尚可 4.再改進)

　　封面設計____　版面編排____　內容____　文/譯筆____　價格____

4.讀完書後您覺得：

　　□很有收獲　□有收獲　□收獲不多　□沒收獲

5.您會推薦本書給朋友嗎？

　　□會　□不會，為什麼？_____

6.其他寶貴的意見：_____

_____

_____

_____

讀者基本資料

姓名：_____　年齡：_____　性別：□女 □男

聯絡電話：_____　E-mail：_____

地址：_____

學歷：□高中(含)以下　　□高中　　□專科學校　　□大學

　　　□研究所(含)以上 □其他_____

職業：□製造業 □金融業 □資訊業 □軍警 □傳播業 □自由業

　　　□服務業 □公務員 □教職　□學生 □其他_____

秀威與 BOD

BOD（Books On Demand）是數位出版的大趨勢，秀威資訊率先運用 POD 數位印刷設備來生產書籍，並提供作者全程數位出版服務，致使書籍產銷零庫存，知識傳承不絕版，目前已開闢以下書系：

一、BOD 學術著作—專業論述的閱讀延伸
二、BOD 個人著作—分享生命的心路歷程
三、BOD 旅遊著作—個人深度旅遊文學創作
四、BOD 大陸學者—大陸專業學者學術出版
五、POD 獨家經銷—數位產製的代發行書籍

BOD 秀威網路書店：www.showwe.com.tw
政府出版品網路書店：www.govbooks.com.tw

　　永不絕版的故事・自己寫・永不休止的音符・自己唱